KB001277

ADHD 소견을 받은 15세 사춘기 중학생의 방황과 폐쇄병동 입퇴원치료 과정 체험담 그리고, 엄마의 우울증 극복의 자전적 이야기입니다. 각자의 경험에 따라 다를 수 있습니다. 이 글은 특정 개인의 경험을 기반으로 한 일반적인 체험담 및 지침서입니다.

가출해 줘서 고마워

−지금 행복하다면 그걸로 충분해

가출해 줘서 고마워

-지금 행복하다면 그걸로 충분해

지은이 쉼표
펴낸이 조혜숙 엮은이 홍경수 편집디자인 홍경수
펴낸곳 도도북스 전화 010-4221-1517
주소 전라북도 임실군 오수면 금암6길 21-12
가격 18,000원 페이지 280 책규격 148 x 225mm
초판발행 2024년 3월 10일
ISBN 979-11-986642-0-4
등록번호 제 986642 호   등록일자 2024년 02월 07일
홈페이지 https://cafe.naver.com/purplezanto
블로그 https://blog.naver.com/dodomam1130
전자우편 kshong382@naver.com

Copyright ⓒ 2024 by 조혜숙, All rights reserved
Printed & published in Korea by DODOBOOKS

이 책의 저작권은 저작권자와 독점계약으로 도도북스가 소유합니다.
신저작권법에 의해 한국 내에서 보호받는 저작물이므로 무단 전재와 복제를
금합니다.
이 책의 내용에 대한 추가 지원과 문의는 도도북스 출판사 홈페이지나
이메일을 이용해 주세요.

가출해 줘서 고마워

지금 행복하다면 그걸로 충분해

쉼표 지음

ADHD(Attention Deficit/Hyperactivity Disoder)
주의력결핍 / 과잉행동장애의 지침서

예령   별아

주인공 소개

딸, 별하

제 이름은 별하입니다. 별처럼 밝게 빛나라고 지어주신 이름입니다. 15세 여자이고, 얼마 전에 ADHD 진단을 받았습니다. 그때부터 시작된 치료 과정을 통해 제 삶이 어떻게 변화하는지 함께 지켜봐 주세요.

먼저, ADHD라고 어렴풋이 의식하게 된 것은 학교에서 친구 관계의 어려움이나 수업 시간 집중력이 약해지는 모습을 보인 후였습니다. 사춘기가 되면서 다른 한 편으론 죽고 싶다는 자살 충동과 그에 따른 우울감이 있었고 선생님은 이에 대해 의료 전문가의 진료를 받아보는 것이 좋을 것으로 판단했고, 진단 결과 ADHD라는 소견을 받게 되었습니다.

처음에는 이 진단이 좀 충격적이었어요. 그동안 뭔가가 내 삶을 방해하고 있다는 느낌은 있었지만, 그게 정말로 ADHD일 줄은 몰랐거든요. 그러나 동시에 그 뭔가에 대한 약간의 이해와 함께 이를 극복하기 위한 치료를 해야겠다는 자각도 하게 되었습니다.
치료 과정은 다양한 측면에서 이루어졌어요. 먼저, 약물 치료를 시작했습니다. 처음에는 우리 가족 모두 이에 대한 걱정이 많았지만, 의사 선생님과 함께 목표를 설정하고 천천히 적응하면서 적절한 약물을 찾았습니다. 약물을 복용하면서 우울하던 충동성이 조금씩 진정되면서 앞으로 나아가고 있습니다.

또한, 행동치료와 상담 치료를 통해 내면의 감정을 더 잘 이해하고, 그의 대처 방법이나 나 자신을 인정하는 연습을 하고 있어요.
나 스스로 "넌 꽤 괜찮은 친구야"라고 주문을 걸어둡니다.

학교에서는 선생님과 위쎈타 상담선생님의 편안한 소통을 통해 적절한 지원을 받으면서 이런 성향의 저를 이해해 주실거라 믿고 너무 마음이 우울하거나 힘들고 괴로울 땐 쉬어가는 시간을 가진답니다.
이제는 내 능력을 더 잘 이해하고, ADHD가 제 삶의 일부임을 받아들였어요. 여전히 헤쳐 나가야 할 도전과 어려움이 있지만, 이를 극복하고 성장하는 과정에서 더 나은 미래를 향해 나갈 것을 믿고 있습니다.

오늘도 하루가 시작되기 전 제 머릿속은 이미 여러 가지 생각들로 붐볐습니다. 글을 쓰기 전에는 이런 생각들이 마치 떠내려갈 것 같았지만, 종이와 펜을 내 손에 쥐면 또 다른 이야기가 펼쳐집니다.

글을 시작하면서도 끝을 향해 나아가는 동안 몇 번이고 주의를 기울이지 않으면 쉽게 산만해질 것입니다. 수많은 아이디어와 떠오르는 이미지들이 머릿속에서 빠르게 교체되기 때문에 종이 위에 그릴 수 있을지 모르겠습니다.

글쓰기의 과정은 때로는 혼란스럽고, 하나의 주제를 따라가기보다는 여러 가지 아이디어가 어수선하게 섞이는 경향이 있습니다. 그러나 이런 혼돈이 어떤 새로운 창조적인 아이디어를 얻게 할지도 모릅니다.

펜을 움켜쥔 손은 때때로 불안정할 수 있습니다. 선이 흔들리기도 하고 글씨의 크기나 모양이 불규칙하게 나올 수 있습니다. 하지만 이런 불안정한 펜의 움직임이 나만의 특유한 스타일을 만들어낼 수도 있겠죠?

마지막으로, 이 글을 쓰는 동안에도 외부의 소리와 환경에 쉽게 산만해질 수 있습니다. 주위의 소음이나 새로운 아이디어에 빠르게 반응하게 되면 글을 쓰는 것이 조금 어려워질 수 있지만, 이런 다양한 자극들이 글을 쓰는 동안 새로운 세계를 열어줄지도 모릅니다.

어쨌든, 저 별하는 오늘도 내일도 행복하고 싶은 평범한 사춘기 소녀입니다.

별하

엄마, 혜령

제 인생은 없는 듯 엄마의 삶에만 몰두하고 있었어요.

엄마의 역할은 엄마로서 당연히 해야 하는 거고 혜령 본인의 삶에도 정성을 들여야 했는데 별하를 통해 대리만족을 느낌으로 그걸로만 만족한 삶이라 착각하며 살았던 것 같습니다. 이제야 혜령이 행복해야 별하도 행복할 수 있다는 걸 조금씩 알아가고 있습니다. 내려놓는 연습이라고들 하더라고요. 그러나, 여전히 혜령은 별하를 통해 세상을 봅니다. 별하가 불러주면 세상 가장 행복하고 별하가 바라보면 제 눈엔 별하만이 가득하답니다.

그래서 전.

별하가 먼 길을 돌아 돌아와도

늘 그 자리를 지켜주는 사람, 언제 어디서든 엄마! 하고 부르면 돌아봐 줄 그런 엄마이고픈 혜령입니다.

엄마이기에 강한 것이고

엄마이기에 포기하면 안 되는 것이고
엄마이기에 알면서도 불구덩이 속 뛰어드는 것이고
엄마이기에 반드시 이겨낼 것을 약속합니다.

그저 단순한 사춘기 반항인 줄만 알았던 별하가 폐쇄병동 보호 입원이
라는 과정을 거치면서 ADHD 증상이라는 소견을 받았어요.
이 시기만 어떻게든 견뎌내면 평화가 찾아오리라는 생각으로 하루하루
를 젖은 낙엽처럼 바짝 엎드려 숨죽이며 지냈는데 이젠 어쩌면 더 먼
길을 오랫동안 함께 이 혼돈들과 동행해야 할 것 같습니다. 별하와 엄
마인 저 혜령은 다시금 새로운 시작으로 한 걸음씩 나가는 중입니다.
ADHD 증상이 있는 청소년의 20%가 청소년 우울을 함께 겪는다고 합
니다. 별하는 분명 시그널을 보냈어요. 엄마인 제가 그걸 무시했어요.
놓쳐버린 시그널들 너무 후회스럽지만 지금도 늦지 않았다고 생각
합니다. 다행입니다. 더 늦지 않아서!!

엄마 나 우울해
엄마 나 오늘 죽고 싶었어.
엄마 나 오늘 학교 옥상에 갔었어.
엄마 나 오늘 학교 강당에서 목에 줄을 감아봤어.
다 흘려들었답니다.
엄마! 하고 부르면 언제든 돌아봐 줄 거라 다짐해놓고 별하에게 전
"그거 그냥 감정의 사치 아니야? 엄마 땐 그런 감정의 사치가 어딨
어? 라떼는 말이야…" 언어의 악의적인 유희라 치부해버린 저 자신이
정말 미웠습니다. 이런 저를 저 스스로 용서하며 토닥이기까지 참으로
힘든 시간이었고요.

살면서 이해받고 싶은 마음만큼 간절한 것이 또 있을까요?
이제 저는 제 아이 별하를 조금씩 이해해 주며 엄마가 안전하다는 걸
믿게 하고 싶습니다. 안전한 것은 좋은 관계를 의미하는 것 같아요. 좋
은 관계는 또 사람을 살게 하는 의미이고요.
절대적으로 의지만으로는 안 되는 것도 있더라고요.

그걸 깨닫게 되었다면 절반은 온 것입니다.

이제 나머지 절반을 위해 지금부터 뛰어보겠습니다.

저는 엄마입니다.
별하의 엄마.

혜령

작가, 쉼표

이 글을 쓰는 동안, 마치 산책을 하듯 가볍게 그러나, 많은 곳을 돌아다니는 것 같은 기분이 듭니다. 머릿속에선 여행하는 것처럼, 글이 쓰이는 동안 여러 가지 아이디어와 이미지들이 번갈아 나타납니다. 그중에는 갑자기 떠오르는 아이디어가 나름의 중요성을 지닌 때도 있고, 무의식적으로 떠오르는 것 중에서는 재미있게 전개되는 이야기도 많습니다.

주의력결핍과 과잉행동 장애(ADHD) 청소년 사춘기, 그리고 혜령의 우울이라는 소재로 글을 쓰는 것은 어려운 도전이 될 수 있지만, 그 안에서 새로운 가능성을 찾을 수도 있을 것이라 여겼습니다. 글을 쓰기로 마음먹은 이후 아무것도 하지 않은 때보다 더 괴로운 날이 많았습니다. 글은 나를 알아가는 과정이며 가장 밑바닥의 나를 만나게 되는 결과물이기 때문이지요. 더 나쁜 나를 만나게 되고 더 못된 나를 깨닫게 될까 봐 망설이고 주저하다 그런데도 다른 사람들과는 조금 다르게 생각하고, 글을 통해 독특하고 다양한 시각을 전달할 수 있을 것이라 여겨 혜령을 통해 글 고백을 하려 합니다.

또한, 글을 쓰는 과정에서 나 자신과 소통하고 머릿속의 생각을 정리하면서 내면의 질서를 찾아가는 것이 중요하다고 느꼈어요.
쉼표는 곧 혜령이니까요.

이 글이 당신에게 조금이나마 위로가 되고, 내 아이와 나만의 길을 찾는데, 한 조각이라도 도움이 되기를 소망합니다.
신기하고 놀랍게도 글을 쓰면서부터 과거 내게 상처를 주었던 이들을 벌써 용서하기 시작했어요. 모든 시작은 나로부터인 것 같습니다.
오늘이 가장 좋은 날이고
오늘이 가장 황금 같은 날입니다.
내일은 어떻게 될지 아무도 모릅니다. 오늘, 지금,
이 순간 가장 행복하길 바랍니다.

서문

이제는 바야흐로 디지털 변환의 시대에 접어들었습니다.
시대적 조류는 새로운 디지털 세대와 기존 아날로그 세대가 교차하는
시대적 변환기이며 가치관에서도 서로 많은 차이가 발생하고 있습니다.
이로 인하여 정신적 혼란과 내면의 소란은 많은 문제를 일으키고 있으
며 디지털 기기의 보급은 특히 성장기 아이들에게 스마트폰 중독이나
ADHD 증상을 유발하게 하여 미래 사회적 재앙의 수준으로까지 커지
고 있습니다.

이 책에서는 현 사회의 디지털 피해로 정신적 어려움을 겪고 있는 아
이와 어려운 성장기를 거치며 우울감에 고통받는 엄마가 부딪히며 어
려움을 극복해가는 과정을 사실적으로 담아내고 있습니다.

딸, 별하의 눈은 스마트폰 화면에 물든 채로 무한한 정보의 바다를 헤
매고 있습니다. 그녀는 ADHD 증상과 휴대폰 중독으로 인해 혼란과 불
안에 시달리며 진짜 자기의 모습을 잃어 가고 있고, 온라인세상이 전부
인 것처럼 가면 뒤 숨겨진 딸의 일상은 엄마의 눈에 너무도 위태위태
해 보입니다.

혜령은 엄마로서 별하를 지켜보며 무기력한 상태에서 벗어나고자 합니
다. 그녀는 자신의 불우한 성장 과정이 가져다준 우울 증상과 딸의 문
제로 야기된 갈등으로 인하여 고통을 받지만, 역경을 헤쳐 나가는 과정
을 사실적으로 그려 나갑니다. 이 글은 청소년들과 그 부모들에게 해법
을 제시하는 것보다는 자신을 이해하고 받아들이는 방법을 찾는 데 도
움이 될 것입니다.

혜령과 별하의 이야기는 우리 모두의 이야기일 수도 있습니다. 그들의
열정과 용기를 통해 우리는 우리의 삶을 새롭게 바라보고, 문제점을 인
식하고 해결책을 찾아 나갈 수 있을 것입니다. 백짓장도 맞들면 낫다는
옛말은 사실이었습니다.

이 글은 혜령의 소중한 메시지입니다.

"우리는 이 모든 어려움 극복할 수 있습니다. 우리는 함께 성장하고, 더 나은 삶을 만들어 나갈 수 있습니다. 언제까지 엄마도 처음이라고 위로하며 엄린이 삶을 살건가요? 이제 당신은 혼자가 아닙니다. 누구나 어려운 순간을 겪고, 자신을 찾는 과정을 걷습니다. 자신을 이해하고 받아들이는 것이 중요합니다. 자녀와의 좋은 관계를 만들어내는 일 그것으로부터 시작합니다."

추천사

"끝없는 모험과 사랑, 별하의 이야기"

별하의 이야기는 단순한 소녀의 삶을 넘어서, 우리 모두에게 전하는 따뜻한 여정입니다. ADHD라는 그림자와 함께 하면서도 별하는 불가능한 것이 없다는 것을 증명하며, 자신만의 빛나는 꽃을 피울 것을 믿습니다. 그림자는 언제 어디서든 함께 하잖아요. 그것이 눈에 보이든 보이지 않든 늘 곁에 있는것처럼 인정하는 과정이 필요하지만 이제부턴 가장 친한 친구, 베프가 될 것입니다. 이 소설은 엄마의 무한한 사랑과 함께 별하가 마주한 어려움, 그리고 그 어려움을 극복하며 찾아가는 성장의 이야기를 담고 있습니다. 별하의 눈빛, 엄마의 따뜻한 미소가 독자들의 마음을 감동으로 가득 채우리라 생각됩니다.

－심리상담사 김태옥

우리 이웃의 소녀, 청소년 사춘기 소녀 별하의 성장 과정과 처절하고 다채로운 삶을 살아온 엄마 혜령이 난관을 극복해가는 과정은 독자들에게 신선하고 따뜻한 감동을 선사할 것입니다.

평범한 이들의 일상이 특별함이 되고, 우리는 서로의 차이를 이해하고 존중하는 마음을 배우게 될 것입니다. 별하의 이야기는 그녀만의 독특한 세계를 통해 우리에게 희망과 사랑을 전해주는데, 이 책을 통해 그 특별한 세계에 초대 받아 보시기 바랍니다.

－전북대학교 오홍근 외래교수

추천사

"속삭이는 따뜻함, 소녀의 성장 이야기"

이 소설은 한 소녀의 삶을 따라가면서 우리에게 사랑과 용기, 그리고 자아를 찾아가는 미소의 힘을 선사합니다. 별하의 삶은 ADHD라는 친구와 함께 희망의 빛을 발견하고 성장하는 아름다운 이야기입니다.

우리가 사는 내 이웃에서 펼쳐지는 별하의 모험은 독자들에게 새로운 세계를 열어줍니다. 각자의 삶에서 별하를 만나면서, 우리는 어떤 어려움이든 극복하는 힘이 있다는 것을 깨닫게 됩니다. 그녀의 엄마는 끝없는 사랑으로 별하를 지지하며, 그 응원이 그녀에게 힘과 용기를 주는 순간들은 마음에 감동을 전합니다.

자신의 비밀을 가지고 있는 사람들은 많아도, 숨겨놓은 비밀을 글로 꺼내기는 아무나 할 수가 없답니다.
혜령은 용기가 있고 재주도 많고 총명하고 부지런함을 가진 특별한 사람이라는 걸 알려줘서 고맙습니다.
그리고,
앞으로의 삶은 매 순간순간이 행복하기만을 기원합니다.

이 작품은 사랑으로 무장한 별하와 함께 우리의 평범한 일상을 특별한 순간으로 만들어줍니다. 별하의 이야기는 마치 따뜻한 바람처럼 우리 마음에 속삭이며, 결코 혼자가 아님을 알려줍니다. 책을 펼친 그 첫 페이지부터, 혜령과 별하와 함께하는 여정에 빠져들게 될 것입니다. 이 글은 당신에게 그녀들과 함께하는 특별한 순간을 선물할 것입니다.
중학교 심리 상담교사 이미정

이 책의 구성

1 부. 비밀 엿보기

혜령의 성장 과정 비밀이 밝혀지고 별하의 기적 같은 탄생을 엄마의 시선으로 바라본다.

독특한 시선과 생각이 각자 그녀들의 세계를 특색 있게 만든다.

2 부. 폐쇄병동에도 햇살은 든다.

별하의 가출소동과 정신병동에 입원 과정, 병동에서의 생활을 엄마의 시선으로 기술해나간다. 실제상황들을 묘사함으로써 생동감의 리얼리티가 그대로 담겨 있다.

혜령의 변화무쌍한 심경과 별하의 혼란이 부딪히며 갈등을 만들어내지만 끝없는 사랑과 이해로 딸을 지원한다.

엄마의 미소가 별하의 어려움을 따뜻하게 안아주는 모습이 그려진다.

3 부. 혼돈의 뿌리를 찾아서

혜령의 성장 과정에서 부모의 부재가 가져다준 상처가 성격 형성의 굴곡을 만들고, 그로 인한 별하의 양육방식이 ADHD 증상의 원인일 수 있겠다는 자책을 한다. 그리고 혼돈의 뿌리를 찾아본다. 결국 스스로를 대면하고 이겨나가며 별하에게 무한 사랑과 믿음을 주면서 해결책을 모색하고 자아를 찾아가는 여정에 나선다.

4 부. 치유를 위한 솔루션들

ADHD 증상의 어려움을 겪고 있는 사람들에게 별하의 증상 발현과 치유과정, 혜령이 겪은 경험적 토대로 천천히 조금씩 변화하는 별하를 보여주며 그들의 삶을 응원한다.

5 부. 꿈을 향한 도전과 성장

별하와 엄마의 끝없는 지지가 별하에게 희망을 주며 모험은 더욱 활기차게 전개된다. 주변 인물들과의 관계와 별하의 내적 성장이 묘사된다.

감사의 맺음말

이야기의 끝을 맺으며, 별하의 미래에 끝나지 않는 모험이 기다리고 있다는 전망이 그려진다. 독자에게 희망과 성장, 사랑의 메시지를 남긴다.

목 차

PART

비밀 엿보기

01.

폐가에서 만나는 그녀, 혜령

비 내리는 날

한때 혜령의 가슴만큼이나 봉긋했을, 그러나 지금은 나무 덩굴에 내어
주고, 그마저도 밟아놓은 찐빵 같은 무덤 앞에 서서 비 울음을 듣는다.
을씨년스럽기만 하다. 하지만 혜령에게는 무서움보다는 아름다움과 따
뜻함이 담겨 있다.

어느덧 혜령은 무덤의 봉분을 뚫고 그들과 마주한다. 초라한 무덤은 끝
없이 펼쳐진 과거의 바다였다.

수풀에 뒤덮인 무덤에는 많은 이야기가 들어있다.

둘이어야 할 무덤이 홀로 봉긋하다. 쓸쓸해 보이지만, 그 안에는 둘이
함께 있으니 따뜻하리라.

무덤은 오래된 폐가 뒤편에 돌보는 이 없이 방치되어 있다.

폐가는 낡고 허물어져 있었지만 정겨웠다.

할머니의 젖가슴 같은 곳, 무덤 속 그들과 만난 뒤 혜령은 폐가로 걸음
을 옮긴다.

방 한 칸, 부엌 한 칸, 금방이라도 내려앉을 듯 남루한 창고 그리고 돼

지 막 한 칸이 전부였던 초가집 한 채….
그나마 이젠 다 쓰러져 사람이 살았던 흔적만이 겨우 남고 폐허가 되
어있었다. 어릴 적 가끔 낮잠이 들곤 했던 마당의 널찍한 바위는
그대로 남아 마치 할머니의 품인 듯 포근해졌다.

혜령은 이 집에서 어린 시절 15년을 살았다.
엄마 아빠가 아닌 할머니 할아버지와 늘 함께였다.

폐가의 비밀
폐가의 무너진 기둥 사이로 눈에 익은 부뚜막, 그 앞에 쪼그리고 앉아
있는 어린아이가 있다. 손에는 부지깽이를 들고 연신 불구덩이를 뒤적
인다. 움츠리고 있는 어깨는 유난히도 작았다. 까맣고 큰 솥뚜껑 사이
로 하얀 김이 모락모락 나고 있었고 건너편으론 반쯤 주저앉은 찬장이
보였다. 할머니의 보물 창고였다.
그곳에선 씹다가 붙여놓은 껌과 찐득하게 늘어져 흘러내리는 엿가락도
나왔으며 머리통만 한 쥐도 나왔다.
혜령은 엿을 찾아 먹으려 할머니 몰래 보물창고를 열어보곤 했다. 어느
날은 찰랑찰랑 넘칠 듯 말 듯 한 물속에 담겨 있는 뽀얀 두부를 야무
지게 건져내어 양조간장 한 숟가락 넣고, 부뚜막 소주병에 담긴 참기름
살짝 부어 뜯어먹다 보면, 세상에 이렇게 맛난 음식이 있다는 것이 믿

기지 않았었다. 제삿날 쓰려고 숨겨두었던 두부가 이렇게 사라지던 날 혜령은 할머니의 타박을 피하려 뒷산 언덕에 해가 없어질 때까지 숨어있곤 했었다.

"혜령아! 혜령아! 아이고~ 아가! 언녕 나와야~~~잉. 고것은 암것도 아니당께! 내 새끼 언녕 나오니라." 그 소리가 딱 들려야 못 이긴 척 기어들어 와선 부뚜막에서 끄덕끄덕 고단한 몸을 데웠다.

꼬질꼬질하다 못해 숯 검정이가 된 혜령을 가마솥 하나에 늘 미적지근하게 데워져 있던 세숫물을 퍼서는 코를 부여잡고 휑~풀게 하셨다. 얼굴도 박박 씻어 누렇게 눌어붙은 방안의 아랫목에 넣어주고 한 손에 달콤한 엿가락 한 토막도 챙겨주셨다. 할아버지는 늘 그저 허허 웃으시며 산신령 같은 허연 수염을 "에헴!" 소리와 함께 쓸어내리시곤 하셨다. 혜령은 때론 그런 할아버지가 유일하게 가지고 노시는 화투장을 섞어 주기도 하였는데 하루 운세를 보는 것이라 말씀해주셨다.
오래된 고물 라디오에서는 민요나 판소리가 흘러나왔다. 그 기억 때문인지 혜령은 지금도 민요나 판소리에 어떤 갈증 같은 것이 있다.

작은 방안을 요리 뒹굴 조리 뒹굴며 노곤해진 혜령은 생각했다. 집 뒤 숲에 매일 숨어있더라도 낮에 먹었던 두부와 지금 이렇게 달콤한 엿가락을 먹을 수만 있다면 그깟 뒤 숲의 눅눅함 정도는 언제고 견뎌내리라….
할아버지는 늘 기침을 달고 사셨기에 혜령의 힘으로도 뚝뚝 끊어지는 엿을 늘 할머니 보물창고에 보관해 두셨다. 판도라 상자가 열린 그날따라 혜령의 손에 좀처럼 엿 가락이 잡히질 않았다. 잡힐 듯 잡힐 듯 한쪽 어깨를 계속해서 찬장 안쪽으로 밀어 넣다 보니 종이 낱장 소리가 바스락거렸다. 무언가 읽는 재미가 한창이던 때라 다 헤진 낡은 노트가 버려진 듯 놓여 있는 걸 기어이 끄집어냈다.
할머니의 오래된 일기였다. 아니 일기라기보다 그저 푸념의 낙서였다. 그 안에는 아름다운 순간과 슬픈 이야기가 들어있었다. 한때는 따뜻한 온기가 돌았을 그러나 지금은 멈춰진 시간, 폐가에 감춰진 이야기가 세상에 나온 것이다.

혜령은 늘 그게 못마땅했다. 왜 자신에겐 엄마 아빠가 아닌 할아버지 할머니가 함께 살아야 하는지….

엄마 아빠는 이 작은 폐가의 쓰러질 듯 위태위태했던 창고를 개량하여 작은방을 들여 혜령을 낳았다. 기생오라비같이 멀쩡하게 생겼다는 22살 아빠는 18살 어린 색시가 자식을 낳았는데도 동네 처녀들과 밤마실을 다녔다. 그 꼴을 더는 두고 볼 수 없어 헤어지자 말했다. 엄마에게 아빠는 돼지 막의 도끼를 들고 와 "헤어질거믄 우리 새끼도 반으로 갈라야제 안그냐?" 소리쳤다.
도끼를 들고 설치는 아빠가 무서워 그날 밤 어딘가로 도망가버린 엄마, 엄마를 찾아 나선다며 그 뒤를 따라 나가버린 아빠, 그리고 남겨진 돌도 지나지 않은 혜령….
혜령이 첫돌이 채 되기도 전에 엄마 아빠는 그렇게 헤어졌다 했다.

할머니가 젖동냥해가며 어린 혜령을 눈물로 돌봐온 지난 세월이 낙서장에 쓰여있었다. 혜령의 삶처럼 버스럭거리던 그 이야기들은 지금까지도 고치속 애벌레로 봉인되어 있다.

어린 혜령은 이런 상황을 이해하기 어려웠다. 그저 모든 것은 혜령의 잘못이라 생각했다. 혜령은 스스로 저주받은 아이라 생각했다. 만약에 내가 태어나지 않았더라면 하는 생각이 어린 마음에도 들었던 것 같다. 아이의 작았던 어깨는 더욱 작아졌다.
그렇게 작아진 어깨는 아주 아주 오랫동안 펴지지 않았고 혜령은 여전히 애벌레에서 나비가 되지 못하였다.

엄마의 부재는 아이에겐 죽은 시간이다.

엄마가 없는 어린 시절, 혜령은 엄마 없이 자란 어린 시절을 회상한다. 엄마에 대한 기억이 전혀 없는데도 그립고 아쉬움으로 가득한 기억. 소녀의 축 처진 어깨 그리고 뒷모습, 잡으려 하면 점점 더 멀어져 가던 그 그림자 행여 혹여 엄마일까? 엄마였을까?

할머니는 엄마에 관한 이야기를 전혀 하지 않았다.

할머니뿐만 아니라 혜령 주변의 누구도 말하지 않았다. 엄마는 그저 금기 단어였다. 작은 섬마을의 외딴집에는 오가는 사람들도 드물었다. 초등학교에 들어가기 전까지는 집 앞 바닷가에 있는 커다란 바위 아래서 고동을 잡거나 개헤엄을 치며 물놀이를 하는 것이 전부였다. 여름밤이면 잘 달궈진 바위에 누워 잠을 청하거나 별을 세거나 혜령 혼자서 돌을 세워두고 쓰러뜨리는 돌치기를 하며 놀았고 때론 먼 육지에서 밀려오던 바다 쓰레기들을 뒤지며 저 바다 건너엔 어떤 세상이 있는지 궁금해했다. 어린 혜령은 할머니 할아버지를 대신해 양동이를 이고 물을 길으러 다녔었다. 산에서 내려오는 물은 허드렛물로 쓰고 먹는 식수는 바다 근처 작은 샘을 파서 물이 고이면 퍼 담아서, 나르는 것이 어린 혜령이 할 수 있는 일이었다. 하기 싫다고 하지 않으면 되는 것이 아니고 그들 가족에서 그나마 그 힘이라도 쓸 수 있는 노동력을 가진 혜령이 해야 할 일이었기 때문이었다. 그들이 함께 살아내는 생활에서는 싫고 좋고는 없었다. 어쩌면 그런 감정들이 있는 줄 몰랐던 건 아닐까? 아니면 어린 혜령에게 싫다는 표현은 할아버지 할머니로부터까지 또 버림을 받을까 두려워 미리 감춰져 버린 것이었을까?

혜령의 세상엔 할아버지 할머니가 전부였다.

부뚜막 위를 기어 다니며 숯검정을 묻히며 자랐고 할머니 무릎에서 재롱을 부렸으며 때론 가뭇없이 내보이던 할아버지 불알을 조몰락거려도 즐거웠다. 늘어질 대로 늘어진 할머니 젖가슴은 혜령의 안식처였고 가장 편안한 쉼터였다.

학교에 다니면서부터는 먼 거리를 걸어서 다녀야 했다. 학교로 가는 길 중간쯤에 엄마가 처녓적 살았던 집이 있었다. 혜령에겐 외할머니댁이 되는 셈이다. 똑같은 그 길을 15년 넘게 오갔다. 그런데도 단 한 번도 외할머니댁을 들어가 본 적이 없었다. 어린 혜령이 감당하기엔 너무나 큰 짐이었지만 그 누구도 그런 혜령을 눈여겨보지 않았고 마음 써 주지 않았다. 혜령 혼자서 지나가는 아줌마를 보면서 때론 엄마 모습을 상상해 보기만 하였을 뿐….

매일 같은 길을 오가면서 혜령은 어떤 생각을 했을까?

돌아보면 그냥 우울하고 슬펐던 것 같다.

아빠는 엄마를 찾으러 다니다 다른 가정을 꾸리고 새 출발을 했다 들었다. 원양어선을 타고 멀리 돈을 벌러 다닌다고도 했다.

혜령의 통학길은 늘 초라하고 주눅이 들어 고개를 들고 다닌 적이 없었다. 혜령의 잘못이 아님에도 모든 게 혜령이 원죄인 것처럼 아빠의 도끼날이 서성거렸다. 혜령은 어린 소녀 시절 엄마의 모습이 그려지지 않았다. 본 적이 없으므로 기억이 없었고, 기억이 없으므로 엄마를 떠올려보려 하면 아빠의 도끼날이 떠오르고, 엄마를 떠올려보려 하면 밤마다 젖동냥하러 다녔던 할머니
의 젖가슴만 떠올랐다.

엄마가 간절했던 시간만큼은 아이
에게는 죽은 시간이었다. 혜령은
그것이 정말 슬펐다.

섬은 가난했고, 초가집이 가난했
고, 혜령의 마음도 가난했다.

우연을 가장한 만남

다섯 살쯤이었을까 아니면 그 이전 그 이후였을지도 모른다.

바닷가 바위 이쪽저쪽을 뛰어다니며 고동을 잡고 있었을 때였다.

그것이 혜령의 유일한 놀이였다.

어떤 아줌마가 혜령에게 다가왔다. 아무 말 없이 혜령을 꼭 껴안았다.

그리고 눈물만 흘리고 한참을 그러고 있었다.

영문을 모르는 혜령은 어색한 몸짓을 하였다. 안겨버린 몸을 빼내느라 이리저리 뒤틀었다. 엄마라 얘기했을지도 모른다. 그러나 그것이 전부였다. 눈물을 흘리던 눈은 혜령을 담아갈 듯 한참을 그러고 있다가는 온다 간다는 소리도 없이 사라져 버렸다. 어느새 혜령은 혼자였다. 그리고 오랫동안 잊어버리고 지내다 어느 날엔가 할머니에게 "할망 쩌번에 바다에서 고동잡는디 어떤 아줌마가 날 꼭 안아줌서 울던디~"하고 말했다.

할머니는 들릴 듯 말 듯 한 소리로 "썩을년!"하고 내뱉고는 혜령에겐 그 어떤 말도 없었다.

그저 흘러갈 뿐

시간은 그냥 그렇게 흘러갈 뿐 누구도 혜령에게 가고 싶은 길을 걷고 싶은 길을 묻지 않았다.

막연한 그리움이 가슴에 자리 잡았다. 다시 볼 수 없었고 누군지 묻지 않았다. 혜령은 다시 외톨이 일상으로 돌아왔다.

엿가락 때문에 할머니 보물창고의 판도라 상자를 열어버리고는 막연하게 자리 잡았던 그리움은 절망으로 변해버렸다.

뭐가 되고 싶은지도 뭘 해야 하는지도 모른 채 시간만 흘렀다.

작고 귀엽고 예뻤다 했다.

총명하고 공부도 잘했다 했다. 섬마을 선생님들은 이 작고 예쁜 소녀가 사랑스러웠나 보다. 공책도 주고 연필도 주고 옷도 주고 그 사랑 아래서 초등학교도 중학교도 다녔지만, 혜령은 엄마가 있는 아이들이 너무도 부러웠다.

혜령의 어린 삶에 하나만 택할 수 있다면 엄마가 있는 풍경을 택했을 것이다. 그렇지만 혜령에겐 없었다. 그런 엄마를 대신한 할아버지 할머니, 할아버지 할머니는 혜령이만을 위하여 사셨을 것이다.

그분들의 세상에는 삶의 목적이 오직 이 작은 손녀를 키우는 것뿐이었으리라.

중학교에 들어가게 되고 혜령에게도 사춘기가 왔겠지만. 그런 감정이 무엇인지도 무엇을 했는지도 모른다.

그저 시간이 흘렀다. 중학교를 졸업할 무렵에 할머니 할아버지는 너무 큰 슬픔을 겪으셔야 했다.

그곳에는 고등학교가 없었다.

학교 선생님이 고등학교 진학 문제를 의논하러 오셨을 때의 할머니 할아버지의 깊은 한숨 소리만이 기억될 뿐이다.

혜령은 고모가 살고 계시는 도시의 고등학교에 들어가게 되었고 혜령의 어린 시간은 그곳에 묻혔다. 가끔 생각했다. 차라리 그때 그냥 그 작은 섬에서 살았어야 하는건가?라고 말이다.

혜령의 전부였던 할머니 할아버지, 그리고 두 분의 전부였던 혜령, 그러나, 그들에게 영원한 이별의 순간이 너무도 빠르게 닥쳐왔다. 혜령이 도시의 고등학교에 진학하고 얼마 되지 않아 두 분은 같은 날 같은 시간 돌아가셨다. '사실 같은 날인지 같은 시간인지 어찌 알겠는가? 산 자들이 정한 편리함이지' 돌아가신 원인은 모르지만 한 분이 먼저 돌아가시고 남은 분이 따라가셨을 것이다. 뒤늦게 발견되었고 혜령 또한 자세한 내막은 알지 못했다. 다만, 언젠가 할머니의 보물창고에서 보았던 한약을 다루는 종이에 싸여있던 유난히 노랗던 가루가 떠올랐다.
"할머니 이거이 머당가?"
"응 그것은 비상이라는 약인디 너는 몰라도 돼야. 그라고 인자 이것은 만지면 못써 잉"
혜령은 그녀가 떠나온 것이 두 분 죽음의 원인이 되었다는 생각에 오랜 세월 동안 우울과 자책감에 시달려야 했다.

한번 시작된 우울은 혜령을 두 번이나 중환자실에서 깨어나게 했고 한번 시작된 자책과 죄책감은 자주 악몽에 시달리게 했으며 악몽에 시달린 다음 날 아침은 눈뜨면서부터 괴로웠다. 그 괴로움을 잊어보려 혜령을 술을 마셨고, 술에 취하면 혜령은 할아버지 할머니 엄마 아빠를 만났다. 만남이 즐거운 날은 들떠서 둥둥 떠다녔으며 만남이 우울한 날엔 혜령은 기억 속 그들을 하나씩 하나씩 도끼질을 해나갔다. 도끼질은 멈춰도 그들은 다시 살아났다.

그리고 어린 시절의 주눅은 깊은 우울이라는 이름으로 덮어씌워졌다.

어떤 삶을 살아야 하는지 안내받지 못한 그녀, 혜령
혜령은 고아인 것도 고아가 아닌 것도 아니었다. 다만 언제나 혼자였다. 혼자 생각하고 혼자 결정하고 행동했다. 의견을 나누고 삶의 방향을 제시해줄 아빠와 엄마는 각자의 삶을 살고 있었고 엄마는 얼굴도 모르고 어디 계시는지도 몰랐다. 얼굴도 모르는 엄마에 대한 원망이 커지면서 그리움 또한 커졌다.
나이를 먹어갈수록 절망의 자리를 다시 그리움이 차지하기 시작했고 그 원망과 그리움은 안으로 안으로만 스며 들어갔다.

외로움을 견디며 때론 우울이라는 이름으로 세상과 사투를 하였고 어느 날 돌아보니 30대 중반이 넘은 나이가 되어있었다.

물론 혜령에게도 몇 번의 연애도 있었지만 늘 불안해했다. 온전한 가정에서 자라지 못한 내가 그 틀 안에서 행복할 수 있을까? 혜령도 그녀의 엄마처럼 아이라도 낳고 훌쩍 떠나버린다면 남겨진 그 아이는 어떻게 되는 걸까? 혜령을 짓누르는 이런 되새김들은 결혼의 문턱에서 매번 아픈 이별을 감당하게 했다. 홀로 지낸 긴 외로움에 마음의 병이 깊어 지쳐 쓰러질 즈음 지금의 남편을 만났다. 혜령에게 남편은 그녀 온생의 전부였다.

세상을 다 얻은 것 같은 설렘 한 번도 완전체인 적이 없었던 가족이 혜령에게 생길 것을 그리고 그걸 지켜낼 힘이 있다는 걸 보여준 사람이다.

혜령은 남편을 이끌어 그녀 비밀의 요람에 돌아왔다. 무덤에서 그녀는 옛 기억을 들춰봤다.

모진 세월을 견뎌낸 노부부의 애환과 혜령의 탄생 비밀까지도….

겹겹이 쌓인 그리움은 그만큼의 세월이 주는 기대가 섞여 마음은 다시금 고동치기 시작했다.

혜령의 남편은 매일 매일 다독인다.

이 모든 불행은 당신 잘못이 아니라고 당신이 왜 저주의 씨앗이냐고 당신을 지켜주진 못했어도 사랑의 결실이라고 말이다.

그렇지만 혜령의 아픔과 슬픔은 여전히 진행형이다.

엄마의 손과 정성 들이고 사랑이 가장 많이 필요했던 어린 시절 엄마의 부재로 인한 정신적인 아픔과 생채기가 어쩌면 영원히 사라지지 않고 남아있을 것 같은 슬픈 예감이다.

혜령이 별하에게 집중하는 만큼 그 고통은 더 커진다.

부모의 부재가 성장 과정의 아이에게 미치는 정서적 영향

부모의 사랑을 받지 못하고 성장한 아이들은 다양한 정서적 특징을 보일 수 있습니다. 이러한 아이들은 부정적인 경험을 통해 정서적인 상처를 받을 수 있으며, 이는 그들의 발달과 정신건강에 영향을 미칠 수 있습니다. 이러한 아이들의 정서적 특징은 아래와 같을 수 있습니다:

자아 존중과 자신감의 부족: 부모의 사랑과 인정을 받지 못한 아이들은 자아 존중감과 자신감이 부족할 수 있습니다. 자신을 사랑하지 않는다는 메시지를 받은 아이들은 자신을 부정적으로 인식할 수 있습니다.

불안과 불안정성: 부모의 사랑을 받지 못한 아이들은 감정적인 불안과 불안정성을 경험할 수 있습니다. 안전한 환경에서의 부족함으로 인해 불안과 불안정성이 증가할 수 있습니다.

사회적 관계의 어려움: 부모의 사랑을 받지 못한 아이들은 사회적 관계에서 어려움을 겪을 수 있습니다. 신뢰와 친밀한 관계를 형성하는 능력이 부족할 수 있으며, 친구나 동료들과의 관계에서 문제를 겪을 수 있습니다.

정서적 문제: 부모의 사랑을 받지 못한 아이들은 우울, 무력감, 분노 등의 정서적 문제를 겪을 수 있습니다. 부정적인 감정을 다루는 능력이 부족하여 정서적인 조절이 어려울 수 있습니다.

자기부상과 자존감 하락: 부모의 사랑을 받지 못한 아이들은 자기부상과 자존감이 하락할 수 있습니다. 스스로를 사랑하지 않는다는 메시지를 받은 아이들은 자신에 대한 부정적인 태도를 가질 수 있습니다.

이러한 정서적 특징은 부모의 사랑과 관심을 통해 치유될 수 있습니다. 상담이나 치료를 통해 정서적인 치유와 발전을 끌어내는 것이 중요합니다. 또한, 이러한 아이들을 위한 지지와 이해가 주변 환경에서 중요합니다.

02.

별하는 기적이다.

체외수정을 통한 임신 계획

혜령의 모든 미래는 새로운 삶의 희망이었다. 밝음이었다.

이제 혜령에게 절실한 것은 가족의 완전체 그 미래에 함께할 아이였다.

혜령은 아이에게 본인 삶을 보상이라도 해주려는 듯 벌써 들떠있었다.

남편은 혜령이 그동안 내내 지니고 다녔던 불안한 마음들을 다 잊어버리릴 만큼 다정했기에 가능한 결심이었는지도 모른다.

혜령이 40이 다된 나이에 결혼하다 보니 남편도 늦은 나이였다.

아이 둘은 있어야 한다 생각했다. 마음이 바빴다.

유명 여성병원의 전문의사와의 상담을 거쳐 체외수정을 통한 임신을 결정하였고 모든 과정은 신속하게 진행해 나갔다.

매일 아침저녁 혜령은 스스로 난포를 키우는 주사를 찌르면서도 즐거웠고 이제야 세상에 나온 이유를 찾은 듯 행복함에 젖었다.

온통 장밋빛이었던 혜령은 쌍둥이를 낳아 한꺼번에 둘을 키워보겠다고 벼르고 있었던바 의사 선생님이 웃으며 조급함을 꾸짖으며 한 말을 잊지 못한다.

"아이는 엄마 아빠나 의사가 낳는 게 아닙니다."

"삼신할매가 점지해줘야 아이를 갖습니다."

수정체 넷을 자궁에 착상시켰다. 약한 몸의 무리이기도 했지만 다는 성공하지 못할 것이라 했다. 그런데도 혜령은 감당할 수 있을 것이라 욕심을 냈다. 걷는 걸음걸이 하나하나까지 조심한다 했어도 어느 날 하혈과 함께 둘은 잃었다.

아이가 딱 붙어있으라 맞는 주사는 정말이지 하늘이 노래지는 경험을 하게 하던데 그 주사를 주기적으로 맞아가며 필사적으로 나머지 둘을 지켜보려 애썼음에도 따뜻한 봄날이 가던 즈음 별다른 이유 없이 하나를 또 잃었다.

마음에 불안과 조바심이 왔다. 매일 간절한 기도와 건강한 음식, 좋은 생각으로 태교를 하며 임산부로서 모든 것을 조심하였다.

기적의 순간, 별하 태어나다.

날짜가 임박해 가면서는 더욱 수시로 병원에 다니며 태아의 건강을 살폈다. 아이는 혜령이 먹는 양만큼 쑥쑥 자라주지 않아서 혜령은 늘 불안해했다. 2009년 11월 27일 금요일 출산 날짜를 2주쯤 남기고 평소에 검진해주던 병원 의사가 고개를 갸웃거린다.

태아의 성장이 멈춘듯하다 했다.

대학병원 예약은 빨라야 31일 가능하다 한다. 4일이 남았지만 급박한 상황은 아니라 하니 그렇게 약속하였다. 불안한 마음으로 주말을 보내고 월요일이 되었다. 병원 예약은 다음 날이었지만 무작정 대학병원으로 가보기로 하였다.

담당 의사는 당연히 없었다. 원래 출근하지 않는 날이라 했지만, 행여 하는 마음에 병원에 갔고 접수를 해놓은 터였다.

접수 데스크에서 돌아 나가는데 "저기요. 선생님 자료 가지러 잠시 들렀는데 오셨으니 보고 가라 하네요."

"선생님 아이가 더 이상 자라지 않고 있는 것 같다고 합니다. 태동도 많이 줄었어요. 거의 움직이지 않는 것 같아요. 유도분만이라도 해보고 싶습니다." 혜령이 말했다. 그리고 잠시 후 혜령은 심전도 체크를 위해 진료 침대에 누워 아이의 심장박동 스코프를 들여다보고 있었다. 그런데 스코프의 모니터에 태아의 박동 그래프가 갑자기 멈춰가고 있는 듯 보였다. "선생님 여기 이상해요!" 혜령은 의사의 시선을 돌렸다. 돌아보던 의사는 "긴급"을 외치며 다른 의사들은 수술실로 이동하라 한다. "아이가 지금 움직이질 않고 심장박동도 죽어가고 있어요. 점점 약해지고 있습니다. 급하게 수술해야 합니다. 원래는 관장하고 공복이어야 수술 가능한데 위급상황이라 그냥 수술 진행하겠습니다" 그리고 한 번 더 "간호사 여기 보호자님 들어오셔서 사인하라고 하세요. 위급상황이라 산모도 아이도 책임질 수 없습니다." 혜령은 침대에 누워 다급하게 옮겨졌고, 남편은 눈물을 뚝뚝 흘리면서 사인을 했고 혜령은 수술 부위 소독을 위한 차가운 느낌과 쓱쓱 아랫도리의 털이 깎여나가는 소리 그리고는 하나·둘·셋을 세며 깊은 잠에 빠졌다.
수술실 문밖 남편에게는 30분 후쯤 나온다고 말했다는데 1시간 30분이 지나가는데도 나오지 않아서 어쩌면 둘 중 하나는 잘못되었을 수도 있겠다는 마음에 1분 1초가 너무도 초조하고 불안한 시간이었다 했다.

체중 1.74kg,
아이의 탯줄이 목을 두 바퀴나 감고 있고 양수도 거의 말라버린 최악의 여건과 위험한 상황 속에서 기적적인 탄생을 하였다.
저체중에 영양실조 신생아 중환자실의 인큐베이터로 향했다.

깊은 잠에서 깬 후 긴급 제왕절개로 출산한 몸을 끌고 신생아 응급실로 향했다. 세상은 온통 따뜻함으로 빛나고 있었고 혜령과 별하는 그 빛나는 순간을 함께 맞이하였다.
가족의 완전체를 이룬 첫 만남, 혜령에게 별하는 자식 그 이상이었다. 세상 단 하나의 핏줄 혜령에게 별하는 남편이 그랬던 것처럼 온 우주였고 온 세상이었다. 별하는 태어나는 순간이 기적이었다면 혜령에겐 별하가 온 것이 기적이었다.

하나에서 둘, 그러나 둘은 여전히 하나다.
혜령의 손을 스쳐, 별하는 온 숨결을 그녀에게 주었다. 혜령의 눈은 무한한 감동과 사랑으로 반짝였으며, 별하는 엄마 아빠가 지어준 이름처럼 세상 가장 밝게 빛나는 별이 되어줄 것이었다. 평범한 공간들은 행복이 넘치는 장소로 변했고, 하나에서 둘이 되었지만, 여전히 둘은 하나이다.

체외수정 임신에 의한 출산이 ADHD에 미치는 영향

현재까지의 연구 결과를 토대로 보면, 체외수정 임신이나 인공적인 생식 기술을 통한 출생과 ADHD 발생 간에 직접적인 연관성을 입증하는 연구는 부족합니다. 그러므로, 체외수정 임신으로 태어난 아이들이 ADHD를 더 자주 겪는다는 확실한 결론을 내리기 어렵습니다.

그러나 몇몇 연구에서는 체외수정 임신이 아이의 발달에 일부 영향을 미칠 수 있음을 시사하고 있습니다.

이러한 영향은 부모의 노력과 스트레스, 아동의 조기 출생, 낮은 출생체중 등 여러 다양한 요소와 관련되어 있습니다.

하지만 이러한 영향이 ADHD와 직접적인 연관성이 있는지, 그리고 그 정확한 메커니즘은 여전히 더 연구가 필요한 분야입니다.

요약하자면, 현재로서는 체외수정 임신이 ADHD 발생과 직접적으로 연결된 것으로 간주하기에는 충분한 증거가 없습니다.

ADHD는 다양한 요인들이 결합하여 발생하는 복잡한 상태이며, 환경적인 영향도 그중 하나에 불과합니다.

김수환 추기경님과 별하

별하는 김수환 추기경님께서 선종하신 그 해 초에 임신하고 11월 말에 태어났다.

별하 할머니는 추기경님이 선종하신 2009년 2월 금의를 걸치시고 아이를 건네주며 황금관에 눕는 태몽을 꾸었다 하였다. 가족들 모두는 별하가 주는 행복감에 취했다.

갸름하고 예쁜 얼굴, 집중할 때 빛나는 총명한 눈, 가르쳐 주면 무엇이든 금방 따라 했다.

출산 후 4개월이 지나자 엄마와 아빠를 부를 수 있었다.

혜령은 별하에게 많은 것을 주고도 더 주고 싶었다.

혼자서 글자를 터득하고 읽고 밤이 새는 줄도 모르게 빠져들었던 상상의 세계들을 별하는 참으로 좋아했다. 가족들 셋이 별하에게 매달려도 이겨낼 수

가 없는 독서력으로 '제발 책 좀 그만 보자'하며 사정하게 되는 날들이 점점 많아져 갔지만 시키지 않아도 독서광이 되어버린 별하가 신기하고 즐겁고 행복했다. 밤을 새워 읽어주던 책들은 엄마의 손에서 아빠의 손에서 할머니의 손에서 그렇게 낡아져서 닳아졌다. 별하는 잠을 자기 전에도 늘 다른 세계를 상상한다면서 오랫동안 잠들지 않고 뒤척였으며 이런 때엔 말을 거는 것도 싫어했다. 상상의 세계가 흩어진다면서 참 독특했던 별하!!!

책에서 보았던 내용을 상상과 연결해 전혀 다른 세계를 만들어내곤 했다. 엄마 혜령은 그런 별하의 세계관을 도무지 이해할 수 없었다. 다만 별하는 다른 아이에게는 없는 특별하고도 조심스러운 '어떤 능력이 있는 건 아닐까?' 생각만 해보았을 뿐이다.

어쨌든 별하는 정말 감사하게도 1.74kg의 탄생이 무색하게 쑥쑥 무럭무럭 자라주었다.

03.

혼돈이 시작되는 순간들

금지옥엽

얼마나 예쁘고 얼마나 사랑스럽던지 혜령은 '자식이란 이런 존재인가?'싶었다. 혜령에겐 낯설 것 같았던 모성애는 배우지 않았어도 본능적으로 별하에게 매달렸고 유별나다 싶게 끼고 살았다.

혜령은 별하에게 많은 것을 주고 싶었다. 그런 혜령의 마음을 읽어내기라도 한 듯 별하도 답하듯이 말을 자유자재로 하기 시작하던 때부터 '사랑해'라는 말을 달고 살았고 첫돌이 지나면서는 신체 기관들이나 기본 생활영어 단어들도 곧잘 따라 했다. 저녁이면 할머니에게 배운 가곡을 두 손 꼭 모으고 '시작!' 소리와 함께 멋들어지게 불러주곤 했다. 서너 살부터 별하는 팝업북을 스스로 만들어 읽었고, 종이 인형들의 옷이나 장신구 인형의 모습들을 조막만 한 손으로 조 몰 딱 조 몰 딱 잘도 만들어냈다. 투명테이프 요리조리 붙여가며 완성된 그것들을 보고 있자면 시간 가는 줄 모르게 신기하고 즐겁고 행복했다. 돈을 주고 산 장난감이라고는 구체관절인형 하나가 전부였던 별하였지만 불만 없이 잘 자랐고 시간은 그렇게 평범한 일상으로 스며들었다. 주위 모든 이들의 사랑을 받았으며 관심의 대상이었다. 어디를 가나 눈에 띄었고 어디에 있어도 빛이 나는 별하였다. 별하 할머니 태몽 덕분인지 가족 모두는 천주교 교리 공부를 하였으며 세례를 받았고 별하는 시골 성당에서 유아세례를 받았다. 때가 되어, 유치원에도 가고 또 그렇게 시간은 흘렀다.

금지옥엽이라는 한마디로 별하를 표현해 준 친구의 말처럼 금이야 옥이야 귀한 자식이었다.

별하의 유난스러움

별하는 혜령의 젖가슴이 정말 마르고 닳도록 만지고 빨았던 아이였다. 혜령이 젖몸살을 앓아 피고름이 나오는데도 빨았고 잠들기 전 눈뜨기 전 한 시간은 기본이었다. 혜령이 갓난쟁이였을 때 먹지 못했을 젖을 별하가 다 먹어 없애기라도 하듯 혜령을 탐했다. 혜령도 그런 별하가 그저 예뻤다. 싫지 않았다. 아이가 원하면 언제든 만질 수 있게 속옷을 입지 않는지는 오래되었고 아이가 원하면 열 살이고 스무 살이고 만지게 해줄 참이었다. 혜령의 오랜 소망처럼….

그런데 정말 별하는 그런 혜령의 마음을 읽어내기라도 한 듯 젖을 뗄 나이가 지났는데도 간식처럼 빨았으며 빨간약이라도 발라 놓고 속아주길 기다리고 있으면 귀신같이 알아채고는 쓱쓱 문질러 닦고 쪽쪽 빨아 먹고 조물조물한다.

유치원에 가서도 이 만행(?)은 계속되는데 기가 찰 일이다.

일단 유치원에 가면 엄마를 원장실까지 끌고 들어간다. 거기서 엄마 윗옷을 걸어 올리고 당당하게 누워서 젖을 빤다. 원장선생님이 자리를 피해준다. 유치원에 가서도 그냥 엄마를 보내주는 법이 없다. 늘 같이 앉아 놀이를 함께 하게 한다. 그러다 별하가 놀이에 집중하게 되면 몰래 빠져나오곤 했는데 어느 날은 유치원 선생님이 전화를 주셨다. 다른 친구들이 샘이 났는지 집에 가서 누구네 엄마는 와서 놀다 간다. 원장실에도 계시다 간다. 등등의 말들이 학부모에게 들어가 별하도 이제 유치원 입구에서 내려주시고 그냥 가셨으면 한다. 그 이후는 유치원에서 알아서 하겠다. 그래서 다음날 별하를 유치원 입구에서 선생님께 인계하고 그냥 뒤돌아보지 않고 와버렸다. 그날 오후 아이를 데리러 갔더니 아이는 눈이 퉁퉁 부어있고 선생님들은 난감해하신다. 그냥 평소 하던 대로 하란다. 혜령이 뒤돌아보지 않고 가버린 그 시간부터 유치원 선생님 세 분이 어르고 달래도 소용없고 세 시간을 누워서 버티고 울었다나 어쨌다나 선생님들이 진이 다 빠져서 어머님 하시던 대로 하라고…. 그 뒤부턴 혜령이 더 조심했지만, 한동안 그 만행은 계속되었고 어떤 날은 직접 전화를 걸어와 엄마 한 모금 주러 와야지~ 했던 별하다. 여행 갈 때도 주야장천 쭉쭉….

별하 열 살 때 아침 풍경이 아직 혜령의 일기장에 있다.

딸아 네 나이 열 살이다.

늦은 밤
뒤척이며 잠 못 이루다 더듬더듬
젖을 찾아 물고 빨다 잠이 든다.

밤샘 팔베개에
딸은 꿀잠
엄마는 선잠

언제나 분주한 아침
아빠는 밥상을 차리고
엄마는 잠이 도통 깨지 않는 딸을
눕혀서 옷을 입히고

시큰거리는 손목으로 안아서 화장실을 다녀온다.
그래도 깨지 않는 딸
자꾸만 스르륵 스르륵 꿈길로 잠결로

시큰거리는 팔목 위에 딸을 올린다.
한 손은 내 젖무덤에
다른 한 손은 잠에 취해 늘어져 있는
너에게 꾸역꾸역 밥을 밀어 넣는다.

딸아, 지금 네 나이 열 살이다.
잊은 건 아니겠지?

아빠는 책가방을 메고
책가방은 딸을 메고
대롱대롱 흔들리는 딸의 두 발에
엄마는 신발을 신기고 있다.

- 과거 일기 中 발췌 -

결혼 전 대부분의 예비커플은 어떤 성별의 아이를 인연으로 맞아들이게 될지 기대감이 증폭한다.
남자 형제들과 자란 남자 친구는 반짝반짝 살랑살랑 애굣덩어리일 것 같고 꽃 같기만 할 것 같은? 예쁜 딸을 원하고 여자 자매들과 자란 여신들은 듬직한 아들을 맞고 싶어 할 것이다.

나는 듬직한 남자아이도, 야리야리 어여쁜 딸도 모두 원했지만, 한없이 사랑스럽고 어여쁘기만 한 딸램을 기적처럼 얻게 되었다. 딸램을 키우면서 빨리 머리카락이 자라 어여쁜 헤어스타일을 만들어보고 싶었던 마음이 얼마나 컸던지…. 백일이 지나 몇 가닥씩 나와 있는 머리카락을 가지고 요리 묶고 조리 묶고 별 쇼를 다 했던 기억이 난다.
한 번도 자르지 않고 길러왔던 머리카락을 백혈병 소아암 센터에 기부하고 나서는 댕강 잘린 단발머리를 어찌하지 못해 작년에는 앞머리 깡충 묶고만 다녔는데….

올해는 많이 기른 헤어 덕분에 유치원 때처럼 내 맘대로 헤어스타일 만들어 본다.^^
매일 매일 다르게 특별하게 또 저만의 독특함으로 또는 인터넷 정보홍수 속에서 찾아내 요래조래 해보는 재미 쏠쏠.
착한 딸램은 아침마다 귀찮기도 할 텐데 얌전히 책을 보며 잘 참아준다. 어떤 때는 펌이라도 해버리면 참 편할 텐데 싶지만도….
딸램도 "머리 감자"하면 쏘우 쿨하게 따라준다.
이거 괜찮네. 머리 감지 않아 지저분하면 머리카락 기부해도 소용없다고 하니 꼬박꼬박 군말하지 않고 따라주는 딸램 늘 대견해!
바쁜 아침 시간인지라 부담스러운 날도 있지만 깔끔하게 어여쁘게 해서 보내고 나면 또 나름 뿌듯해.^^
요런 모양들에서 변형도 조금씩 줘보면서 시도하다 보면 어느새 엄마는 헤어디자이너가 되어있을 것 같아.^^

사랑스럽고 어여쁜 딸램들.
더욱 정성스럽게 꾸며주면 다들 늘 행복하겠다.^^
고만고만한 인형들이 줄 맞춰 올망졸망
아 생각만 해도 행복하다.

*별하는 4번의 머리카락 기부를 하였고 5번째 기부를 할 것이다.

난 왼손잡이야

별하는 왼손잡이다.

밥도 왼손으로 그림도 왼손으로 글도 왼손으로 쓴다.

옛날엔 왼손으로 글을 쓰고 밥을 먹으면 그걸 고치려고 참 애를 썼다. 그런데 요즘엔 그런 경우가 없는 거로 아는데 초등 1학년 별하 담임 선생님은 정년퇴직을 앞둔 연세 지긋하신 분이었다. 연세 지긋하신 1학년 담임 선생님을 별하도 혜령도 좋아했다. 왜인지 외할머니 같은 기대 감이 있었다고나 할까?

그런데 이 선생님 조금 막히신 분이었다.

별하의 왼손 글씨를 바로잡겠다고 입학 두 달 넘게 아이를 얼마나 다 그쳤던지 어느 날 아이가 사라져 버린 것이다. 선생님도 놀랐는지 부모 에겐 연락하지도 않고 두 시간을 넘게 찾아다니다 결국 찾지 못하고 연락을 해왔다. 별하가 없어졌다고. 이유나 원인을 따질 겨를도 없이 집 밖으로 신발도 신지 못하고 뛰쳐나가 미친년처럼 별하 이름을 부르 며 시골길을 학교 방향으로 더듬어 가던 중 혜령의 눈에 분홍 나비 한 마리 축 처진 어깨로 나풀나풀 날지도 못하고 걸어오고 있는 것이 보 였다. 돌아가신 아버지가 오신대도 그리 반가울까? 그땐 별하에게 핸 드폰도 없던 시절, 아이에게 물었다. "조금만 기다리면 엄마가 데리러 가는데…. 한 번도 걸어보지 않은 이 길을 도대체 무슨 마음으로 온 거야?" 지방도로도 있고 국도도 있는 길이어서 정말 위험했다. 선생님이 자꾸 오른손으로 글씨를 쓰라는데 그거 너무 못마땅해서 "학교 그만 다니고 싶어!"

아이는 아무 잘못이 없음에도 불구하고 그 선생님 앞에서 작아졌다. 혜령도 따지고 싶었으나 별하에게 더욱 불이익이 갈까 오히려 작은 선물들을 들고 가 부탁을 하였다.

나중에 들은 이야기이다.

별하는 워낙 눈에 띄는 아이였다.

시골로 이사를 온 뒤 집 아이라는 것도 다 알고 있었던 모양이었다. 아이 혼자서 시골의 다운타운 슈퍼 앞을 지나가길래 어디 가냐고 물었더니 집에 간다면서 아무 일도 없었던 듯 동네 마실 나온 아이처럼 대답하고 지나갔다는 거였다. "그러다 사고라도 났으면 어쩔뻔했니? 별하야!"

그런데 운 나쁘게도 그 선생님 정년퇴직하기 전 한 학년을 연임하면서 별하에게는 학교의 평균화된 수업의 어려움을 톡톡히 주셨다. 선생님께 별하가 어릴 적 읽은 책이 많아 좀 독특한 질문을 해도 그냥 넘기지 마시고 잘 대처해 주셨으면 한다는 부탁을 상담주간 때 말씀드렸는데 학교는 평균화 교육을 하는 곳이라는 말씀만 하셨다. 그때 별하의 독창성을 알아주고 우리 부모가 다른 선택을 했다면 지금 뭔가가 달라졌을까? 막상 홈스쿨링이니 대안학교니 이런 거 하라 그럼 못 할지도 모른다. 그냥 지금에서야 하는 푸념이다.

선생님도 월급을 받는 직장인

초등 4학년 담임 선생님은 별하의 이런 독창적인 면을 가장 잘 이해해 주신 분이다. 처음부터 이해가 있었던 건 아니고 어떤 사건이 있었는데 별하의 대답이 가관이었다고 한다.

선생님이 흥분하신 상태에서 혜령에게 전화를 걸어왔다.

토론하는 수업이었는데 보통 맞다 아니다 하면 어느 정도 선에서 끝내는데 별하는 본인이 맞다 생각하면 끝장토론을 한다는 것이다. 그래서 보다 못한 선생님이 그만 정리하자 그랬고 선생님은 어떻게 생각하냐는 돌발질문에 적정 답을 찾느라 고심했다고. 그런 후 한숨을 쉬는 선생님께 선생님은 그래도 저희 같은 학생들이 있어서 월급을 받는 거 아니냐면서 그런 말을 처음 들어봐 당황스럽다는 것이다.

자세한 이유는 모르지만 일단 죄송하다 했고, 별하에게는 선생님께 그런 말은 실례된다는 주의를 시켰다. 훗날 이 선생님이 별하를 가장 아껴주시고 독려해 주셨고 힘든 마음도 우울한 마음도 읽어주셨다. 학교로 와서 상담해주는 선생님도 연계해서 별하 마음 치유도 도와주셨음이다. 그분은 별하 때문에 한 학년을 더 맡고 싶다고 청을 넣었으나 연임이 안 된다고 하여 선생님도 별하도 엄청나게 실망했었다. 그때 그 선생님 덕분에 독창성을 인정받아 영재선발 테스트도 참여하게 되었고 또 영재선발이 되어 4년간 영재교육을 매주 토요일마다 받았으며 나름의 자존감 기본 틀은 형성 되었다고 본다.

별하의 잠들지 못하는 밤

별하는 잠드는걸. 굉장히 힘들어했고 잠이 든다 해도 금방 깨곤 했다. 맘껏 놀아도 잠드는 게 어려워 어른이 자는 시간까지 책을 읽었고 우리가 자야 하는 시간에 불을 끄고 누워있으면 잠들지 못해 이리저리 기본 두 시간은 뒹굴뒹굴했다. 보다 못한 남편이 다시 일어나 불을 켜고 놀아주었고 남편이 지치면 혜령이 다음 타자로 혜령도 지치면 할머니에게로 가서 놀았는데 대략 이런 시간이 새벽 4~5시까지는 계속되었던 듯하다. 잠들면 불안하다 했다. 엄마가 사라질까 두렵다고도 했고 어떤 날은 잠든 듯하여 가만히 있어 들여다보면 날름 눈을 뜨곤 했는데 상상하고 있는 세계에 방해가 된다며 화를 낸 적도 있다. 혜령은 별하가 쉬이 잠자리에 들지 못하더라도 일단 불을 끄고 누워있어야 한다. 아이들은 아직 근심·걱정이 없는 때이니 뒹굴뒹굴하다 보면 잠이 들것이라고 했고 남편은 잠이 오지 않는데 억지로 잠을 청하는 게 얼마나 힘든 일인데 그걸 알면서도 억지로 잠을 재우는 건 옳은 방법이 아니다. 그래서 이 문제로 정말 많이도 다퉜다. 이때는 혜령도 남편도 밤잠 못 이루는 아이에 관한 공부해볼 생각을 못 했다. 무지한 것도 병이다. 밤잠 못 이루는 아이, 수업 시간에 엉뚱한 질문으로(독창성이라 표현했지만) 사회성이 떨어진 아이, 자신만의 세계에 빠져 쉬는 시간이고 밥 먹는 시간이고 화장실 가는 시간이고 책만 보는 아이.

이 모든 걸 종합해보면 지금의 ADHD 소견이 전혀 이상하지 않다. 그러나, 별하는 정말 잘 웃었고 그 웃는 모습이 환한 달처럼 예뻤고 그렇게 사랑만 담은 채로 자라주리라 믿었다.

별하의 힘든 시간들

평화로운 시골 학교의 교실 창가에서 앉아있었다. 빗방울이 떨어지고 있었다. 빗방울이 떨어지는 소리와 함께 시작된 강렬한 감각, 갑자기 빗물이 떨어지면서 별하는 강렬한 소리와 함께 몸이 반응했다. 빗물 소리에 따라 별하의 마음은 여러 방향으로 흩어지며 처음으로 명확한 집중이 어렵게 느껴졌다.

수업 시간에 머릿속에서 빗물 소리와 같은 생각이 끊임없이 번지기 시작했다. 친구들과의 대화에서도 별하는 간혹 주의를 집중하기 어렵다. 불안한 감정이 솟아오르기 시작하며 선생님과의 충돌도 발생했다. 이해되지 않는 감정, 주변 친구들이나 가족은 이런 별하의 어려움을 이해하지 못하였다. 다른 이들과의 소통이 어려움을 겪기 시작하며 점점 외톨이가 되어갔다.

별하는 교실에서 자리에 앉아있는 것이 어려웠다. 수업 속에서 시간이 더디게 흘러가고, 정리된 책상은 언제나 어지러워 보였다. 친구들과의 대화도 귀에 들어오지 않는다. 그 어떤 것도 손에 잡히지 않을 정도로 뒤죽박죽이 되고 있었다. 수업이 끝나면 도서관으로 달려갔다. 도서관 구석 자리에 앉아 책에 빠져들었다. 책 속 세상은 넓고 풍부했으며 생각대로 다닐 수 있어 별하에게는 가장 편안한 공간이었다. 집중력이 흩어지지도 않았다. 별하는 학교에 있지 않으면 도서관에 있었다. 이름을 불러도 대답이 없다. 깊게 빠져 읽느라 혜령이 불러도 모른다. 도서관이 마칠 즈음 데리러 가는데도 나올 때는 아쉬움이 한가득하다. 도서관에서는 별하에게 묻곤 한다. 이번엔 무슨 책을 구입할까? 아동도서는 읽고 또 읽고 이제 읽을 게 없다.

그렇게 초등학교에서 여섯 번의 운동회를 치르고 중학생이 되었다.

ADHD 증상이 처음 나타나기 시작한 순간

ADHD(주의력결핍 과잉행동장애) 증상은 종종 어린 시기에 나타나기 시작합니다. 아이가 발달하면서 주의력, 집중력, 행동 통제 등에 어려움을 겪을 수 있습니다. 다만, 이러한 증상이 처음 나타나는 순간을 정확하게 정의하기는 어렵습니다. 각 개인의 경험은 다르며, 증상이 서서히 나타날 수도 있고 갑작스럽게 나타날 수도 있습니다.

주의력결핍 증상
일상생활에서 주의를 집중하는데, 어려움을 겪음.
쉽게 산만해지고 주의를 기울이기 어려움. 지시를 이해하거나 따르는 데 어려움.

과잉행동 증상
자리에서 일어나지 않거나, 조용히 앉지 않음.
말이 많거나 지나치게 움직임.
대화를 주의 깊게 듣지 않음.

행동 통제 부족
자기 행동을 쉽게 조절하지 못함.
순간적인 충동에 따라 행동함.

기타 증상
일상생활에서 조직적이지 못한 모습. 중요한 세부 사항을 간과하는 경향.
증상이 나타나기 시작한 순간은 일상생활에서 어려움을 겪을 때 나타날 수 있습니다. 학교에서는 학업에 대한 어려움, 친구와의 관계에서 문제, 교사와의 관계에서 어려움 등이 나타날 수 있습니다. 가정에서는 숙제나 정리 정돈에 대한 어려움, 부모와의 대화에서의 문제 등이 나타날 수 있습니다.

이러한 증상은 다양한 상황에서 나타날 수 있으며, 정확한 진단을 위해서는 전문가의 평가와 의견이 필요합니다.

04.

오늘도 무사히─첫 번째 가출 사건

이렇게 너무도 사랑스럽던 그녀가(feat: 첫 번째 가출 사건)
별하는 올해 중2다.
정말 이걸 어떻게 표현해내고 풀어써야 할지 막막한데 또 어떻게든 토
해내야만 혜령은 살 것 같아서 정리되지 않는 생각들을 주섬주섬 모아
보려 한다. 일기처럼 기록한 글들을 끄집어내어 풀어본다.

중2병을 알아보자.
중2병(中二病: 추니뵤)은 1999년 일본 배우 이주인 히카루(伊集院光)
가 라디오 프로그램에서 처음 사용했다고 한다.
2013년 한국에서는 북한이 남침을 못 하는 이유 중 하나가 '중2가 무
서워서'라는 우스개가 유행할 만큼 중2병이 사회적 관심사로 주목받고
있으면서 사회적 관심으로 부상했지만, 중2병은 새로운 현상은 아니다.
흔히 청소년기를 일러'질풍노도(Sturm und Drang)의 시기'라 하는데,
이는 중2병의 원조라 보아도 될 것이다. 또 중2병은 전 세계적인 현상
이다. 미국엔 '2학년 병(Sophomoric Illness)'이란 말이 있다. 주로 고

등학교 2학년이나 대학교 2학년 때 겪는 증세를 일컫는 말이지만 '아는 체하는'이란 의미가 담겨 있어 "중2병의 시초 아니냐?"라는 주장도 있다.

중2병은 사춘기에 혼란을 겪고 있는 아이들을 부르는 속어로 통하지만 전 세대에 걸쳐 나타나는 증상이란 진단도 있다. 사회가 피폐해지고 스트레스가 늘면서 분노를 조절하지 못하는 성인들이 늘고 있는데, 중2병은 모든 연령대의 불안한 심리상태를 반영하는 말이라는 해석이다.
　　　　　　　　　　　　　　　　　　－ 네이버 트렌드 지식 사전 출처

사춘기를 겪는 아이들의 그 시기와 진통들이 비슷한 듯 또 전혀 다르기에 어떤 통계나 기준들을 잣대 삼기 참 어렵다.

완벽한 주관식도 아니고, 애매한 객관식도 아니어서 사춘기 자녀를 둔 부모라면 매 순간순간 잠시도 긴장의 끈을 놓으면 안 될 듯하다.

별하의 중 2병
한편의 단편영화처럼….

학교 끝나고 학원을 가야 하는데 점잖게 말을 건다.

"엄마~ 엄마가 허락 안 해줘도 화 안 낼게. 그냥 편하게 얘기해줘. 알았지? 엄마 나 오늘 피곤해서 학원 쉬고 싶은데 그래도 돼?"

"음~ 엄마 생각엔 학원 가는 것도 일종의 약속인데 피곤해도 다녀와서 쉬는 게 좋을 거 같아. 한두 번이 아니기에 더욱 그러네!"

"아니 엄마는 내가 피곤하다는데 나한테 공감도 안 해주고 다 필요 없어 그냥 집에 가!"

'이게 무슨 x 같은 경우지?'

'묻지도 따지지도 말고 그냥 집으로 가자 하든지….'

'화를 안 낸다 했으면 화를 내지 말든지….'

'또 속았네, 또 속았어.'

'어차피 안 갈 거면서…, 염병~'

'니 속엔 니가 너무도 많아'

'많아도 너무 많아'

결국 학원 하나 땡땡이치는 걸로 말 꺼내는 척하다 쓰리쿠션으로 홈런 때려 몽땅 젖히고 집으로 위풍당당하게 와서 지어미 죽일 듯이 몰아세우고는 대문부터 요란하게 회오리바람 토네이도 광풍을 일으키며 자기 방문 "꽝!!!"으로 마무리한다.

그다음은 안 봐도 아이의 동영상이 좌르르 펼쳐진다.
'위대한 승리자 표정으로 으하하하하하하'
'휴대폰 속으로 빠져든다 빠져든다 빠져드으으으렀다.'

사실, 요즘 휴대폰 문화가 남녀노소 할 것 없이 필수품이 되다 보니 딱히 아이만 나무랄 수도 없게 되었다.
그러나 영상 시청 시간에 대한 자제력이 없는 고만고만 시기엔 분명 독이다. 그것도 아주아주 큰 독이어서 사회적으로도 엄청난 문제인데 참 어떻게 안 되나?

일단, 사춘기의 징후들이 조금씩 보였던 건 생리를 시작한 4학년 때부터였던 것 같다.
심하진 않았지만 욱하고 화를 내고 토라지고 일찍 시작된 만큼 일찍 끝날 줄 알았다.
하지만 미리 결론부터 말하자면 아직도 진행 중이며 더 심해지고 있다.
모든 것들이 부모로서도 견디기 어려울 만큼 격해졌다.

혜령도 갱년기로 병원 진료 및 약 처방을 받아 겨우겨우 숨만 쉬고 있다.
누군 그러던데 사춘기 소녀가 갱년기 아줌마한테 뺨 맞고 간다고….
그러나 절대적으로 자식을 이기는 부모는 없다.
갱년기는 사춘기에 명함도 못 내민다.

휴대폰 파손 사건이 있었다.
중학교에 입학하면서 책만 읽어대던 습관이 휴대폰만 들입다 시청하는 걸로 바뀌었다.
당연히 친구도 못 사귀게 되었고 학교생활은 엉망이 되었다.
무절제한 밤샘 시청으로 아침 기상이 힘드니 깨우면 일단 짜증부터 내기 시작하고 겨우겨우 달래서 학교에 가면, 수업 시간 집중 못 하고 부족한 잠을 점심 식사를 놓쳐가며 보충을 해야 했다.

이런 생활이 중학교 입학 3~4개월 후부터 시작되었던 듯하다.

엄마인 혜령도 미처 의식하지 못한 채로 모든 것이 이미 휴대폰 위주로 돌아갈 때 알게 된 휴대폰 중독.

그리고 상담 쌤을 통해 듣게 되는 아이의 외로운 학교생활과 태도들….

대화도 안 통하고 휴대폰 보는 시간 조정도 어렵고 결국 이즈음에 큰 사건이 터지게 된다.

선배 맘들에게 물어보니 아이가 휴대폰에 집착을 너무 심하게 하면 보는 앞에서 부숴버리라는 거였다.

생각만 하고 있던 차에 엄청나게 반항하면서 학교에 가지 않고 휴대폰만 가지고 집을 나가겠다면서 가방을 던져버리고 대문을 박차고 나가는 거였다.

드디어, 그걸 써먹을 시점인가?

아빠와 달래서 데리고 들어와도 막무가내, 결국 "휴대폰이 문제니 이걸 없애야겠다."라면서 어드바이스 받은 대로 휴대폰을 바닥에 던져서 부숴버렸다.

그전에는 반항의 행동 강도가 1이었다면 휴대폰이 깨지는 걸 보는 순간 반항의 강도가 순간 100까지 차올라 애가 완전히 미쳐버리는 거였다. 부모인 우리를 죽이고 자기가 죽겠다 하였다. 결국 중1 딸램과 몸싸움까지 벌어졌다. 아침부터 점심까지 그랬다. 방문 걸어 잠그고 죽겠다 하여 아이 방의 방문 잠금장치도 없애버렸다.

집을 못 나가게 옷은 다 벗겨버리고….

이게 무슨 개차반 난리인지….

어찌어찌 달래서 휴대폰을 다시 살리고 싶다면 "일상생활 잘하고 휴대폰이 없어도 살 수 있겠다는 생각이 들 때 그런 태도를 보일 때 다시 개통해 주겠다." 약속했다.

그리고 사설 상담센터에 서둘러 예약 후 일주일에 2회씩 상담을 받으러 다녔다.

이렇게 부모가 대차게 나갔을 때 한 번에 잡히는 예도 있는가 보던데 그건 케바케(Case by case)인 듯.

우린 부모로서 신용도 잃고 아이는 상처뿐인 미흡한 대처였다.

아이는 약속대로 며칠 남지 않았던 1학년 학교생활도 잘하고 겨울방학 내내 휴대폰을 살리기 위해 착실하게 생활해 주었다.

사설 상담을 받으러 가고 오는 동안 많은 대화를 나눴고 집에서도 휴대폰이 없으니 초등생처럼 끼고 잤다. 잠들기 전 늘 나누는 대화로 때론 어떤 결과적인 걸 도출해 내기도 했다고 혜령은 생각했다.

이때의 섣부른 생각과 판단이 두고두고 후회되기도 했다. 하긴 그렇게 빨리 좋아진다면 사춘기인가? 그렇게 빨리 극복된다면 중독이 아닌 거다. 무턱대고 믿다 보면 발등 찍힌다.

다니던 학교는 더 이상 다니고 싶지 않다고 하여 전학할 학교 근처에 단기로 집을 얻고 주소를 옮기고 전학 절차도 마무리하였다.

그리고 방학이 끝나는 날 새롭게 친구도 사귀고 해야 하니 휴대폰을 개통해 달라고 해서 몇 가지 규칙을 정한 후 개통해 주었다.

미리 약속된 상황이었기에 어쩔 수 없었고 새로운 학교에서의 적응을 위해서도 필요 부분이겠다 싶었다. 개학 첫날 서로 주고받는 전화번호가 그 학년의 전부가 될 수도 있으니 말이다.

코로나19 펜데믹 이후 교실의 분위기도 많이 달라졌다. 아이도 선생님들도 부모님들도 정말 많이 변했고 변해야 살아남을 수 있었던 시기다. 우리 아이만 스마트폰 없이 지내게 할 수 있는 명분이 없어진 때이다. 어차피 아이가 원하지 않아도 해줘야 할 타이밍이었다. 다만 혜령에게도 약간의 명분이 필요했기에 몇 가지 규칙을 정하자 한 것이고 아이는 엄마의 규칙을 따르는 척이라도 해야 휴대폰을 다시 받을 수 있었을 것이다.

그리고 몇 가지 규칙이란 예를 들어 이런 것들이다.
첫 번째, 하교 후 전화기 정한 장소에 놓기
두 번째, 과제 먼저 끝내기
세 번째, 시청 후 제자리 놓고 잠들 것

며칠은 잘 되더니 점점 핑계가 늘어난다. 휴대폰으로 검색해야 하는 과
제가 있다. 휴대전화로 영상보고 숙제하는 것이 있다. 친구 사귀었는데
그 시간만 톡이 가능하다. 등등…
결국 30분이 한 시간 되고 한 시간이 두 시간 되고….

햐;;;

거짓 거짓 거짓
그러나 어찌할 방법이 없었다.

한번 파손당해봤던 경험이 있던지라 더 애착을 두고 지켰으며 한번 심하게 했던 체벌은 이제 다신 해서 안 될 행동이 되었고 사실 아이를 체벌로 굴복시키는 건 금기사항이 맞는 거였다.

우리가 부모로서 큰 죄를 지었고 실수한 거다.

그 뒤로 이 문제는 수시로 우릴 괴롭혔고 어쩌면 남편과 난 죽을 때까지 이 죄책감에서 벗어나긴 어려울 것이다.
이제 전화기는 손에서 눈에서 뗄 수 없게 되었지만 6개월간 진행되었던 사설 상담은 그즈음 아이도 상담 선생님도 일상생활이 가능하다고 여겨 상담을 그만두게 된다.

일주일에 두 번 시간당 7~10만 원인데 상담 비용도 부담되었던 것도 사실이다.
영어학원비에 수학은 과외 시켜달래서 과외로 미술 배우고 싶다고 하여 미술·웹툰 작가가 꿈이다.
그리고 상담까지 하니 아이 앞으로 소비되는 금액이 150~200만 원이 되니까 심적으로 부담이 컸다.
또 이즈음 남편이 다른 기회를 얻어보고자 다니던 회사 퇴직하였다.
힘듦의 연속….
아무튼 한 번씩 빼먹고 과제 안 해가고 이런 사소한 문제들은 있었지만, 그럭저럭 견뎌오고 있던 차에 첫 번째 가출 사건이 발생한다.

중2, 1학기 여름방학이 끝나는 날
밤 11시가 넘어 "이제 내일부터 학교 가야 하니 전화 그만 보고 자야지?"라는 말을 건넸다가 날벼락 맞은 꼴.
"왜 그만 봐야 하냐?" 하는 말을 시작으로 시비를 걸기 시작.
몇 시간을 쉬지 않고 소리를 지르고 미친 듯 분노하더니 개학 날 학교에 가지 않고 집을 나갔다.
휴대폰을 잠시 한눈판 사이 숨겨버렸더니 광녀가 되어서는 옷을 챙기고 휴대폰 대신 노트북을 챙기고 집을 나가버린 거다.

학교는 엄마인 혜령이 대신 갔다. 죄인이기에 울고 빌고 현장학습으로 3일을 빼주었고 주말까지 마음 추스르게 한 다음 보자고….

얼결에 당하고 정신을 차린 후 찾아 다녀보니 흔적도 없다.

'정말 집을 나가겠어?'

'갈 곳이 없는데?'

'돈도 없고 전화기도 없고 그날따라 비도 오고…. '

우리의 생각과 대처가 안일했다. 아이를 과소평가했었던 듯….

저녁 늦게까지 그 어떤 것도 하지 못하고 애를 끓는 와중 아이의 유아세례 때 대모인 성당 교우님 댁에서 연락이 왔다. 촉이 왔다. 그 댁에 있을 거라는 더듬이 감각!

아이가 집을 나와서 성당에 간 후 신부님을 찾고 집을 나왔다 하니 신부님께서 아이 대모님 댁으로 인계해 주셨다 한다. 감사하게도 그 댁에서 하룻밤을 자고 다음 날 전화기를 가지러 왔다면서 대모님과 함께 집으로 왔다. 대모님 댁에서도 아이를 달래본 모양인데 가출팸에 들어가든 청소년쉼터에 입소하든 알아서 하겠다면서 말도 못 붙이게 하였다고 한다.

집에 온 아이는 엄마와 아빠에게 눈길도 주지 않고 집안에 들어가 핸드폰 찾는다며 온 집안의 집기들을 다 들어내고 부시고….

그러는 와중 대모님은 회사 일 때문에 아이를 놓고 갔고 또 그렇게 두세 시간 난리를 쳐대더니 다시 그 댁에 데려다 달라 난리.

아이를 태우고 가던 중 전화기 어딨냐며 본인은 전화기 없으면 못산다며 그럴 바엔 엄마도 자기도 죽어야 한다고 운전석 뒤에서 혜령의 목을 조르고 정말 지옥이었다.

한여름 땡볕에 그 숨 막히는 고통 목을 조였다 풀기를 어언 한 시간쯤 하였다. 그때쯤 혜령도 차라리 이대로 죽었으면 좋겠다 싶은 체감온도 100도. 그래도 또 어찌어찌 겨우 달래서 그 댁에 내려주고 그곳에서 이틀을 보내고 3일 차에 집으로 왔다.

그 과정 중에도 정말 고통스러운 일들이 있었고 집에 온 이유가 휴대폰을 챙기러 온 거라면서 전화를 달라고 또 소리소리 지르다 뜻대로 되지 않자 이번엔 오밤중에 책가방 메고 옷 가방 메고 집을 나가버렸다. 아니 그 와중에 책 읽어야 한다며 책을 얼마나 쑤셔 넣었는지 애가 찌부될 것처럼 뒤뚱거리며 걸어가는걸. 남편이 바로 따라 나갔는데 금방 찾지를 못하고 또 몇 시간을 헤매게 되는데….

그날따라 오래된 역사에서 영화 촬영이 있었고 하필이면 중고등학생들 200~300명이 엑스트라 아이들 틈에 끼어 어디로 가버릴까 봐 버스마다 다 들어가 확인하고 감독님 만나 사정 이야기하고 같이 찾아보고…. 112신고하고 IC 근처까지 가서 겨우 찾았는데 안 들어간다고 버티니 동네 모텔에서 재우고 이후 아빠가 집에 데리고 왔다. 그런데도 반성은 커녕 낮잠 늘어지게 자고 또 나간다고 쇼를 하였다.

결국 또 지켜지지 않을 약속들 하는 척하고 휴대폰 내줄 수밖에 없었다.

이렇게 첫 번째 가출 사건을 계기로 아이가 집을 나갈 때는 오히려 전화기를 챙겨줘야 한다는 걸 알았다.
전화기가 있어야 빨리 찾을 수 있다.
전화 수신이 잡히는 지역을 집중적으로 뒤지면 되니까….
그리고 그 주말 집으로 군 청소년 상담센터에서 4분이나 방문해주셨다. 부모 상담과 아이 상담이 이어졌고 "그래도 얼마나 다행이냐. 멀리 가지 않고 성당을 갔으니 기다리면 아이는 제자리 돌아오니 믿고 기다려 보자."라고 하셨지만, 지금까지 돌아오지 않고 있다.
그리고 또 이 첫 번째 가출 사건 이후로 공부에 관한 얘기는 일절 하지 않기로 하였다. 공부하든 전화를 보든 그런데 이게 말이 쉽지 정말 뼈를 깎는 것 같은 고통이다. 그런데 정말 놀랍게도 집에선 그 어떤 것도 하지 않고 휴대폰만 본다. 그것도 이젠 죄책감도 없이 기세등등하게…. 학원 선생님이나 과외 선생님도 과제물 하지 않아도 머라 탓하지 못한다. 또 핑계 삼아 집 나갈까 봐.
그런데 사실 아이가 가출을 계획하고 준비하고 실행한 거라면 전화기 없이 가출했을 때 빠른 대처가 어렵다고 한다.
다만 우리 아이처럼 즉흥적이고 안전한 장소에 있었던 걸 불행 중 다행이라 여기고 이 시기를 잘 넘길 수가 있게 아이 말에 아이 감정에 귀 기울여주리라 다짐하고 그렇게 실행하고 있다 생각했다. 그러나, 아이가 안정되지 못하고 불안 불안한 생활이 지속되던 어느 날부터는 집에 손님이 오는 꼴도 못 보겠는지 손님을 초대할 거면 본인 허락을 받고 최소 3일 전까진 얘기해달라 해서 이건 또 무슨 멍멍이 소린가 싶었지만, 아이를 최대한 이해해 보리라 마음먹은 때라 그리하겠다고 했다. 그러나 손님이 오는데 영업하는 사업장처럼 예약하고 오는 게 아니라 즉흥적인 경우가 더 많은데 이땐 돌아가신 아버지가 오신대도 반갑지 않았을 것 같다. 한번은 허락받지 않은 손님 방문에 가슴이 조마조마 금방 보낼 테니 조금만 참아달라 사정했다. 다 들리게 큰소리쳐대더니 결국 정원에 앉아있는 손님 앞에서 의자를 집어 던지는 악행을 보면서도 손님도 우리도 훈계하지 못했다. 가까운 분들이었던지라 허허 웃고 말았다. 그리고 며칠 후 두 번째 가출 사건이 발생하게 되는데….

ADHD 성향의 청소년 스마트폰 중독 예방

ADHD 증상을 가진 자녀의 스마트폰 중독을 예방하기 위해 다음과 같은 방법들을 고려할 수 있습니다.

스마트폰 사용 시간제한 설정 : 자녀의 스마트폰 사용 시간을 제한하고, 일정 시간 후에는 스마트폰이 자동으로 잠기도록 설정하는 것이 도움이 될 수 있습니다.

스마트폰 사용 일정 계획 : 자녀와 함께 스마트폰 사용 일정을 계획하고 공유합니다. 예를 들어, 숙제나 공부 시간에는 스마트폰 사용을 제한하고, 적절한 휴식 시간에만 허용하는 방식으로 일정을 조절할 수 있습니다.

스마트폰 사용 전 예고 : 스마트폰을 사용하기 전에 예고하고, 사용 시간을 알려주는 것이 도움이 됩니다. 이는 예고된 시간 동안 집중력을 유지하고 스마트폰 사용에 대한 기대감을 관리하는 데 도움이 될 수 있습니다.
스마트폰 프리 존 설정: 특정 활동이나 장소에서는 스마트폰 사용을 자제하도록 합니다. 침실을 스마트폰 프리 존으로 설정하고, 잠자리에 들기 전에는 스마트폰 사용을 피하도록 합니다.

휴대폰 해제 코드 사용 : 휴대폰 해제 코드를 사용하여 자녀가 스마트폰을 사용하려면 부모의 동의가 필요하도록 설정할 수 있습니다.

다양한 활동 유도 : 다양한 활동을 유도하여 스마트폰 사용을 대체할 수 있습니다. 운동, 미술, 음악 등 다양한 취미를 통해 더 풍부한 경험을 쌓을 수 있도록 도와줍니다.

가족회의 및 합의 : 가족이 함께 스마트폰 사용에 대한 규칙을 정하고 합의하는 것이 중요합니다. 모든 가족 구성원이 규칙을 공유하고 지키도록 도와주는 것이 효과적일 수 있습니다.

ADHD와 스마트폰 중독은 다양한 요소가 상호작용하며 영향을 미칠 수 있는 복잡한 문제이므로, 개별적인 상황에 따른 개인 맞춤형 전략이 중요합니다.

ADHD와 스마트폰 중독의 상관관계

ADHD와 스마트폰 중독 간에는 상관관계가 있을 수 있습니다. 여러 연구에서는 ADHD 증상과 스마트폰 또는 인터넷 사용과의 연관성을 살펴보고 있습니다. 하지만 이러한 연관성은 여러 변수에 영향을 받기 때문에 일반화하기 어렵습니다.

주의 분산과 중독 : ADHD는 주의력결핍과 집중력 부족을 특징으로 하므로, 스마트폰의 끊임없는 정보와 자극은 ADHD 증상을 더 악화시킬 수 있습니다. 스마트폰의 다양한 앱, 게임, 소셜 미디어 등은 주의를 쉽게 분산시킬 수 있습니다.

자극과 흥미 : ADHD가 있는 사람들은 자극을 찾는 경향이 있습니다. 스마트폰은 다양한 자극을 제공하며, 게임이나 소셜 미디어 등은 높은 흥미를 제공할 수 있습니다. 이로 인해 스마트폰 사용이 과도하게 증가할 수 있습니다.

자기 조절의 어려움 : ADHD 환자들은 자기 조절 능력이 상대적으로 떨어지는 경향이 있습니다. 이로 인해 스마트폰 사용이 과도하게 늘어날 수 있습니다.

뇌 구조와 활동의 차이 : 일부 연구에서는 ADHD 환자의 뇌 구조와 활동이 스마트폰 중독과 관련이 있다는 결과를 제시하기도 합니다. 그러나 아직 정확한 인과 관계는 명확하지 않습니다.

ADHD와 스마트폰 중독 간의 관계는 복잡하며, 개인 차이, 환경적 요인, 유전적 영향 등이 모두 작용합니다. 또한, 스마트폰 사용이 ADHD를 유발하는 원인이 되는 것은 아닙니다. 이는 단순히 두 현상이 함께 나타날 수 있다는 것을 의미합니다.

05.
오늘도 무사히-두 번째 가출 사건

그것도 욕심이라니…

첫 번째 가출 사건 이후 혜령은 별하에 대한 많은 부분을 내려놓았다. 혜령의 욕심대로 되지도 않을뿐더러 상처뿐인 영광들 나름으로는 욕심이 없었다고 생각했다.

그냥 이 정도는 학생이면 누구나 해야 하고 당연한 건 줄 알았던 많은 것들이 이런저런 일들을 겪고 보니, 그 당연하다 여겼던 것들도 엄마인 혜령의 욕심일 뿐이라는 조언들이 더는 이 정도는 욕심이 아니라 일반적인 거라고 우길 수도 없게 되었다. 그런데도 마음 한편 찜찜함은 남았다.

"왜냐고?", 혜령이 보기엔 다들 고만고만하게 학교 다니고, 고만고만하게 학원 다니고 그러는 것 같은데 그것도 욕심이라니….

내·원·참….

어떤 집 자식은 학원이라곤 근처도 안 가보고 학교 교과서만 가지고 공부해도 수능 만점이라는데, 어느 집 자식은 학원에 과외에 온갖 것다 시켜줘 봐도 딱 중간에서 턱걸이라고 하소연했더니 그나마 학원 다니고 과외 했으니 그 정도란다.
인풋 아웃풋이 로또 번호만큼이나 안 맞고, 가성비라고는 하나도 없다.

그래 이것도 욕심이라면 내려놓으마.
"옜다!!! 빌어먹을 내 욕심~ "

또 다들 가출했다는 아이가 성당에 신부님을 찾아가다니, 가출청소년치고 너무 착한 거 아니냐고….
아이 얘기에 귀 기울이고 진심을 전하다 보면 금방 좋아질 케이스라고….
착하게 가출하면 그건 가출이 아닌 것이 되는 건가?
그 과정이 말도 못 하게 지질맞았는데도….
흥·칫·뿡.

그런데 문제는 엄마만 내려놓는다고 아이가 아무 일 없었던 듯 "마법처럼 짠!!!" 제 자리로 돌아오지 않는다는 거였다.

첫 번째 가출로 아이는 휴대폰을 건네받으며 기세등등하게도 공부에 대해 그 어떤 간섭도 하지 말라고 하였다. 알아서 한다고 한다.
"개뿔~~~", 뭘 알아서 하는 건지?

놀랍도록 침대와 붙박이 되어 오로지 눈뜨고 하는 거라곤 핸드폰 보는 것과 "맛있는 거 맛있는 거…." 찾는 것이 전부다.
그나마 등교 거부할까 봐 전전긍긍, "아침은 머 먹을 거냐?", "저녁은 머 먹을 거냐?", 주말엔 또 삼시세끼 본인이 원하는 걸로 주문한다.
생선이라도 구워 올라오면 고기 아니라고 밥 안 먹는다고 우리 부부는 숨죽이고 지냈다.
그러다가도 한 번씩 해맑게 웃으며 "사랑해~" 그럴라치면 또 세상 다 얻은 듯 사춘기 다 끝난 듯, "드디어 우리 아이로 돌아온 건가?"라는 개뿔 개꿈.

지난 첫 번째 가출 사건 때 동동거리고 찾아다니면서 애태웠던 시간과 주변 많은 분께 춘향이 쑥대머리 긴 칼 차고 형벌 받듯, 머리 조아리는 창피함 대신, 우리 둘이서 아이 비위 거스르지 않게 최선을 다하면서 어서 이 시간이 지나가길 빌어보자 했다.

내 안에 있는 것들은 꺼내 보이지 않으면 아무도 모르듯, 집안에서야 아이에게 머리 좀 조아린다고 누가 알겠는가 싶었다.

알아서 한다던 그 무엇들은 전혀 하지 않았으며, 그즈음에는 학원도 반은 가고 반은 안 갔다. 그나마 학원 올라가는 그 반의 경우일 때도 "집에 가고 싶다."라면서 차에서 내리고, 다녀와서는

"맛있는 거 먹고 싶다." 그러면서 차를 타고 그러다 보니 한없이 인내해보리라 다짐했던 마음은 점점 인내의 끝을 향해 달리고 있었고, 꼬박꼬박 내는 학원비도 아까워 한 번이라도 더 가주길 바랐건만 툭하면 "그냥 집에 가자 차 돌려라." ㅜㅜ.

아무것도 배워 오는 것 없는 것 같지만 일단 학원에 가기만 하면 '뭐라도 배워 온다.'라는 말을 수도 없이 들었던 차라 '그래 제발 올라가기라도 해주라' 마음속으로 바랐다.

많이 내려놓았다 하던 엄마인 혜령도 욕심이 남아있었던 거지….

마음만 먹으면 별하는 머리가 좋아서 금방 따라잡을 거니까 걱정하지 말고 텐션업 될 때까지 기다려보자고 학원 선생님들 쓸데없는 기대감이나 주지 말지….

풉;;;

학교나 학원이 이곳 여건상 내가 데려다주고 데려오고 해야 하는데 학교는 등하교 두 번이지만 학원은 세 곳을 다니려면 모두 대기상태로 기다렸다 다음 장소로 이동해 주어야 했다.

작게는 3시간, 많게는 5시간 한여름 뙤약볕에도, 한겨울 칼바람에도 그 긴 시간 단 한 번도 나 편해지자고 카페에 들어가 쉬어 본 적 없다.

오롯이 차 안에서 모든 시간을 견디며 대기하며, '아이도 힘들게 공부하는데 엄마도 똑같이 앉아서 견뎌줘야지.' 하는 양심이 있었기에 아이 간식을 챙겨오는 것도 즐거웠고, 혜령에겐 기쁨이었다. 하기야 이건 엄마의 사정일 뿐….

그러다 지난 8월 30일 첫 번째 가출 사건 이후 두 달여의 시간이 흐른 10월 24일 아침 10분 간격으로 조심스럽게 세 번을 깨워도 못 일어난다. 밤새 핸드폰을 보다 잠들었는지 한 손엔 꼭 쥐어진 저주의 그 물건이 들려있었다.

또 한 차례 크게 심호흡하고 좀 강한 어조로 "이제 일어나 학교에 가야지?"하고 깨웠다.

게슴츠레 눈을 떠보고선 "내가 알아서 한다고!!!", "아니 그 알아서 한다는 게 안 되니까 지금 이러고 있는 거 아님?", 들리는 혼잣말 했더니 눈이 홱 돌아서는 본인은 아픈데 알아주지도 않는다는 둥, 엄마·아빠가 이러니까 살기가 싫다는 둥, 우리가 지켜보는 앞에서 담임 선생님께 전화 걸어 "오늘 몸이 아파 학교에 못 갈 거 같다. 집에서 쉬겠다." 당당하게 말하고는 또 우리 보란 듯 한마디 말도 없이 이불 콕.

내가 그린 기린 그림은
잘 그린 기린 그림이고
네가 그린 기린 그림은
잘못 그린 기린 그림이야.

아니야,
내가 그린 기린 그림이
잘못 그린 기린 그림이고
네가 그린 기린 그림이
잘 그린 기린 그림이야.

하;;;
지금껏 인내하며 그려온 그림이 이게 아닌데….

정말 아픈 것 같지 않은 아이이기에 억지로 일어나 앉혔다. 얘기 좀 하자 했더니 엄마·아빠랑은 할 얘기 없다며 주섬주섬 옷 걸쳐 입고 핸드폰과 충전기만 들고 당당히 나가는데도 잡지 못하고 말리지 못하였다.

망연자실….
이란 말은 딱 이럴 때 쓰는 말인 듯!!!
멍하니 말리지 못하고, 붙잡지 못했던 만큼, 우리 부부는 가슴에 멍이 들었다.

혜령은 다짐했다. 이번엔 절대 먼저 찾지 말자.
집이 얼마나 좋았고 얼마나 편한 건지 느껴봐야 하고 부모가 얼마나 소중한지 처절하게 깨달아야 한다.
어느 집은 현관 비밀번호를 바꾸고 어느 집은 핸드폰을 해지해버리고 어느 집은 계좌를 정지시켜 버린다는데 혜령은 그 어떤 것도 하지 않는 대신 찾지도 않을 것이라 다짐한다. 그러나 꿈은 꿈일 뿐!
사춘기 금쪽이를 둔 엄마가 이런 원대한 꿈을 꾸다니 '정신 차려!'

아이는 돈도 없었고 따로 용돈을 주거나 해서 비상금을 모을 수 있는 구조가 아니었다. 필요시 뭐든 다 해주는 구조였다.

그냥 즉흥적으로 나갔으니 '춥고 배고프면 들어오겠지.' 생각했다.
나갈 땐 제 발로 당당하게 행하였으나 들어올 땐 두손 두발 싹싹 빌게 하리라~.
날씨도 적당하게 좋은 날이니 어디에 있든 크게 염려되는 상황은 아니었다.

지난번 가출 사건 이후로 깨달음이 부처님 발가락 때만큼 있었던지 조금은 느슨하게 기다릴 수 있을 줄 알았다.

그러나 낮이 지나고 오후가 되니 스멀스멀 올라오는 걱정거리들, 아이가 있을 만한 곳을 몇 번씩 슬쩍슬쩍 둘러보았지만, 흔적이 없다. 지난번 갔었던 성당도 조용한 것 같았고 한 번씩 가던 동네 카페에서도 아이 흔적은 찾을 수 없었다.

아이 대모님 댁에 전화를 걸어볼까 했는데 막상 손가락만 방황하다 말게 되더라.

아이와의 관계 형성을 어찌했길래 또 이런 일이 발생했는지 타박 아닌 타박 소리 들리는 것 같았다.

하교 시간 지나서 학교 담임 선생님께서 "소식 있냐?"라고 전화를 주셨다. "없고, 전화도 안 할거하고, 먼저 찾지도 않을 거다."라고 했다. "어머님께서 먼저 손 내밀어 주시라고, 아직 어리지 않냐." 선생님께서 오히려 부탁을 해오셨다.

"싫다고, 이렇게 노력을 하는데도 저리 나오는 태도를 도저히 받아들일 수 없으니 포기하겠습니다." 하고 답을 해 버렸다.

휴;;;

'철딱서니 없는 애미나이 같으니라고….'

남편과 절대 먼저 찾으러 다니지 말자고 다시 한번 다짐받으며 논의 끝내놓고 밥도 잘 먹고 씩씩하게 있자며 밥도 잘 먹는 척 아무렇지 않은 척 그러나 손에는 혹시라도 데리러 오라는 전화 걸려 올까 꼭 쥔 채 달아오른 핸드폰….

핸드폰 혼자 달아오르기 민망했던지 내 마음도 후끈 점점 듀근듀근해져 가는 심장박동….

남편과 서로 속으로는 누가 먼저 나서주길 기다리는 중 눈치를 본다. 어디서 이슬이라도 맞을까 봐 애가 탄다. 애가 타 시커멓게 타들어 가 버렸다. 제발 어디에 있는지 그것만이라도 알게 되길 바란다. 때마침 손안에서 부르르 떨리는 전화 '앗… 대모님 댁이다.'

혹시?

역시!!!

아이에게 기차역에 있다고 전화가 왔길래 데리고 왔다고 걱정하지 말라고 한다. 내일 학교 데려다주고 통화하자고….

그 시각이 벌써 밤 11시가 훌쩍 넘은 시각이었다.

그렇게 이슬 맞으며 자지 않고 대모님 찾아간 것이 진심 감사한 마음 들면서도 도대체 그 시각까지 어디서 뭘 한 건지 괘씸도 하고 속도 상하고 그놈의 핸드폰 진짜 웬수다 웬수….

별거 다 있는 것 같지만, 또 별·것·도·없는, 그 물건, 할 수만 있다면 최소 미성년자 그것도 안 되면 중학 졸업 때까진 법으로라도 금지했으면 좋겠다.

확 갈아 마셔도 시원찮을 것 같은 저주의 그 물건, 그 안에 머가 있길래 집착을 그렇게 하는지….

다음날 대모님이 학교에 데려다줬다면서 학교 끝나고 다시 만나기로 했다고 하셨다.

전날 아이는 시외버스터미널에서 핸드폰 충전해가며 종일 앉아있다가 버스터미널 문 닫는 시간이 되자 기차역까지 도보로 이동해 거기 앉아있다 그곳도 마지막 열차 들어온 후 갈 곳이 마땅치 않아지자 대모님 댁에 전화를 걸었었다고 한다.

온종일 뭐 먹었냐 하니 온라인상에서 웹툰 그림 그려주고 컵라면이랑 초콜릿을 기프티콘으로 받아 근처 편의점에서 식사를 해결했다고 전해 들었다는 것이다.

괘씸하면서도 한편 굶지 않고 한 끼라도 컵라면 사서 먹을 재주를 부리니 기특하기도 하였다.

하교 후 다시 만나게 되면 너무 친절하게 잘해주지 말고 최소 집보다는 불편한 듯 느끼게 대해달라는 부탁을 해두었다.

하교 후 아이와 만나 대모님 댁으로 와서 저녁 먹고 성당에 또 동행 미사 드리는 동안 다도실에서 핸드폰 보며 대기하다가 미사 끝나고 집에 가자 하니 이제부터는 자기가 알아서 아무 데나 갈 테니 그냥 들어가시라 막무가내로 화까지 내며 함께 가는 걸 거부했고, 하교 후 학교 근처 카페에서 기다리라 등교할 때 오천 원을 주셨다는데, 주신 돈 갚는다며 오천 원을 돌려주더란다.

그래서 돈이 어디서 났냐 하니 담임 선생님이 택시 타고 집에 가라고 만오천 원 주셨는데 그걸로 일단 대모님 오천 원 갚는 거라 하며 그냥 준거니 안 갚아도 된다는데도 절대 안 된다면서 기어이 오천 원을 주고, 만원은 다시 주머니에 넣고 터덜터덜 시내 방향으로 걸어가는 걸 붙잡고 "이 시간에 갈 데가 어디 있니? 집으로 가자. 데려다주마"라고 하니 "집으론 안 간다." "그럼 어디로 갈 건데?" "어제처럼 버스터미널에 있다가 기차역에 있다가 문 닫으면 어느 집 처마 밑에서 자야겠죠." 그러면서 유유히 가버렸다고 어떡하냐고 더 이상 잡을 수도 없겠더라면서 대모님께서 전화를 주셨다. 그냥 놔두고 이제 집으로 들어가시라 했다.

더 이상 그 가족분들이 해줄 게 없었다.

진심 감사하다고 전하며 '그래도 자기 찾아오라고 가는 곳을 알려주지 않았느냐. 어차피 그리 말한 걸 엄마·아빠한테 전할 거고 분명 그걸 전해 들은 엄마·아빠는 자길 찾으러 올 거다.' 이런 계산이 있었겠다 혜령은 생각했다.

전화 통화를 옆에서 다 듣고 있던 남편은 데리러 나가고 싶어 하는 눈치다. 절대 먼저 찾아 나서지 말자 약속했기에 데려오자 말을 못 하고 이쪽저쪽 돌아눕는 순간마다 들리는 한숨 소리가 어찌나 요란한지….

이쪽으로 돌아보며 무슨 단전에서부터 끌어올리는 소리로 "아휴~" 또 저쪽으로 돌아누우며 "아휴~" 나도 속으론 먼저 찾지 말자는 약속을 조금씩 깨는 중이었다.

조심스레 밖으로 나가 기차역에 전화를 걸어보았다.
요만 요만한 학생 혹시 맞이방에 있는지 봐달라 하니 없다 했다.
알겠다 하고 전화를 끊고 그럼 아직 터미널에 있겠다 싶어 급하게 차를 몰고 나갔다.

터미널에 갔더니 캄캄했다. 돌아서 나와 기차역 가는 방향으로 서행하던 중 핸드폰에 열중하면서 역방향으로 걸어가고 있는 아이 발견 아이는 세상 태평해 보이는데 떨리는 건 혜령의 몸과 맘, 천천히 뒤를 밟아보는데 핸드폰 보며 걷는 걸음이라 느리기도 하고 주위 신경도 전혀 쓰지 않는다. 혜령은 앞질러 가서 역 주차장에 주차하고 기다리는 동안 만리장성 몇 번을 쌓았다 부셨는지 모른다.

혹시 몰라 역무원에게 전화를 다시 걸어 "좀 전에 학생 찾았던 엄마인데 잠시 후에 우리 아이가 역으로 갈 거다. 혹시 마지막 기차가 몇 시며 어디로 가는 거냐? 여수로 가는 기차가 막차다. 그럼 혹시 아이가 차표 없이 기차를 타게 된다면 제지할 수 있는지" 등을 물어보니, 요즘은 기차표 검열을 기내에서 해서 아이가 기차를 타도 출발역에선 검열할 수 없고 기차 역무원이 막무가내로 아이를 제지할 수 있는 권한이 없다고 한다.

112를 부르든지 아이를 잘 설득해 원만하게 데리고 가는 게 좋겠다는 말을 듣고 또 만리장성 쌓기….

일단 아이가 안전한 건 확인되었고 얘기한 대로 터미널 거쳐 역으로 가고 있으니 '역마저 문을 닫으면 정말? 설마? 남의 집 처마 밑에서 잠잘 수 있겠어?'
'지금은 그 상황까지 안 갔으니 그런 철없는 말을 했을 거야.'
'막상 사방 캄캄해지고 무서우면 울면서 잘못했다고 전화하겠지?' '전화할까? 버릇을 확실하게 잡으려면 그때까지 기다려야겠지?'
원래 생각은 이랬다가 또 그러다 미친 듯 막차라도 타고 어디로 가버리면 그땐 정말 돌이킬 수 없을 것 같고, '아이고 내 만리장성 그렇다고 지금 나서자니 조금 이른 타이밍 같고 힝;;;'
'역 맞이방에서 시간 때울 때 극적으로 나타나 줄까? 그러다 거기서 집에 안 간다고 엄마가 세상에서 제일 싫다고 난동부리면 그땐 또 어떡하지?' '아니야, 걸어오고 있는 아이 설득해서 데리고 가야겠다. 아니, 아니 잠깐만 위험하게 도로 옆에서 그러다 사고 날까 싶다.'

진짜 별의별 생각을 다 하고 몇 가지 경우의 수는 직접 상상해 보지만
자신은 없었다.

그러나, 끝내 생각만으로 꿈꿨던 절박한 순간까지 기다리지 못하고 여
전히 핸드폰에만 열중하며 걸어오고 있는 아이 앞에 섰다.
약간은 어두웠던 주변 탓인지 엄마일 거라 전혀 예상치 못한 탓인지
혜령을 못 알아보고 또 세상 해맑게 "안녕하세요…." 한다.
(우리 아이는 지나가는 사람들에게 무분별 인사를 잘했다.)

"아가! 엄마야~"
잠시 멈칫하는 듯하더니
"엄마!"
두 팔을 벌리며 달려와 안긴다.
말없이 꼭 안았다.
아이 가슴이 어찌나 쿵쾅 뛰던지….
아이를 안은 혜령은 또 어떻고….
아이의 쿵쾅 뛰는 가슴과 혜령의 두근거린 가슴이 합쳐지니 오케스트
라가 따로 없다. 쿵쿵쾅쾅 쿵쿵
'어이구 내 새끼. 무서웠구나, 겁났었구나.' 싶었다.
"아가~ 우리 딸 이제 집에 갈까?"
가출한 아이답지 않은 저세상 해맑은 대답 "응"
집에 와서는 배고프다 맛있는거 먹고 싶대서 자정이 다 된 시각에 고
기 구워줬더니 엄지척을 쌍으로 날리며 "엄마 최고최고" 이 지랄….
남편은 한숨만 꺼지라 내쉬고 있다 내가 없어서 밖에 나가 확인해보니
차량도 없어 아이 찾으러 간 줄 알았다고 고맙다고 한다.
아이는 엄마가 와줘서 맘속으론 엄청나게 좋아했을 거라고….
맘속이 아니라 겉으로도 엄청나게 좋아했어. 아이가 돌아오니 집이 꽉
차고, 웃고 떠드는 그 소리가 공명하여 떠다닌다.

며칠이나 갈지는 모르지만, 이 두 번째 가출 사건 이후로 아이에 대한
기대치를 또 많이 접었다.
간간이라도 다니던 영어학원과 수학 과외는 아예 쉬고 싶다 해서 담날
부터 바로 쉬게 해주었고 미술은 하고 싶다고 하여 그건 또 오케이.

그리고 다신 집 나가겠다 협박 가출 이런 거 하지 말고 학교는 제대로
다니고 졸업하자.
이게 최종 마지노선인 줄 알았는데….

쩝;;;

사춘기 자녀, 미칠 것 같은 마음 풀 곳이 없다.

우리는 사실 누워서 침 뱉는 거 못 한다. 누워서 침 뱉으면 내 얼굴에 떨어지는데 그걸 알면서도 침 뱉을 수 있을까?

누워서 침 뱉는 스킬이 대단히 뛰어나 중국의 청도나 필리핀 민다나오 섬까지 날려버린다면 몰라도 우리 같은 강호인들은 뱉어봐야 그 구역이다.

이 구역의 미친년은 나야!!!

오늘부터 누워서 멀리 침 뱉기 맹연습에 들어가 볼까?

아이들이 내뱉는 정제되지 않은 말과 거침없는 행동

참고참고참고, 참고참고참고, 참고참고참고….

인내의 끝자락에서 더는 엄마도 죽을 것 같아 한마디 건넬라치면 기다렸다는 듯 옳다. 그래 딱 걸려들었어. 그때부터 오가는 모든 말은 새로운 미끼가 되어 철컥철컥철컥….

그 끝에 우리 부모들은 또 절망한다. 이기지도 못할 싸움에 늘 말려들고, 한 가지도 건지지 못할 몹쓸 대화에 핏대 세웠던 걸 후회하고, 부부 사이에는 누가 더 주 양육자였는지 아이의 엇나감은 제발 내 탓이 아니길 묘한 긴장감까지….

우리도 예외는 아니어서 핸드폰 문제로 다투다 급기야 서로 몸싸움까지 하게 되고, 혹시나 하는 무서운 생각에 집 안에 있는 뾰족한 물건 다 숨기고…. "나가서 죽어 버리겠다."

협박할 때는 '그렇게 차라리 나 모르게 죽어 버리든가 그럼 그립기라도 할 테지….'

이런 생각이 들었던 경험도 있다. 이게 엄마라는 사람이 할 생각인가? 스쳐 갔던 생각이라 해도 미친년은 혜령 자신이지 싶었다.

'아이 탓할 거 없네. 나야 나, 문제가 있었던 건 나였어.

내가 죽어야 해. 나만 사라지면 다 해결되는 거였어.'

또 여기까지 생각이 미치니까 혜령에게 오는 충동적인 생각들과 계획이 줄을 선다.

그리고 실행 "112 출동" 결실도 못 보고 쪽팔림만….
쪽팔림으로 때울 수 있어서 다행인 것이지….
그렇지만, 이런 힘듦을 누구에게 털어놓고 침 뱉을 수 있을까?
친구?
부모님?
친척?
뱉은 침이 나에게 돌아와 떨어지는 것 맞을 자신은 있고?

그런 경험 있다. 정말 힘든데 그 무엇도 묻지 않고 꼭 안아줄 때 오히려 그런 사람에게 기대어 펑펑 울 수 있었던 때.

우리 모두 내 맘 먼저 토닥이기

우리에겐 지금 이렇듯 '너에게만 오는 시련 아니야, 니 마음 다 알고 있어, 토닥토닥' '그래도 우린 엄마잖아, 누가 감히 다른 사람의 인생을 말할 수 있겠어!!!' '모두가 자기 삶에 최선을 다하면서 사는 거지' '돌아보지 말고 지금이 중요한 게지, 사람이 아니라는 사춘기 금쪽이들 때문에 너무 자책하다 보면 내 삶에도 부정적인 부작용이 있을 수 있다고 생각돼' '부모가 자식을 키우는 게 아니고, 자식이 부모를 만든다는 말이 있잖아, 심하게 가슴앓이를 하는 우리 금쪽이들 꼭 돌아오리라 믿어보자.'
'아프지 말아야 해 사람이 다 잘하고, 다 잘못하는 삶은 세상에 없지, 내 마음대로 되는 일도 없고, 특히 아이들 일은….'
그런데 젊어서는 열심히 살기만 하면 다 잘 될 거라는 생각을 하게 되는데 모든 게 때가 있어서 기다리고 인정해주는 인내도 있어야 하는 것들이 많다.
특히 자식을 키우는 일은….

이런 위로의 말 한마디가 하루를 견디게 하고 또 하루를 이겨내게 한다. 별거 아닌 것은 세상에 그 어떤 것도 없다.

06.
어둠의 그림자, 갈등

엄마와의 갈등, 소통 부재

별하는 자신의 모험이 시작되면서 엄마와의 틈이 조금씩 벌어지기 시작했다. 엄마는 별하의 모험에 대해 걱정하고, 안전을 우선시하는 반면, 별하는 새로운 세계에서의 자유로움을 추구했다. 첫 번째 갈등은 불안과 불만족의 씨앗을 심는 계기가 되었다.

별하와 엄마는 서로의 마음이 소통되지 못했다. 엄마는 걱정을 나누려고 하지만, 별하는 이를 이해하지 못하고 자신만의 세계에 빠져들었다. 무거운 침묵이 갈등을 더욱 깊게 만들고, 양측은 서로에게 가까이 다가가지 못했다. 침묵은 벽을 세웠고 벽을 허물 방법은 서로에게 상처를 주는 것뿐이었다.

별하와 엄마의 갈등은 점차 거센 감정의 폭풍으로 변해갔다. 별하는 자신의 선택에 대한 자유를 원했지만, 엄마는 그 선택이 어둠의 그림자를 가져올 것이라 우려를 했다. 고요한 우려와 분노가 갈등의 물결을 높이고, 서로를 이해하지 못하는 상황에 부딪혔다.

갈등은 계속해서 커졌고, 별하와 엄마는 서로를 향한 언제까지나 풀리지 않을 것 같은 갈등의 미궁에 갇혔다. 엄마는 별하를 이해하려 노력했지만, 별하는 자신의 감정을 표현하지 않고 갈등을 피하려고 했다. 어떻게 하면 좋을지를 계속해서 물었지만, 별하는 늘 한결같은 대답을 했다. "몰라~ 내가 어떻게 알아?"

별하는 질풍노도의 홍역을 치르느라 힘겨웠다.

문득문득 정신이 돌아올 때는 또 세상 둘도 없는 천사였다.

혜령의 머릿속이 복잡해져 왔다.

주위를 둘러보아도 혜령과 별하만 아픈 것 같았다.

다들 너무도 평온하고 무탈하게 지내는 모습들 뿐이다. 그렇다면 이런 문제들은 우리에게 있는 거 맞다. 잘못 채워진 첫 단추, 설계가 잘못된 건축, 어쩌면 처음부터 다시 시작해야 할지도 몰랐다. 그렇다면 어디서? 누구에게? 어떻게?

별하는 아직도 어린아이처럼 눈만 마주치면 사랑한다고 말하고 스킨십도 좋아한다. 그러나 예의 없는 사랑은 사랑이 아닌 것 같다.

이 또한 뭔가를 얻어내기 위한 고도의 전략인 걸까?

이젠 엄마인 혜령도 그 아이의 본심을 모르겠다. 그래서인지 어느 순간 혜령은 별하의 마음을 읽어내려면 우선 가족들의 양육 태도부터 점검되어야 한다 생각되었다. 잘못된 시작이 있다면 바로잡아야 할 것이 있다면 그게 누구이든 무엇이든 결과물을 도출해 내야 한다 생각했다. 그래서 들여다본 별하와 함께하는 가족 구성원들….

남편은 성인이 된 아들이 있었다.

지금은 그 아들도 결혼하여 세 자녀를 둔 가장이 되었고 대가족을 이루었다. 남편은 이런 사연도 있고, 또 늦은 나이에 재혼해 딸을 낳았으니 얼마나 애틋하고 예쁘겠는가. 무한애정을 쏟았다.

혜령은 돌도 되기 전 부모님의 이혼으로 할아버지 할머니의 품에서 성장했다. 혜령에겐 이런 사정이 있었고 늦은 결혼에 시험관시술로 어렵게 딸아이를 얻게 되니 혜령 또한 딸에게 무한애정을 쏟았다.

그러나 스스로 돌아보아도 늦은 나이의 결혼과 임신이었음에도 제대로 된 인격체가 아니었음을 인정한다. 불안정한 삶의 홀로 생활이 혜령에게 남겨준 건 산후우울증과 결혼에 대한 중압감으로 몇 년간 끊임없이 자살을 생각할 만큼 고통의 시간이었다.

술도 자주 마셨고 실수도 하였으며 스스로 힘들고 괴로워하는 모습들과 언행들이 그대로 아이에게 노출되었던 것이 가장 큰 잘못이었다. 그때 상황을 제대로 인지했더라면 병원 상담이나 진료를 통해 방법을 찾았을 텐데 우린 다 그 방면에 무지했다.

남편은 그저 혜령을 알코올중독자 정도로만 취급했고 다른 방법을 알지 못했다. 그렇지만 곁에서 그 힘든 기간 동안 참고 인내하고 지금껏 혜령을 다독이며 사는 남편에게 매우 미안하고 고맙다.

불안정한 혜령의 몸과 마음이 원치 않게 아이에게 큰 상처를 준 것 같다. 같은 상황에서도 어떤 때는 훈육을, 어떤 때는 그냥 넘어가는 방법을 썼다. 또 성격이 급하다 보니 훈육은 너무 엄했고, 또 사랑하는 마음이 크다 보니 당근이 또 넘쳤다.

혼란스러웠을 아이에게 정말 미안하다.

이 부분은 딸아이에게 얘기할 기회가 있을 때마다 미안하다 사과하고 있는데 일 년 전만 해도 "괜찮아 엄마도 힘들어서 그런 건데 다 용서했어." 그러더니 이제는 스스로 그때 얘기들을 꺼내면서 본인도 "먼 훗날 지금의 행동들에 대해 미안하다 사과하면 끝나겠네?" 이러면서 발목을 잡는다. "엄마가 세상에서 제일 밉고 싫고 없었으면 좋겠다."라고 스스럼없이 이야기한다.

가슴에 못질하는…

소중한 것을 잃고 난 후 소중함을 알게 되는 경우가 많은데 혜령과 남편은 지금 그 소중한 것을 잃지 않기 위해 놓치지 않기 위해 매일매일 내려놓는 연습을 한다.

그러나 사실 그 내려놓는 것의 실체가 무엇인지 잘 모르겠다.

교육에 대한 열의인지, 아이 미래에 대한 욕심인지, 부모·자식 간의 유대관계인지….

아무튼 이젠 입버릇처럼 습관처럼 "다 내려놔야 해 더 내려놔야 해 그래야 우리가 편해져 그래야 우리가 살아" 그러다 보면 언젠가 아이는 자기 자리를 찾아갈 거라고….
아이를 염려할 게 아니라 이젠 우리 삶을 살자고, 우리를 염려하고 살뜰히 보살피고 아껴주자고 서로 토닥인다.
온몸과 마음이 아이에게만 열려있는 것이 조금씩 그 각도가 우리 부부를 향해 방향을 바꿔가고 있다.

임신 초기부터 함께 지낸 시어머니께서도 아이에겐 무한 사랑, 아빠도 아이 위주의 세상, 엄마인 혜령도 언제 어느 때 부르더라도 아이가 원하는 시간에 원하는 장소에 단 오 분도 기다리게 하지 않았다. 유치원 때부터 지금껏 데려다주고 데려오고, 교육기관에 머무는 시간 외엔 모든 시간을 엄마 혜령과 함께였다.
집이 홀로 주택이라 이웃이 없었고, 아이는 오롯이 할머니와의 놀이나 독서로 그 많은 시간을 보낼 수밖에 없었는데 이 또한 가슴을 치며 후회하는 것 중 하나다.
다른 세계를 접할 기회가 없었으며 친구를 사귈 기회도 방법도 모른 채 지금껏 외롭게 홀로서기를 해왔다.

춥다고 느끼기 전에 따뜻하게 해주었으며, 덥다고 느끼기 전에 시원하게 해주었고, 배고프다고 느끼기 전에 배불리 먹였다.
아이가 울려고 폼만 잡아도 모두 달려와 뭐가 필요할지를 뭐가 불편한지 알아내느라 온 신경을 썼다.

그것이 우리 가족이 아이를 사랑한 방식이었다.
내가 받지 못했던 것, 내가 누려보지 못했던 것, 내가 그려왔던 것이 유별나다 싶을 정도로, 과함이 넘칠 정도로 아이에게 다 쏟아부었다.
아이는 풍족했으나 외로웠을 것이고, 아이는 참고 있었으나 언젠가 폭발할 거였다.

사춘기라는 이름으로 포장만 되어있을 뿐 몇 해 전부터 신호를 보내고 있었던 것을 그냥 그런 감정의 사치라는 여유를 부릴 시간이 없다 치부해버렸다. 라떼 얘기나 해가며 "네가 머가 부족한데 감히 불만이 있을 수 있어?" 이런 양육방식이었다.

아이가 원하는 것은 뭐든지 가능하면 들어주었고 원하지 않는 것도 해주었으니 그대로 평온하게 잘 따라와 주길 바랐을 것이다.

아이의 행복을 바란다면서 내 방식대로 스케치하고 그려 나갔다.

돌아보니 지금껏 잘 참아준 아이에게 오히려 고마워해야 할 일이다. 더 늦기 전에 강하게 표현해줘서, 더 늦기 전에 엄마의 잘못을 질책해 줘서.

다만, 지금 두려운 것은 가출하겠다는 것도, 엄마 아빠를 죽이겠다고 대드는 것도 아니다.

스스로 죽어 버리겠다고 생각하고 구체화 시키고 그쪽으로 모든 감각 기관이 열리고 있다는 거다.

물론 부모로서 이 아이가 실제로 행하지 않을 것이라는 정도는 알지만 그게 본인의 목적 달성을 위한 무기가 되고 협박이 먹힌다는 걸 알게 되면서 수위가 점점 높아져 가고 있었다.

그러다 보면 아이의 성격 형성으로 굳어질까 봐 그걸 두려워하고 있다.

별하의 관점에서 들여다본 가출 사건

별하는 엄마 곁을 떠나고 싶었다.

집은 따분했다. 매일 되풀이 되는 일상과 "하지 마라, 그만해라," 규칙과 제지….

학교도 집도 사실 별하가 공존하며 함께 할 수 있는 공간이 없었다. 시험 기간이 다가왔다. 시험은 별하에게도 습관처럼 중요하였고 또 부담이었다. 그러나 피하고 싶었다. 혼란이 일며 머릿속이 혼돈 속으로 빠져들었다. 공포가 밀려왔다. 수업을 들을 수가 없어서 양호실을 가서 누웠다. 가슴이 뛰고 두통이 밀려온다. 상담 선생님을 찾았다. 모든 상황이 두렵고 싫었다.

생일이 되는 날 죽고 싶다 했다.

상담 선생님의 틀에 박힌 설득은 따분하기만 했다. 상담 선생님은 엄마 혜령에게 연락을 했고 집으로 왔다.

별하는 방에 들어가 오픈챗방 친구들과 평소처럼 글도 올리고 캐릭터 그림도 교환하며 그날 있었던 상황을 주고받았다.

별하에겐 그곳만이 이해해 주는 곳이었다. 죽으면 모든 고통은 벗어나겠지만 용기도 방법도 몰랐고 두려움이 앞섰다.

매일 밤을 그렇게 보내고 새벽이 되어서야 비몽사몽 잠이 들었다.

생일 아침이었다.

잠결에 아빠의 깨우는 소리가 들렸다. "일어나! 생일이니까 생일 케이크에 불붙이고 케이크 먹고 학교 가자."

생일인데 엄마는 없다. 엄마는 며칠 전 "보고 싶지 않다 엄마가 집에 없었으면 좋겠다." 해서 엄마는 집을 나갔고, 어디 있는지 모른다. 간밤 생일 축하 메시지만 받았을 뿐이다.

학교 선생님께 전화했다. 시험을 보지 않겠다고 죽으면 다 의미 없는 것들이라고….

아빠는 시험을 보지 않겠다는 별하를 설득하기 시작했다.

별하는 자신의 감정과 상황을 이해하지 못하는 엄마 아빠가 싫었다. 단톡방 친구들에게 "집을 나가겠다." 했다. 격려도 주고 위안도 주며 질책을 하는 친구들이 있었다.

그들만이 자신을 이해해 주는 듯 느껴졌다. 짐을 챙기려 하는데 아빠는 말리다가 화가 나셨는지 당장 나가라 소리친다. 신발도 신지 못하고 뛰쳐나와 무작정 걸었다.

주머니에는 할머니가 주신 생일 용돈 오만 원뿐이었다. 차가운 길바닥의 한기가 발바닥을 타고 올라왔다.

어떻게 알고 찾아왔는지 엄마가 학교 가지 않아도 좋으니 제발 집으로 가자며 눈 내리는 차가운 길바닥에 엎드려 별하의 다리를 붙잡고 울었다. 그런 엄마가 가소로웠다. 비웃었다.

한참을 걷다 보니 장터 신발가게가 눈에 들어왔다. 실내화가 제일 저렴

했다. 그거라도 사서 신었다. 어딘가로 가야 했다.

믿을 수 있는 것은 남은 돈 4만 원과 스마트폰 안에 있는 단톡방의 친구들뿐이었다.

시험 기간이라 대부분 친구는 접속되지 않았다. 별하를 제일 많이 이해하고 미래에 같은 길을 가자고 약속한 베프는 접속되어 있지 않았다. 이 소도시를 떠나야 했다. 공용버스 터미널과 무궁화호만 정차하는 시골 역이 이곳의 탈출구였다. 터미널을 향해 걸었다.

사실 별하는 갈 수 있는 곳이 없었다. 그저 대도시로 향하는 차표를 사고 차를 기다렸다.

학교에서 담임 선생님과 상담 선생님이 버스터미널로 오셨다.
엄마와 선생님들은 별하를 달래고 설득해 보았지만, 별하의 머릿속은 이 모두한테서 멀리 떨어지는 것만이 자신이 살 수 있는 길이었다.

상담 선생님의 눈에 눈물이 고여있다. 혜령에게 병원 입원을 권고한다.
엄마도 같이 울고 있었다.
소방서 119와 경찰서, 군청의 청소년 상담센터가 모두 출동했고 강제 구인을 하여 112차에 태워졌다.

별하의 머릿속은 하얀 백지였다.
별하는 그저 자신을 말하고 싶을 뿐이었다.

ADHD 증상의 가출 충동의 원인

ADHD(주의력결핍과 잠복기) 증상 중 가출 충동은 다양한 원인으로 발생할 수 있습니다. 아래는 ADHD 환자의 가출 충동이 발생할 수 있는 몇 가지 이유입니다.

자극을 찾는 욕구 : ADHD 환자는 일상적인 활동이나 환경에서 충분한 자극을 받지 못할 수 있습니다. 이로 인해 새로운 환경을 찾아다니거나 도전적인 상황에 빠져들고 싶어질 수 있습니다.

심심함과 흥미 부족 : ADHD 환자는 일상적인 활동에 흥미를 느끼지 못하는 경향이 있습니다. 이로 인해 일상을 벗어나 새로운 경험을 찾고자 하는 충동이 강해질 수 있습니다.

자유와 독립의 욕구 : ADHD 환자는 종종 규칙과 제약에 대한 어려움을 겪을 수 있습니다. 가출 충동은 자유와 독립을 찾고자 하는 욕구에서 비롯될 수 있습니다.

자기 조절 어려움 : ADHD 환자는 자기 조절 능력이 상대적으로 떨어질 수 있습니다. 이로 인해 자기 통제를 잃고 가출하는 행동이 나타날 수 있습니다.

감정적인 어려움 : ADHD는 감정을 조절하는 데 어려움을 겪을 수 있습니다. 감정이 과도하게 증폭되거나 처리되지 않을 경우, 이로 인해 스트레스와 감정적인 어려움이 충돌해 가출 충동이 나타날 수 있습니다.

불안과 우울 : ADHD 환자는 불안과 우울 증상을 경험하기 쉽습니다. 이러한 정신건강 문제는 가출 충동을 촉발할 수 있습니다.

사회적 어려움 : ADHD는 사회적 관계 형성에 어려움을 겪을 수 있습니다. 가출은 혼자서 또는 다른 사람들과 소통을 피하려는 수단으로 사용될 수 있습니다.

이러한 이유는 서로 교차하며 상호작용할 수 있으며, 각 환자의 상황에 따라 다르게 나타날 수 있습니다. ADHD 환자의 증상은 다양하고 복잡하며, 이를 이해하고 관리하기 위해서는 전문가와의 상담이 필요합니다.

우울한 고백

단순히 사춘기적인 반항성과 약간의 우울 정도로 여겼던 별하의 언행들이 위험경고로 받아들여야 할 만큼 급격히 나빠졌다.

큰 사건이 터졌다.

사건 발생 2주 전 딸은 학교에서 담임 선생님과 상담 선생님께 "11월 마지막 주 시험주간에 시험을 보지 않고 집을 나갈 것이며, 생일날 죽겠다는 구체적인 자살계획을 얘기했다." 해서 혜령은 학교 선생님들 호출을 받았으며 실행 의지가 없다고 해도 자살 충동의 우울은 심각한 위험 요소이니 심리검사 후 결과에 따라 약물치료와 심리치료를 병행해 보는 게 어떻겠냐는 회유와 설득이 있었고, 최대한 빠른 검사와 치료를 위해 학교와 연계되어 아이들 심리검사나 상담을 해주는 기관을 소개받았다. 후에 알게 된 사실이지만, 학교와 연계되어 있다는 것은 바로일 수도 있고 추후일 수도 있지만, 치료비나 상담비 지원이 가능할 수도 있다는 뜻이었다.

그리하여, 그 주 주말 전주의 심리상담소에서 심리검사를 진행했었다. 그러나 풀 배터리 검사를 진행하다 도중에 화를 내며 검사 거부하는 상황에서 완벽한 검사가 이뤄지지 못했다.

아무튼, 진행 과정까지의 결과치도 12월 6일에 나오니 그때 혜령이 가서 결과 내용은 듣기로 하였고 결과표를 받기 전에 미리 소아·청소년 정신의학과 병원에 예약하라고 하여 예약전화를 하니 가장 이른 날짜가 3월 14일이라 하였다.

일단 예약 후 취소가 나오면 날짜를 댕겨주겠다는 얘기를 듣고 3월 14일로 예약날짜를 잡았었다.

그리고 제발 아이가 얘기했다는 기말고사 시험주간과 본인 생일을 기점으로 한 경고들이 그냥 무탈하게 지나가 주기를 간절히 바라고 또 바라고…

시간이 빨리 흘러가 주길 이토록 간절하게 바랐던 적이 있었던가 싶다.

어찌 되었든 아이 시험점수에 따른 결과는 중요하지 않았고 참여라도 시켜보려 큰 노력을 하였으나 시험 첫날 하루만 학교에 갔고 생일날인 두 번째 날 11월 30일 아침 아빠와 계속된 언쟁으로 집을 나가버렸다.

담임 선생님께는 스스로 9시까지 가서 시험을 보겠다고 전화를 해놓고 나가버린 것이다. 다시 죽어 버리면 다 의미 없는 거 아니냐고….
혜령은 별하의 풀 배터리 검사를 하러 갔던 날 저녁부터 아이가 엄마가 없었으면 좋겠다. 엄마만 없으면 시험 잘 보고 학교 잘 다니겠다고 얘기해서 그날을 100% 다 믿는 건 아니지만 지푸라기라도 잡는 심정으로 4일째 아이 눈에 띄지 않으려 외부에 있다 정원 야외화장실에서 또 숨죽이고 있다가 아빠와 큰소리 언쟁 후 나가는 소리를 듣고 뛰어나왔다.
그즈음 별하는 엄마인 혜령을 극도로 거부했으며, 시험주간인 그 주에는 엄마가 안 보이면 잘 생활할 것이라 하여 남편의 반대에도 시험주간인 일주일만 버텨보기로 하고 외부에 있었다.

급하게 뛰쳐나와 보니 별하는 후드티의 모자를 눌러쓴 채 손에 든 휴대폰만 들여다보며 집을 나가 도로 쪽으로 걸어가고 있었다.
아이를 쫓아가는 것보다 먼저 어찌 된 사정인지 알아야겠기에 집 안으로 들어오니 아빠는 아빠대로 망연자실 그리고 흥분상태다.
어찌 된 일이냐 물었다.
조금만 더 참아주지 못한 것에 원망 섞인 마음도 있었다.
벌써 4일째 밖에서 숨죽이고 투명 인간처럼 지낸 엄마도 있는데 하는 속상함도 있었다.

전날 자정 12시가 되자 엄마가 보낸 생일 축하 메시지를 받고 엄청나게 좋아했다고 한다. 엄마에게 전화를 걸어 보고 싶다고 집에 오라고 얘기하고 싶다고 했다는데 정작 혜령은 전화를 꺼놨었다.
메시지는 예약 메시지로 보내놓고서….
물론 혜령 또한 육성으로 '생일 축하한다. 사랑한다.' 전하고 싶었지만 괜한 시빗거리를 만들지 않기 위해 입술을 깨물며 전원 off.

몇 번 전화 걸기를 시도하던 딸은 전화기의 전원이 꺼져있다는 안내음에 실망감을 감추지 못했고 아빠에게 엄마를 찾아오라는 미션을 주기도 했다는데, 아빠도 다음날 찾아서 모셔 오겠다고만 얘기했다고 한다. 그러다 아빠와 함께 미리 사 온 '생일 케이크에 불을 붙일까 말까를 두고 고민하다 생일날 아침에 조금 일찍 일어나 축하하는 걸로 정하고' 두어 시간을 더 휴대폰 보는 것에 열중하다 아침에 일찍 깨워달라는 부탁과 함께 잠을 잤다는데….

당일 아침 일어날 시간인데 안 일어나고 있었고 평소보다 일찍 깨워달라는 부탁을 듣긴 했지만 늦게 든 잠자리 때문에 또 짜증을 내는 핑곗거리를 주지 않을까 하는 과한 염려에 깨우지도 못하고 안절부절못하다가 거실 티브이 볼륨을 높게 함으로 스스로 일어나주길 바랐던 모양이다.

그러나 거실 티브이 소리만 점점 커질 뿐 딸램은 일어날 기척이 없자 조심스레 깨워봤다는데 대뜸 몇 시냐 해서 7시 30분쯤 되었다고 했더니 깨워달라는 7시에 깨우지 않았다며 다짜고짜 화를 내고 온갖 짜증을 다 낸 것이다.

"지금도 늦지 않았다. 이제 생일 케이크에 불붙이고 케이크 먹고 학교 가자" 했더니 다 필요 없다면서 지금껏 아빠에게 폭력을 행한 적은 없었는데, 그날 아침엔 아빠 등에 올라타 때리고 머리를 잡아 뜯고 했다는 것이다. 아이 생일날이기도 했고 되도록 참아보자는 다짐도 했었기에 아이에게 매질 당하는 굴욕도 참으며 지켜보는데 점점 심해지는 언행에 인내의 한계를 느낀 것 같았다.

아이는 "학교에 가지 않고 나가겠다." 하였고, 아빠는 신발을 신고 있는 아이에게 "신발도 네 것이 아니다. 나갈 거면 그냥 나가라!" 하니 아이는 아이대로 양말만 신은 채로 할머니가 전날 생일에 친구들과 맛있는 거 사서 먹으라 쥐여 준 오만 원을 바지 주머니에 꾸겨 넣고 전화기만 손에 쥔 채로 씩씩거리면서 고래고래 소리 지르며 나가버린 것이었다.

남편에게 요약본 모닝스토리를 듣고 학교 선생님들과 나눈 얘기도 있고 하여 안 되겠다 싶었다.
급하게 혜령은 차를 가지고 나가 아이를 찾아 헤매던 중 성당 근처에서 별하를 발견했다.

시내 방향으로 걸어가는 중인 듯하였다.
신발도 없이 양말만 신은 채로….
그 모습을 보니 참 아이 생일날 이게 무슨 꼴인가 싶어 가슴이 콩닥거리면서 마구마구 눈물이 비 오듯 한다.
아이 근처에서 차를 세우고 아이에게 다가갔다.
딸램은 눈도 내리고 바람이 많이도 불었던 유난히도 추운 그 날, 그것도 본인 생일날, 마음에 무슨 그리도 크고 대단한 불만과 화가 있었는지 겨울 잠바도 없이 거리를 걸어가고 있다.
나 또한 정신없이 뛰쳐나온 상태라 겉옷도 없이 덜덜덜 거렸다.
더구나 아이는 신발도 신지 않고 양말만 겨우….

그냥 서로가 그 꼴을 보기만 해도 서러워 폭풍 오열 눈물이 날 지경인데, 길거리에서 아이에게 매달려 울며불며 사정해도 소용없다.
"어딘가로 갈 계획이며 다신 집에 돌아오지 않고 죽겠다."
모든 말들이 부모의 가슴에 비수를 꽂는 그런 말들만 골라서 하는데도 어찌해볼 도리가 없다.
막무가내 내리는 눈이 눈에 들어가 흘리는 물인지 진짜 눈물이 흐르는지….
서럽고 비통하고, 무엇이 우리 딸을 이렇게 아프게 하는 것인지 감히 짐작도 할 수 없어 흩날리는 눈보라 속에서 몰아치는 바람 속에서 그저 무기력하기만 했다.

아이를 낳았던 2009년 11월 30일에도 이렇게 눈이 왔었는데 2023년

11월 30일에도 그렇게 눈이 내렸다.
같은 눈 이였으나 전혀 같지 않은 눈….
모든 것이 엉망이다.
설득도 안 되고, 사정해도 안 되고, 협박도 안 되고, 내 힘으론 모든 게 역부족이었다.
길바닥에 엎드려 울고 있는 사이 아이는 이런 날 비웃기라도 하듯 헛웃음을 흘리며 자기 갈 길을 가는 것이었다.

학교 담임 선생님과 상담 샘 전화 연결하니 "무슨 일 있는 거냐?" 그러잖아도 9시까지 와서 시험 보겠다는 아이가 전화도 받지 않고 학교도 오지 않았다.
여차여차해서 지금 나는 길바닥이고 아이는 어딘가 가고 안 보인다 했더니 "아이가 얘기했던 D-데이가 이번 주이고 특히 오늘내일 위험한 위급상황이니 당장이라도 입원 치료받아야 할 것 같다." "우리가 그쪽으로 가서 설득할 테니 동선을 놓치지 말고 추적해 달라"고 해서 길바닥에 널브러진 내 몸과 정신 추스르고, 아이를 다시 찾아 이동하는데 때마침 시골 장터 장날이라 차도 사람도 붐비고;;; 진짜 미치고 환장하는 상황이었다.

아이에게 엄마가 뒤를 쫓아오고 있다는 것을 들키지 않아야 했기에 더욱 조심스러워 운전하는 내내 오른쪽 발은 덜덜덜, 심장은 나 스스로 듣기에도 민망할 정도로 쿵쾅쿵쾅, 온 가슴은 폭격 맞은 듯 널브러진 채로 추적 중 아이가 근처 마트에 들려 가벼운 신발을 사서 신고 터미널로 가는 것까지 보고, 나 또한 터미널주차장에 주차하고 학교 선생님을 기다리고 있었다.

선생님을 만나기까지 5분여의 시간이 왜 그리 길었던지….
혹시나 아이가 버스를 타고 어딘가로 가버리면 어쩌나 불안불안 애간장이 다 끊어질 듯한 5분여의 기다림 끝에 담임 선생님과 상담 샘을 만나 터미널 안 의자에 앉아있는 딸을 설득하러 갔다.
딸아이는 전주 가는 차표를 끊어 들고 있었으며 전화기만 쳐다보느라 선생님 두 분이 곁에 가는데도 모를 지경이다.

터미널 안 사람들이 모두 우리를 주시했겠지만 그런 것은 사실 눈에 들어오지도 않았다.

선생님 두 분은 학교로 가서 쉬든, 집으로 가든, 혼자 있는 것도 안 되고, 혼자 어딘가 이동하는 것도 안 된다, 설득하는데 전혀 동요되지 않는다.

급기야 선생님 두 분께서 눈물까지 보이셨는데 지켜보는 혜령 맘은 정말 찢어지는 것 같았다.

그 무엇도 할 수 없는 엄마 혜령, 그저 두려운 마음에 발만 동동거리는데 선생님께서 112와 119를 불러 달라고 하셨다.

망설였지만 망설여졌지만 아이 안전을 위해서라니 어쩔 수 없었다.

결국, 112와 119를 지원받기로 전화를 걸어놓고 초조하게 집에서 기다리던 남편도 오라 했다.

112에서 출동하신 몇 분과 119에서 출동하신 몇 분, 정확히는 기억나지 않지만 5~6분 정도 되었던 듯하다.

이분들도 피해 다니는 아이를 쫓아다니며 설득해 보는데 쉽지 않았다. 아이는 아이대로 고집을 부렸으며 절대적인 힘으로 필사적이었다. 무조건 부모님과 함께하는 공간은 싫다고 하였다.

그리하여 부모님은 차에 대기하며 떨어져 있어 보라 하였고 112와 119 대원분들이 적극 설득에 나서 일단은 지구대 쉼터로 이동하기로 하였다.

그 와중에도 계속해서 학교 담임 선생님과 상담 선생님은 병원에 입원시켜야 한다며 적극적으로 권유하였고 그러려면 지금 당장 119구급차를 이용해 응급실로 가야 한다는 거였다.

그때야 알게 된 것이지만 두 선생님께서 적극적으로 권유했던 입원 치료가 폐쇄병동 즉 정신질환 치료를 위한 곳이었던 거였다.

혜령은 지금껏 입원 치료가 그냥 일반병실 치료인 거로 생각되어 거부감이 없다가 갑자기 막연해졌다.

학교 상담 선생님도 여기저기 전화 걸어 알아보시고 112에서도 119에서도 알아보셨다. 막연한 혜령 마음과 상관없이 눈앞에서 벌어지는 상황들이 어처구니없고 슬펐지만 그대로 따를 수밖에 없는 상황이었다.

청소년이 정신질환 치료를 받을 수 있는 곳이 전북에선 전북대학교병원과 원광대학교병원인데 두 곳 모두 다 입원실이 당장 없다는 거였다. 119구급차를 이용해 응급실로 들어가면 가능하다는 입원은 모두 만실이라 안 된다는 얘기만 들려오고 다른 경로를 통해 알아본 정신과는 만성정신질환자들이 있는 일반 정신병원뿐이었다.

아이는 일단 지구대 쉼터로 갔고, 우린 선생님 두 분과 집으로 와서 입원 치료에 관한 얘기를 나누고 어렵지만 힘들겠지만 이대로 두기엔 너무 위험하다는 판단에 이르렀고, 깊은 우울증에도 심한 사춘기 반항에도 제동을 걸어줄 필요가 있다는 의견을 모았다.

그즈음 지구대 쉼터에 있던 아이가 다행스럽게도 멀리 가지 않고 청소년쉼터에서 2~3일 쉬어 보겠다 얘기해줘서 눈물의 생일 케이크를 들려 보내고 헐렁하게 사서 신은 신발도 따뜻한 부츠로 갈아 신게 한 후 2~3일 쉬면서 필요한 물품들을 가방에 챙겨 준비해 보내주었다.

학교 선생님 두 분은 학교로 돌아갔고, 우린 내딛는 걸음마다 한숨인 채로, 눈물인 채로 어찌할 바를 모르다가, 그나마 아이에게 적합할 것 같은 응급병원을 정말 남편 모든 인맥 동원해 그날 오후부터 저녁까지 알아보던 중 원광대학교병원 정신건강의학과와 연결이 되어 다음날 12월 1일 아침 일찍 응급실로 들어와 입원하자는 정보를 주었다.

정식 절차를 통해 소아청소년정신과에 입원하려면 기본 3~4개월을 기다려야 하는데, 남편 인맥이 통했던지 다음날 입원할 수 있게 하겠다는 연락을 밤늦게나마 받게 되었다. 어느 방향으로 엎드려 절을 해야 하나 감사한 마음 표현할 길 없었지만, 막상 정신건강의학이니 정신질환 치료이니 돌려 말해도 정신과 입원이니 눈앞이 깜깜하고 가슴이 요동치는 건 어쩔 수 없었다.

ADHD 증상을 가진 미성년자의 자살 충동

ADHD 증상을 가진 미성년자가 자살 충동을 느낄 때 매우 심각한 상황입니다. 자살 충동은 심리적인 고통이나 스트레스, 우울 등으로 인해 나타날 수 있습니다. 아래는 자살 충동을 감지하고 대응하는 몇 가지 지침입니다.

즉각적인 대응 : 자살 충동이 나타나면 즉각적으로 주변에 있는 성인이나 가족 구성원에게 알리세요. 친구, 가족, 교사, 상담사, 또는 학교의 신속한 지원을 받을 수 있도록 합니다.

전문가와의 상담 : 즉각적인 위기 대응 후에는 전문가의 상담이 필요합니다. 정신건강 전문가, 심리학자, 정신과 의사와 상담을 통해 아동 또는 청소년의 감정적인 어려움을 파악하고 적절한 지원을 제공할 수 있습니다.

가까운 성인의 지원 : 아동 또는 청소년이 자살 충동을 느낀다면 가족, 교사, 또는 다른 신뢰할 수 있는 성인에게 도움을 청하세요. 가까운 성인은 어려움을 이해하고 지원하는 역할을 수행할 수 있습니다.

안전한 환경조성 : 아동 또는 청소년의 주변 환경에서는 안전을 유지하는 것이 중요합니다. 가까운 사람들과 협력하여 잠재적인 위험 요소를 제거하고, 환경을 안전하게 조성하세요.

대화와 이해 : 아동 또는 청소년과 열린 대화를 통해 그들의 감정과 경험을 이해하려 노력하세요. 이해와 지지는 치유과정에 도움이 될 수 있습니다.

학교와 협력 : 자살 충동이 학교생활과 관련이 있다면 학교와의 협력이 필요합니다. 교사와 상담사와 소통하여 학교 내에서도 적절한 지원을 받을 수 있도록 도움을 청하세요.

상담 및 정신건강 서비스 활용 : 아동 또는 청소년에게 정신건강 서비스를 제공하는 전문가의 도움이 필요합니다. 상담, 치료, 또는 치료 계획을 통해 감정적인 어려움을 관리하고 향상시킬 수 있습니다.
자살 충동은 심각한 문제이므로 빠른 대응이 필요합니다. 이러한 상황에서는 전문가와 주변의 지원 체계를 적극적으로 활용하여 아동 또는 청소년을 안전하게 보호해야 합니다.

PART

폐쇄병동에도 햇살은 든다.

- 실제상황

이 글을 쓰기까지 참 많이 망설였지만, 누군가 우리 가족처럼 청소년 사춘기 격동의 시기로 힘들어하고 있다면, 그래서 이 시간이 빨리 가주길 바라고 있다면, 어쩌면 나의 글이 조금이나마 도움이 되지 않을까 해서 솔직하게 사실적으로 기술해본다.

01.
보호 병동이라 불리는, 102동 폐쇄병동

혜령이 기록한 그 날들-실제상황
원광대학교병원 응급실로 다음날 12월 1일 아침 일찍 가기로 하고 나
니 아이를 어떻게 설득할지가 이제 또 염려되기 시작하였다.

청소년쉼터로 간 아이는 어떻게 지내고 있는지 전화를 걸어 확인해보
니 쉼터에서 지내는 초등학생들 챙겨주면서 그 아이들과 생일 케이크
나눠 먹으며 속으론 어떤지 몰라도 겉으론 보기엔 나름 평온해 보인다.
그런데 자꾸 외부로 나가려 해서 안 된다고 얘기하고 눈길을 떼지 않
고 지켜보는 중이라고 하셨다.
감사하게도 아이 심신의 위험 상황을 잘 인지해주고 계신 덕분에 아이
는 안전한 하룻밤을 보낼 수 있을 거란 확신이 들었고, 이제 어떻게 병
원까지 가서 입원할 것인지에 대한 고민의 해결책을 찾으면 되는데….

그나마 위로가 되는 건 원광대학교병원 소아청소년정신과 담당 교
수님이 소아청소년정신과의 전문의이자 권위자이신 양 x 모 교수
라는 것이었다.

당시로선 다른 대안이 없었고 부모인 우리 둘은 아이의 간절함을 제대로 알지 못하였으며 그저 사춘기적 반항의 시간이 빨리 지나가 주길 바라는 무지의 시간이었기에 학교 선생님께서 안내해주신 길잡이 따르기로 한 이후 어쩌면 마음에 중심축 하나를 무겁게 달게 되었는지도 모르겠다.

쉽지 않겠지만 해야 했고 힘들지만 가야만 한다.
무겁지만 흔들리지 않아야 하고….

남편과 밤새워 뒤척이다 거의 뜬눈으로 밤을 지새웠다.
아침 일찍 서둘러 아이가 좋아하는 치킨이랑 과일이랑 음료를 포장하고 청소년쉼터로 갔다.

아이 방으로 안내받아 들어가려니 복도 근처를 왔다 갔다 하다 나를 보고선 "왜?", "응, 우리 딸 병원 진료 좀 받으러 가야 해서…."

짐을 챙기는 동안 별다른 저항 없이 지켜보고 있었고 차에 태워 병원으로 가는 동안에도 별 의식 없이 가져온 치킨과 과일을 먹고 휴대폰 삼매경 중이었다.
"병원에 가게 되면 일단 응급실로 갈 것이며 응급실에서 진료를 본 후 필요하다 판단되면 바로 입원할 것이다."라는 말들을 하는데도 귀담아 듣지 않는지 별 대꾸도 없었고, 혹시나 거부감에 신호대기 중 차 문이라도 열고 뛰쳐나갈까 봐 뒷좌석에 함께 앉았지만 동요 없이 얌전하였다.
난 너무도 피곤하여 눈이 빠질 듯 아파져 온다고 말하니 아이가 무릎을 내주며 누워 한숨 자며 쉬라는 다정한 말도 해주었다.

그런데도 온몸과 마음이 천근만근이다. 이런 혜령 마음의 무거운 짐을 핸드폰에 빠져있는 별하가 알아챌리 없다.
가슴에 대못을 하나씩 박아가며 아픈채로 원광대학교병원 응급실에 도착했다.

**응급실은 빠르게 치료하는 곳이 아니라
위급한 환자를 치료하는 곳입니다.**

우리가 지금 이곳에 와 있는 것이 정말 최선인지, 맞는 방법인지, 어쩌다 여기까지 오게 되었는지, 제대로 현타 오기 시작했다.
속이 메슥거리며 울렁거려 견디기 괴로운 와중 눈에 들어오는 딸의 모습;;;
그저 어디에서든 휴대폰 삼매경이었다.
'진심 어이없고 화남. 이게 뭐지? 친구들은 이 시각 학교에서 시험 치르고 있는데 저렇게 생각 없이 전화기에 빠져 이 와중에 키득거리기까지….'

흔들리던 내 마음을 다잡아준 아이의 모습이다.

그래 이건 분명 기회다.
그동안 핸드폰 중독으로 밤잠을 제대로 못 자고 잠을 제대로 못 자니, 아침 기상이 어렵고 눈 뜨면서부터 짜증!
그 상태로 학교에 가도 집중력 저하로 수업 태도 불량, 학교 친구들과도 관계도 소원한 것이다.
핸드폰 좀 그만 보라는 부모의 부탁은 그저 못마땅한 잔소리.
듣기 싫은 잔소리 피해 가출.
가출 후 집에 들어올 땐 본인의 요구사항 관철하며 목적 달성.

몇 번의 반복된 위 상황들이
내심 지치고 힘들어 다 포기하고 싶은 시기이기도 하였다.
정말 심각한 위험 수준이다.

아니,
어쩌다가 소아청소년정신과가 이리 호황이며 입원실이 없어 응급이 아니면 최소 몇 달을 기다려야 입원이 가능한 시대가 되었는지….
참담할 뿐이다.

진심.

아침 9시쯤 응급실에 도착하여 점심시간이 다 되도록 별다른 조치 없이 하염없이 대기상태다. 일인 보호자만 동반 입실 가능이라 남편은 계속 외부 연락망과 소통하며 또 밖에서 대기.
기다리기. 기다리기. 응급실의 시간은 거꾸로 흐르는 듯 했다.

간호사 한 분이 오셔서 혈압 재고 가고는 무작정 기다리기.
그러다 정신과 선생님 오셔서 문진 진료 후 또 무작정 기다리기.
소변 채취 후 또 무작정 기다리기.
코로나19 검사 후 또 무작정 기다리기

혈액검사 진행한 후 입원 결정할 수 있다고 하여 혈액샘플 채취하려는데 딸아이는 주삿바늘 거부 증후군 발동.
사실 이런 병명이 있는지는 모르겠으나 딸아이는 주삿바늘을 극도로 싫어하고 거부한다. 그래서 치과 치료는 수면으로 하였으며 지독한 감기 때도 약으로 버텼다.
그런데 또 생각해보면 선택적 거부인듯하다.
안검내반 수술할 때 마취 주사는 어찌어찌 맞았으며 이마의 혈관종 수술 때도 마취 주사를 맞았었다.

그러나 이날 혈액채취는 길길이 뛰며 거부했고 간호사분이 몇 번 시도했다가 돌아갔다.
위급한 환자를 치료한다는 응급실에서 정신과 위급함을 그 누가 알아주랴.
오직 그 당사자들만 애가 탈뿐….

내가 나서 설득하다 협박(?)하다 진정제를 먹고 다시 시도해보기로 하고, 먹는 약으로 한 알 먹고 30분 넘게 기다렸는데도 잠들지 않고 또롱또롱하여 또 실패.
그런 와중에도 핸드폰만 보는 핸드폰 중독

그리고 이즈음 아이에게 입원하게 될 경우의 입원 절차와 주의사항을 설명하게 되는데 "정신과 폐쇄병동이고 입원하는 동안 전화는 가지고 들어갈 수 없다."라고 인지시키는 동안 난리 난리.
핸드폰을 가지고 갈 수 없다는 말에 집에 가겠다고 소동이 났다.
겨우 진정시키고 그럼 혈액검사라도 해보자고 했지만, 그것도 여의찮아 결국 근육주사로 안정제 강제 투여 후 혈액채취를 하였다.

그리고 또 무작정 기다리기.

문진 검사 결과 아이의 동의입원이 좋겠다고 하여 아이 설득 중 또다시 폐쇄병동과 휴대폰 압수 야기에 흥분하고 만다.
동의입원은 어렵다고 판단하고 부모동의하에 강제 보호 입원으로 결정하였다.
준비해야 할 서류 떼러 남편은 다녀오고 시시각각 밀려오는 현타에 괴로운 시간들….
혈액검사 결과 나오고 입원 결정까지 거의 10시간 가까이 사투를 했다.

그리고 또 무작정 기다리기.

마지막으로 심전도 검사하고 이제 병동으로 가야 하는데 아이는 배고프다며 패스트푸드 사 오라 하여 흡입하듯 먹는다.
식사 끝나길 기다렸다 병실로 가자 하니 순순히 이동한다.
속으론 "이게 먼일이람?", 응급실에서 폐쇄병동까지 걸어가는 내내 내손도 잡았다 휴대폰도 봤다가….
안내해주시는 분 따라 병동 도착 후 입원할 거라 알리니 남자 간호사 선생님이 나와서 이제 안에 들어가는 건 혼자 들어가야 하고 핸드폰은 부모님 드리고 입실해야 한다고 하자.
그때야 정신 들었던지 붙잡을 새도 없이 계단으로 아이는 튀었다.
병동이 10층인데 남자 간호사 선생님은 멍하니 서 있고, 안내하려 함께 왔던 분은 벌써 가고 없다.

남편과 내가 아이를 쫓아가는데 다리는 후들후들 떨려 접질리고, 마음은 급하고, 아이 이름을 부르며 미친 듯 달려갔다.

벌써 아이는 병원 밖 도로에 위험하게 서 있고, 차들은 불안한 듯 서행하였다.

아이를 끌어안고 다시 들어가려는데, 막무가내로 버티기로 길바닥에 드러눕는다.

날씨는 춥고 내리는 눈발에 도로는 얼어서 힘 조절 안 되는 우리는 뒤엉키고 나뒹굴었다.

그 와중에 아이에게서 전화 뺏어 챙겨놓고는 우리 둘이서 붙잡고 들어가려 애를 써도 완강하게 거부하니 그 힘을 당해낼 재간이 없고….

다시 폐쇄병동이든 응급실이든 가야 할 텐데 남편은 아이를 잡고 있을 테니 응급실에 가서 도움을 구해보라는데 순간 응급실 방향이 어느 쪽인지 가늠도 안 될 뿐만 아니라 그 도움이라는 게 정확히 어떤 것인지도 모르겠다.

어떻게? 어떡해? 발만 동동

아빠를 벗어나려는 아이와 그 아이를 놓치면 안 된다는 의지가 싸우고 있는 사이 때마침 퇴근 중이던 다른 의사 선생님이 사태 파악이 금방 되셨던지 응급실에 전화를 걸어 호송직원 두 분을 급히 이쪽으로 보내달라 얘기해 주셨고 그사이 의사 선생님의 설득으로 일단 실내로 들어갈 수 있었다.

실내로 들어간 아이는 소리를 지르며 입원을 완강하게 거부한다.

빨리 핸드폰 내놓으라며 또 난리가 났다.

우리를 구원해주셨던 의사 선생님이 기둥 뒤에 숨어 지켜보던 내게 와서 "일단 휴대폰을 줘서 안정시킨 후 입원 절차를 밟으시라." 권유한다.

다시 아이 손으로 들어간 핸드폰….

뒤늦게 와주신 호송직원 두 분이 아이를 휠체어에 태워 응급실로 이동시켜 주셨고 다시 또 긴 기다림.

정상적인 절차로는 입원이 어렵겠다 판단되어 강제 입원 결정을 다시금 하였다.
지금 이 상황에서 물러나면 우리 모두에게 상처뿐인 상황이었다.
다시 돌아올 수 없는 강을 건널 수도 있겠다는 생각에 오로지 아이를 살려야겠다는 일념 하나로 진정제 투여 후 강제 입원 결정하였다.
어쩔 수 없이 택한 방법이지만 부모인 우리 마음은 얼마나 요동치며 괴로웠을지, 오직 그런 순간을 경험해 본 부모들만이 알 수 있는 마음이다.

다시 또 내가 나서서 빨리 진정제 투여해 입원시켜 달라 부탁 후, 부모님 의견 다시 한번 확인한다.
그리고 진정제 주사 후 병동으로 이동하였다. 이때는 모두가 제정신이 아니었다.
남편도 나도 눈물범벅이었다.
아이는 두 손발 묶이고, 응급실에서 폐쇄병동까지 가는 내내 소리 지르고, 병동 안으로 들어가서도 한동안 큰소리는 문밖으로 들려온다.
병동 안으로 들어가는 짧은 사이, 작은 유리창 너머로 또래 아이들 서너 명이 쪼르르 몰려와 잠깐 쳐다보곤 돌아 들어간다.
그래도 어쩌면 또래 친구들이 있어 외롭지 않을 수 있겠다는 생각도 잠시 했었던 것 같다.
그 친구들 눈에 비친 내 아이의 모습이 그저 낯설지 않기만을….
환자복으로 갈아입히고 내온 아이의 일상복은 찢겨 있었고, 우리 마음도 이미 아이의 그 옷과 같이 너덜너덜해져 있었다.

주치의 선생님이 오셨고 문진 검사가 시작되었다.
왜 여기까지 오게 되었는지.
청소년 휴대폰 중독
청소년 가출

청소년 부모 구타
청소년 사춘기 우울
청소년 사춘기 자살 충동

아이의 결점은 곧 부모의 결점이다.
아이는 부모라는 거울을 들여다보며 자란 죄 밖에 없다.
그러나 청소년 시기는 나쁜 게 아니라 아픈 거라는 말처럼 치료 과정
을 통해 충분히 개선되리라 믿었다.
아이를 지키려니 부모는 늘 죄인이 된다.

남편과 나 따로 진행 후 필요 물품 안내받은 대로 구매해 건네주고 돌
아서는데, 이제 막 아이가 잠들었다고, 진정제 효과가 이제 나타난 듯
하다 했다.

이 세상 누구에게나 처음인 것이 있겠지.
그렇지만 이런 첫 경험은 되도록 하지 않았으면 좋겠다.
아파도 너무 아프다.

아침 9시쯤 병원에 도착해 이런 과정과 입원 절차를 다 치르고 나니
저녁 10시쯤 되었다.
그리고 집에 오니 11시가 넘은 시각이다.
지질대로 지친 몸보다 더 황폐해진 마음, 생일날엔 집이 아닌 쉼터에서
잤으며, 다음날엔 보호 병동 입원이라….
가슴에 총을 맞아도 이리 아플까….

그리고 이제 당장 다음날 잠에서 깬 딸에게선 어떤 전화가 걸려 올
지….

거의 12시간 가까이 응급실에서 대기 및 보호 입원 절차 등으로 시간
을 보낸 뒤에도 결국 마지막은 진정제 투여 후 손발이 묶여 강제로 폐
쇄병동 입실시키고 돌아서는 부모 마음 애써 강한 척 담담한 척했지만,

밤 10시가 넘어 돌아올 땐 두 사람 갈 땐 세 사람….
흩날리는 눈발 사이로 보이는 고속도로 2차선이 나를 저세상으로 인도하는 천국의 블랙홀처럼 느껴져 정신줄이 오락가락 갓길에 멈춰 세운 채 차에서 대성통곡이 몇 번인지….

분명 계획된 임신에 시험관시술로 어렵게 얻은 귀한 생명, 그 아이를 얻기 위해 매일 아침저녁 내 몸에 꽂던 주삿바늘이 그 아이를 지키기 위해 수도 없이 꽂았던 그 주삿바늘만큼이나 이젠 내게 통증을 주고 있다.

귀하게 얻은 생명인 만큼, 귀하게 땅바닥에 발 디딜 틈 없이 어야 둥둥 키웠다.
누군가는 귀한 자식일수록 엄하게 험하게 키워야 한다고 했고, 누군가는 그렇게 무한애정 사랑을 주며 키운 자식은 엇나가더라도 금방 제 자리 찾아온다 했다.

언제부터 내 아이가 보내는 아픔의 시그널을 놓친 것인지, 어느 때부터 내 아이의 눈빛을 읽지 못한 것인지, 어디서부터 내 아이의 가는 길을 밝혀주지 못하였는지, 모든 것이 내 잘못이고 부족함 때문이라 생각되니 한 인간으로서 자존감도 바닥을 치고, 더욱이 엄마로서의 자존감은 생각도 할 수 없을 뿐만 아니라 "엄마의 자격이 있는 건가?", "엄마라고 불리어도 괜찮은 건가?" 자괴감이 자신을 괴롭혔다.
학업 외 거의 모든 시간을 나와 함께 보낸 지난날들이 전부 부정당하며, "의미 없음", "헛고생" 이렇게 결론 내려질 땐 한 줌 재가 되고 싶어졌다.
나 또한 산후우울증으로 힘든 날들을 보냈고, 이젠 또 갱년기 우울증으로 겨우겨우 버티는 날들을 보내고 있었기에, 또 어쩌면 아이의 우울을 단순히 사춘기 반항이 아닌 질병으로 접근 가능했던 건지도 모르겠지만, 아이도 나도 분명 더 내려갈 곳이 없는 것만은 확실했다.

잠을 제대로 자보았는지가 언제인지 모르겠고, 젖은 낙엽처럼 바짝 엎드려 여기저기 죄송하다.

또 죄송하다. 난 한없이 쪼그라들었다. 그 옛날 초가집에서처럼….

그렇게 아이를 입원시킨 다음 날 12월 2일, 폐쇄병동 간호사실에서 걸려 온 전화였다.

아이가 소리를 지르고 소란스럽게 해서 일인 안정실에 입실시켰다 한다.

그냥 이건 부모동의 후 강제 입원한 거라 알려야 하는 의무사항 같은 거다.

엎어 치나 메어치나 돌려치나, 부드럽게 말하나 강하게 말하나, 결국은 아이에게 잔소리로밖에 안 들리듯이 내게도 그냥 그 말은 "홀로 독방에 갇혔다." 그 이상도 그 이하도 아니었다.

그곳으로 들이밀어 넣은 건 나였고, 그곳에서의 적응이 하루 이틀 사이에 이뤄지리라 믿은 것도 아닌데, 내 몸과 맘은 또 한없이 널뛰고 있었다.

미안한 마음 아픈 마음 때문에 너무도 고통스러웠고, 우리 아이가 생전처음 겪을 이 난감함에 마음 다잡고 이겨내 줄 수 있을지 더 망가지는 건 아닌지, 영영 아이 손을 놓치는 건 아닌지, 시시각각 짧은 찰나의 순간에도 오만가지 생각들이 천국과 지옥을 오가듯 교차한다.

간호사실에서 걸려 온 전화 이후, 먼저 상태를 확인해 볼까도 했지만, 아이가 먼저 어떤 식으로든 전화를 걸어올 거로 생각하고 애먼 전화기만 들었다 놨다 했다.

그리고 그날 늦은 오후, 걸려 온 딸의 첫 전화, 애타게 기다리던 전화라 너무 반가웠지만, 한편으론 무슨 독설을 쏟아낼까 봐 겁이 나기도 했던 그 첫 전화 연결 …

역시 예상했던 대로, 생각했던 대로, 폭풍 독설, "내가 왜 여기 입원해야 하느냐?", "입원해야 할 사람은 엄마다.", 그리고 자기 동의 없이 강제 입원시켰다고 또 본인의 인권 타령에 부당입원이라고 소리 지르다가 전화가 "뚝~~~!" 끊긴다.

부당입원
인권 보호
엄마가 정신병 환자
나 여기서 영원히 안 나갈 거야

그 뒤로도 하루에 몇 번씩 수시로 걸려 온 전화는 매번 이런 식이었다.

정신과 폐쇄병동 강제 입원의 트라우마

아이의 동의를 얻지 못해 부모동의로 정신과 폐쇄병동 강제 입원시키고 온 날부터 거의 뜬눈으로 낮과 밤을 보냈다.

아이는 매일 몇 번씩 걸려 온 전화마다 원망의 소리가 가득했고 주 양육자였던 엄마인 나를 향한 적대심이 커서인지 엄마가 정신과에 입원해야지, 왜 내가 여기 있어야 하는지 모르겠다.

부모인 우리도 방어기제 발동인지 "우리 딸을 가르치는 선생님들이나, 우리 딸을 만났던 다른 상담센터 선생님들이나, 그 외 구급대원분들까지도 우리 딸이 가지고 있는 우울증이 생명을 위협한다고, 그걸 위험 수준으로 받아들였기에 다 함께 결정한 거지, 절대 엄마·아빠가 결정한 게 아니야. 우리 딸 목숨이 그 무엇보다 소중하니까 지켜야 하니까 엄마·아빠는 우리 딸 보호자로서 입원하는 데 동의만 했을 뿐이고…".

사실이기도 하고 또 엄마·아빠만을 향한 원망의 대상을 좀 더 넓게 포괄적으로 각인시키기 위해 똑같은 말 앵무새 되기로 작정했다.

또 그럴 때면 딸은 "아니라고. 정말 죽으려고 했던 거 아니라고, 그냥 겁만 주려고 했던 거라고, 그냥 말만 한 것뿐인데, 엄마·아빠 협박만 하려고 했던 건데, 이게 뭐야…" 소리친다. 그리고 입원을 시킬 거면 본인 동의하에 시킬 것이지 왜 강제 입원이냐고.

약 2주일간을 똑같은 대화 복붙이었다.

강제 입원의 후유증은 고통스럽게 밀려왔다.

또, 그러면서도 화가 좀 가라앉으면 맛있는 것 사 오라고 한다.
그럴 땐 또 아기 같다.
전화는 저렇게 하면서도 (맛있는 것 사서) 면회는 매일 오라 한다.

입원 첫 주는 매일 면회하러 갔다.
면회하러 가도 직접 만나서 애기를 한다거나 이런 상황은 시기적으로
이르다 해서 폐쇄 공간 안팎으로 눈인사만 나눌 수 있을 뿐이었다.
입원 다음 날 면회는 아빠 혼자 했고(엄마인 날 보면 흥분할까 봐), 두
번째 면회 때는 함께 가긴 했으나 숨어서 지켜보았다. (아빠만 온 걸로
하고)

그래도 이렇게라도 지켜보고
오니 살 것 같았다.
먹을 거나 필요 물품 건네주
면 위험한 물건인지 아닌지
먼저 간호사실에서 검사받는
다.

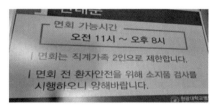

우리는 흔한 말로 무심코 썼던 말들이 있다.

니 미쳤나?
너 돌았어?
미치지 않고서야 어떻게?
돌지 않았다면 이럴 수 없을 것 같은데?
으이구 저 돌아이….
아이구야 돌겠네! 진짜.

이런 말들이 어느 순간부터 우리 둘 사이에 금지어가 되고, 미디어에서
나 어느 활자에서 이런 글이나 말이 보이거나 들리는 것 같으면 한없
이 초라해지고, 괜히 주눅 들고, 아무에게도 말하지 않았지만 다 알고
있는 듯 피해망상처럼 첩거하게 되면서 우리 둘은 좀비 아닌 좀비가

되어가고 있었다.

세 번째 면회 때는 서점에서 아이가 읽을 만한 책들을 사 넣어주었는데 "이 안에 있으면 얼마나 답답한데 재미있는 책이라도 넣어주지 이게 뭐냐고 하며 다 갖다 버렸다면서 화를 낸다." 그래도 버리지 않고 가지고 있었다. 사실 아이 말이 맞긴 맞았다.

아이 나름대론 억울해 죽을 판인데 도 닦는 스님처럼 수행하라는 것도 아니고, 입원 첫 주는 매일 면회 다니면서도 엄청 괴롭고 힘들었다.
아이에게 미안한 마음도 많았고 꼭 이렇게까지 일이 커질 만한 사안이었는지에 대해서도 우리 둘 다 반신반의했다.

울며 전화, 소리치며 전화, 원망하며 전화, 그러다 입원한 지 두 번째 주가 시작되던 날 "안에 있으면서 그림 많이 연습하고 싶다. 필요 물품을 사다 달라고 해서 정말 기쁜 마음으로 바리바리 싸서 들고 면회 갔다. 먹을 거 잔뜩, 평소 좋아하던 책 몇 권, 그림 그릴 수 있는 종이와 연필 지우개 등등.
꼴도 보기 싫다던 엄마도 보고 싶었다며 눈인사도 해주고 안에서 하트도 그려주고 저녁엔 또 원망 가득한 전화가 걸려 왔다.

생전 처음 엄마·아빠와 떨어져서, 그것도 정신과에 100% 청소년만 있는 게 아니라 성인도 몇 명 있어서 어느 것 하나 쉬운 거 없었을 그 상황과 여건들이 고스란히 느껴짐에도 더 이상 물러설 곳이 없다는 절박한 심정으로 우리 부모도 아이도 그렇게 버티자 했다. 길면 한 달이니 그 기간만이라도 치료 잘 받고 참아보자. 그 이후의 일은 또 그 이후에 생각하기로 했다.

02.
부모는 자식의 거울이다.

'부모는 자식의 거울'이 맞다.
후회하는 그 순간이 다시 시작하는 그 순간이라는 말도 있다.
후회하는 순간이 그냥 돌이킬 수 없다는 말도 있고, 늦었다고 생각하는
때가 정말 늦은 것일 수도 있고 또 다른 기회의 출발점일 수도 있다.
나도 그렇고 많은 이들이 갈등이나 깊은 고민. 일련의 사건들로 인해
생각의 골이 깊어지게 되면 위와 같은 설왕설래 갈림길에 서게 되는
것 같다.

나, 혜령은 급하고, 욱하고, 지랄 같은 성격인데 또 빠르면서도 정확하
고 완벽하길 원한다.

이런 내 성격을 그나마 받아주고 이해하는 이는 이 세상 단 한 사람
남편뿐이라 생각하고 있다.
동반자는 반려인으로서 그렇다 치자. 아이는 무슨 죄일까….

이런 성격의 엄마를 가진 내 딸….
태어나보니 혜령의 딸…

『스물』 이라는 영화를 보면서 지나온 나의 스물과 오버랩 되는 몇 장면이 있었고 어쩌면 저 말은 중2 사춘기 딸이 나에게 보내는 메시지 같았다.

"우나? 울지 마. 어차피 내일도 힘들어"

오늘 아침 있었던 일이다. 학교에 가려고 준비하던 아이가 겉옷을 걸치는데 한쪽 주머니에 삐죽 마중 나온 종이 한 장, 딸은 평소에도 안내장이나 알림장을 제때 줘 본 적이 없다. 그래서인지 늘 내가 먼저 얘기한다. "오늘 학교에서 안내장 받은 거 있니?"라고….
그 삐죽 마중 나온 종이는 분명 알림장 종류일 것이었다.
주섬주섬 꺼내더니 아이가 먼저 읽어본다.
"아. 이거 3학년 1학기 방과 후 학교 프로그램 신청하는 건데…."
"음~ 엄마! 엄마는 영어회화반이나 중국어 하는 거 원할 거 같은데?"
"엄마가 원할 거 같은 거 말고 딸이 하고 싶은 거 있으면 알아서 신청하고 하기 싫으면 하지 마", 과거 같았으면 기어코 아이를 설득해 뭐라도 하나쯤 시켰을 것이다.
대답은 담담하게 했으나 마음속에선 순간 불같은 것이 확 올라오면서 얼굴까지 화끈거렸다.

아이를 등교시키고 지금 이렇듯 생각해 본다. 아이는 어쩌면 지금껏 "엄마가 원하는 삶을 살려고 애썼겠구나….", "다 네가 잘되라고 하는 소리야!", 우리 부모들에게 이 말 너무도 익숙하지 않은가?
나 또한 곰곰 "다 네가 잘되라고 하는 소리야." 이 말이 "다 네가 행복하라고 하는 소리야"와 같은 의미였는지 또 곰곰이 돌아본다.
'잘 되라'는 것이 '행복하라'는 것과 같은 의미였다면 전달받은 아이도 그 감정을 느꼈을 것이다. 무심코 던지는 많은 말들 속에서 아이들은 기가 막히게도 그냥 하는 말인지 애정이 담긴 말인지 다 스캔한다는 사실이다.

아이는 화가 날 때면 "솔직히 나 행복하라고 낳았어?, 엄마 아빠 둘이 행복해지려고 나 낳은 거 아니야?"
얼핏 들으면 건방지고 괘씸한 말 같지만, 엄밀히 따지면 아이의 말이
맞는 것 같아서 슬펐다.

아이를 원하면서 우리 부부도 그런 생각과 말을 했었다.
아이가 우리 미래다. 그래서 태명도 『미래』였다. 늦은 나이까지 독단적
으로 살아온 우리가 사실 아이라는 끈이 없다면 "욱"하고 돌아섰을 수
많은 위기를 미리 예견했기에 특히 우리 둘은 아이라는 인연의 끈이
꼭 필요하다 느꼈으니 아이는 어쩌면 우리 부부의 판도라 상자까지 열
어버린 건 아닐까….

아이를 잉태하고 태교랍시고 태교 여행도 다녀오고, 태교랍시고 피아노
도 치러 다니고, 태교랍시고 9개월간 300권이 넘는 책을 읽었다.
좋지 않다는 음식은 냄새도 안 맡았으며, 좋지 않다는 건 그게 무엇이
든 멀리했다.
"아이는 제발 오장육부 다 들어있고, 손가락 발가락 개수 정확하게 건
강하게만 태어나서 건강하게만 자라다오…."

이랬던 마음은 온데간데없고 정말 건강하게만 자라는 아이가 때론 밉
기도 했다. 사춘기가 되면서 이 건강하기만 한 것은 몸이고 정신은 또
건강하지 않기에 이렇듯 모두가 힘든 것이다.

제발 공부 좀 해.
핸드폰 좀 그만 볼 수 없어?
다 너 잘되라고 하는 소리야!
이런 말들이 "사랑한다."라는 말을 대신한 지 오래되었다면 우리 부모
들 이즈음에서 한 번쯤 깊게 생각해봐야 한다.

밉다. 솔직히 내 맘 같지 않아 정말 밉다.
'안 해준 것 없고, 못 해준 것 없는데, 왜?, 왜?, 왜?, 도대체 왜 그
러는 건데….'

축복이었던 아이가 마법 걸린 저주처럼 너무도 괴롭다.

자기 말을 제대로 들어주지 않는다며, 신호대기인 상태 차에서 하차, 비가 오는 날 도로에서 만신창이 개진상 민폐인 적도 있었고, 달리는 차 핸들을 꺾으며 온몸으로 위험 도발한 적도 있었다.

그럴 땐 진심 진짜 저 앞에 보이는 전신주라도 전심전력 다해 박아 죽어 버리고도 싶었다.

"병신 되어서 고생하느니 사력 다해서 한 방에 끝내자."

"네가 원하니 그렇게 하자."

"그렇게 해버리자."

끝내버리면 별것도 아닌 것들이 될 것도 같았다.

"너만 힘드니?"

"나는 너보다 더하다…." 이런 개차반 같은 생각들이 끝없이 물고 늘어질 때는 정말 자식이 원수 같더라.

그래도 돌아서 생각하면 눈물 나게 고마운 존재, 내가 여자로서 세상에 온 이유를 깨닫게 해준 존재, 지금은 비록 독설들을 내뱉지만 "엄마…."라고 처음으로 불러주던 그 작고 앙증맞은 고운 입, 아이와 함께한 내 인생의 처음인 것들, 아이를 낳고는 엄마인 우리도 모든 것이 처음이다. 그래서 설레었고, 그래서 실수가 잦았다.

넌 도대체 누굴 닮은 거니?

다 엄마·아빠 유전자지 어디서 보고 배웠겠어?

오늘은 그 거울 잘 닦고 반짝이게 하고 싶다.

들여다볼수록 더 들여다보고 싶게….

03.
ADHD, 불안 증상에 이름을 붙이다.

첫 번째 이중문 밖으로

아이의 사이버 온라인 활동을 이해하고 인정한다고 해서 퇴원 후 핸드폰을 예전처럼 아이 마음대로 보게 할 수는 없을 거였다. 염려 미리 당겨 할 필요는 없다지만 확실한 염려이기에 그 문제에 대한 고민은 항상 제1순위가 되어있었다.

입원 후 일주일이 지나도 병원에선 별다른 연락이 없었다.
주치의 선생님과 통화라도 하고 싶어 메모를 여러 번 남겼지만, 간호실에선 "전달하겠다. 전화 갈 거다." 이런 답변만 들 수 있었던 어느 날, 아마 입원 후 10일째 정도 되는 걸로 기억하는데 아이가 엄청나게 흥분된 상태에서 걸려 온 전화 목소리가 들떠 있었다.
"엄마엄마 빨리 와"
"지금 출발해"
"지금 면회하러 오면 우리 찐으로 만날 수 있어"
"주치의 선생님이 원내 산책 1시간 허락해주셨어."
"엄마 지금 바로 출발해 빨리"
"보고 싶어 엄마"

"올 거지?"

그날 남편은 서울 출장 중이었고 그 전날도 면회를 다녀왔는데 비는 여름 장마처럼 퍼붓던 날이었다.

간호실에 전화로 확인하니 "아이가 그리 얘기했다 하면 맞을 거다."한다. 마음이 급해졌다.
근데 간호사실에 지침이 내려오지 않아 정확한 답변은 어렵다.
어쨌든 아이가 보고 싶다고 말해주고 한 시간이지만 찐으로 만날 수 있다니 혼자라도 가야 했다.
어제 다녀왔어도 가야하고 비가 억수같이 퍼부어도 가야지, 암먼!!!
아이가 좋아하는 치킨이랑 과일 과자 등을 챙겨 일단 출발했다.
아이는 입원 전에도 금요일 프라이데이엔 프라이드치킨이라며 루틴처럼 먹었닭 ㅎㅎ
입원 후 한 달여 기간 동안 면회 갈 때마다 치킨을 사 오라 했다.
희생당한 닭님들 위령제라도 지내줘야 할 판 미안하닭

그리고, 아이가 제일 간절하게 기다릴 핸드폰 챙기기 원래 이동시간이 자가용 1시간 10분 정도 걸리는데 비가 얼마나 오던지 앞이 안 보일 정도여서 두 시간 가까이 소요되어 가는 동안 간호사실 확인하니 원내 산책 가능하다고 한다.
기다리던 아이는 폭우 속을 죽느니 사느니 달려가는 줄도 모르는 어디쯤인지 연달아 전화를 계속해 댔다.
핸드폰 한쪽 주머니에 넣고 먹을 거 잔뜩 들고 도착 1시간 산책 서류 작성하는 짧은 그동안에도 안에서 대기하며 양손으로 하트를 그리고 좋아서 환하게 웃는 모습을 보니 또 마음이 찢어진다.

만나자마자 말없이 꼭 안아주고 얼굴 비비며 눈물 또르륵 1층으로 내려가는 엘리베이터 안에서
"엄마 전화는?"
"전화 가져왔지?"

그동안 얼마나 보고 싶었을꼬 말없이 건네주니 보고 싶어 하고 전화번호 알고 싶어 하던 그 친구에게만 소식 전하고 다시 전화를 닫는다.

"왜? 더 봐두 돼"
"응. 엄마랑 얘기 좀 하고 이따가."
"나 저기서 사진 찍어줘 엄마!"

12월이라 미리 장식되어있던 크리스마스 장식
크리스마스가 아빠 생신이기도 한데 그때까지 퇴원할 수 있을까?
또르르 또르르 눈물방울 또르륵

사람이 자기가 원하는 대로 그렇게만 살 수 있다면 얼마나 좋을까?
그래도 사회적으로 인정받고 사랑받고 살 수만 있다면….
그럴 수 없다는 걸 알면서도 그런 터무니 없는 걸 잠시 꿈꿔본다.
이리 아플 일인가?
이리 힘든 일인가?
아이의 방황이 아이의 도발이 이렇게도 가슴을 저밀 일인지 저리도 밝게 웃어주는 모습에 시지포스의 바윗덩어리가 턱 올라앉는다.
끊임없이 바위를 언덕 위로 올리는 그러나 항상 그 바위는 다시 돌아와 그의 모든 노력을 무의미하게 만드는 형벌.

허락된 한 시간이 왜 그리 짧은지….
아이 치킨 좀 먹이고, 편의점에서 라면 먹이고 약 기운 때문인지 자꾸 쳐진다며 잠시 원내 걷고 싶다 해서 손 꼭 잡고 원내 걸으며 핸드폰 조금 보고 나니 벌써 시간 다 되었다.
원래도 FM인 아이인지라 10분이나 남기고도 들어간다고 들어가 버린다. 들어가며 내 주머니에 들고 있던 핸드폰 넣어주면서 "아…. 핸드폰 몰래 들고 가고 싶다." 한다.

그날 밤늦게 전화를 걸어와선 "그 친구에게 본인 전번 먼저 알려주고 그 친구 전번도 알려달라 했으니 전번 와있을 거다."한다.

핸드폰 열어서 전번 알려달라는데 정말 그 친구가 마음을 열었는지 전화번호가 찍혀 있었다.
그런데도 전화 통화는 잘 안 되었던지 번호가 맞는지 다시 확인.
전번을 알려줬어도 막상 통화하려니 쉽지 않았을 것이다.

그 친구는 밖에 친구들도 많을 것이고 우리 아이는 오로지 그 친구만 바라보고 매달리는 게 너무 안쓰럽고 속상한 마음에 그러면 안 되는데 아이도 엄청나게 인내하고 있는 그 상황에서 왜 그렇게 집착녀처럼 그 친구한테만 매달리느냐. 너도 오프라인 친구 사귀어봐라. 나도 모르게 소리를 지르며 화를 내게 되었다.

아이는 그 말에 짜증을 엄청나게 냈으며 그 뒤 3일간 매일 몇 차례씩 처음과 똑같은 원망의 말들을 쏟아내었다.

그런데도 그즈음 마음이 아주 아주 조금은 편해졌던 게 어찌 되었든 아이는 안전하니까 그리고 내가 하고 싶었던 말들을 하더라도 아이는 나를 어찌할 수 없으며 싫은 소리를 듣더라도 기댈 곳이 엄마·아빠밖에 없다는 걸 조금씩 알게 되는 것 같은 감각적 느낌이 왔기 때문이다.

나는 아이를 달래주면서도 맘 찢어지지만 할 말은 했다.
옆에서 남편은 애 성질 건드릴까 봐 조마조마하는데도 '그 안에 있는데 지가 머 어쩔 건데?'하고 생각했다.

퇴원하게 되면 지금처럼 핸드폰 계속 볼 수 없다.
시간 정해서 보고, 잘 땐 제시간에 자고, 제시간에 일어나는 거 이 두 가지는 꼭 지켜줬으면 좋겠다.
'수화기 너머 아이가 소리를 지르든 말든 할 말 하는 용기 잘했으!!!'

그리고 입원한 지 14일째 되는 날, 하루 외출이 가능하다 하였고 외출 전 드디어 주치의 선생님과 면담할 수 있는 시간이 예약되었다.
그리고 듣게 되는 아이의 현재 상태와 의외의 얘기를 듣게 되는데….

ADHD이라는 소견을 처음 듣다.

이중문 사이로 스치듯 "안녕!" 하는 면회와 찐만남 한 시간 이후 외출이 허락되었다. 외출 전 주치의 선생님 면담이 잡혀있어, 어떤 얘기를 듣게 될지 다소 긴장된 마음으로 미리 가서 대기하였다. 아이 외출준비를 위해 올라간 병동, 겉옷은 가  져왔는데 신발과 갈아입을 바지를 챙겨오지 못해 급하게 바지를 사 오고, 신발은 그냥 슬리퍼 신기로 하였다.

"주치의 선생님 만나고 와서 나가야 한다." 알려주고 시간 다 되어서 주치의 선생님 면담이 시작되었다.
입원 날 뵙고 딱 2주만 이다.
우리 아이는 처음 며칠은 거부도 심하고 병원 생활을 받아들이려는 의 지가 전혀 없었는데 지금은 너무 잘하고 있다.

그리고 예상 밖, 우리 아이는 그냥 핸드폰 중독이나 우울증이 아닌 ADHD (attention deficit hyperactive disorder)라는 소견을 듣게 되었 다.

외상으로 찢어지고 부러진 질환이 아니라 확신할 수는 없지만 "지난 2 주간 지켜본 결과치와 검사소견서들이 그렇게 말해주고 있다."라는 답 변이었다.

음~~~

'이게 뭐지?' 싶었다.

초등 4학년 때부터 상담받았던 상담 선생님만 몇 분인지….

또 유치원부터 지금까지 거친 선생님이 몇 분인지….

그 많은 선생님과 전문가분들 한 분도 'ADHD가 의심된다. 말해주지 않았는데….' 그냥 사춘기 반항, 사춘기 방황, 사춘기 우울이라면 그렇다면 '이 시기만 잘 무사히 넘기면 되는 거 아닌가?' 근데 이제 어쩌면 완치라는 개념 없이 '평생 안고 가야 할 질환이라고?' 생각하니 머릿속이 압축기로 꽉 눌러버린 진공 상태가 되었다.

주치의 선생님 말씀으로는 "외향적으로 드러나는 과잉행동 장애가 아니어서 몰랐을 거다."라고 한다. 그냥 성격으로만 여겼을 거다.
"내향적인 ADHD인데 그나마 아이가 지능이 높고, 나름 자존감이 높아서 참고 잘 지내오다가 호르몬 변화가 급격한 사춘기와 만나면서 겉으로 확 드러난 경우이다."라는 소견….
"내향적 ADHD 주의력결핍 정도 있었을 거다."라고도 말씀하셨다.
'그랬을까?' 생각해보니 그랬던 것도 같았다.

그리고 그 어떤 선생님도 얘기해주지 않았지만, 아이가 스스로 가끔 "엄마 나 ADHD인 것 같아." "병원 가볼까?".

하;;;
한 번도 아니고, 잊을만하면 한 번씩 아이가 얘기했었는데, 먼 근자감인지….
"뭐? 네가 왜? 어디가 어때서 ADHD야?"
'절대 그럴 리 없어. 아니야. 흐엉흐엉흐엉;;;'

우리 아이 같은 경우 핸드폰 쇼츠 같은 짧고 강한 영상이 도파민 생성을 강하게 해주어 중독되기 쉬운 케이스이며 다른 청소년이나 사춘기 아이들도 핸드폰 중독으로 입원했다가 ADHD 소견을 받게 되는 경우가 많다고 했다.

우리 뇌에는 여러 가지 호르몬들이 있는데 그중에서도 사람의 기분을 좋게 해주어 '행복 호르몬'이라고도 불리는 게 바로 도파민이다.

아이가 핸드폰을 손에서 놓지 못하고 집중하고 있을 때 도대체 뭘 보나 싶어 도깨비 곁눈질이라도 해보면 늘 쇼츠를 보고 있었던걸 기억한다.
혜령은 생각해보았다.

아이는 준비물을 잘 챙기지 못했다
'늘 내가 해줌으로 스스로 하지 않는 거라' 여겼다.
아이는 물건을 잘 잃어버렸고, 잃어버린 것에 대한 별다른 감흥이 없었다.
'물질 풍요 시대라 다른 아이들도 다들 그렇다.'라고 생각했다.

아이는 친밀감 형성은 잘하지만 길게 가지 못했다
'이 또한 그냥 우리 아이 성격이려니 했다.'

아이는 걷기 전 앉아있을 수 있을 때부터 책만 보았다.
화장실에서도 밥 먹을 때도….
이게 그대로 중1 때부터 핸드폰으로 옮겨간 것이었다.

한번 젖을 빨면 자기 욕구가 충족될 때까지 몇 시간이고 빨았다.
젖몸살로 피고름이 나도 빨았고, 빨간약을 발라놔도 빨리 약 닦고 젖 주라며 보챘고, 유치원에 가서 젖 한 모금 주러 오라고 전화를 걸어왔었다.

귀에 걸면 귀걸이, 코에 걸면 코걸이, 끼워 맞추면 모든 게 다 이유가 되고, 어떤 걸 갖다 붙여도 괴리감이 없을 것 같았다.
아이의 중독을 종합하자면 젖→책→핸드폰→?.
이다음은 무엇일까……?

ADHD라고 하더라도 모든 증상이 다 적용되진 않는다.
"아이를 잘 관찰하면서 그에 맞는 약물치료와 사회성 상담 치료를 병행한다면 성인이 될 무렵 80% 이상은 무리 없이 사회생활을 할 수 있는 정도가 된다."라는 말씀도 해주셨다.

그 당시엔 지나온 날들도 컴컴하고 가야 할 날들도 암담해 보였다.
아이는 또 어떻게 받아들일지….
'우야 튼 둥 추후 퇴원하게 된다면 하나씩 하나씩 고쳐가야 하는데 가장 시급한 거 하나만 먼저 해보면 좋겠다.' 해서 해결책 문의와 제시해 본다.

Q : 다른 건 몰라도 핸드폰 보는 시간은 정했으면 하고 잠잘 땐 어떤 일이 있어도 정해진 장소에 놓도록 했으면 한다.

A : 퇴원을 하더라도 핸드폰 보는 시간 지키는 걸 약속하게 된다면 무조건 지키게 해야 한다.

먹히는지 안 먹히는지 분명히, 강하게, 또 선을 넘는 도발을 해 올 것이다. 그렇지만 그땐 강하게 안 되는 건 안 된다고 얘기해야 한다.

사실, 그렇게 해도 안되는 경우가 많아 두세 번의 입원과 퇴원을 반복한다.
그러다 보면 해서는 안 되는 것과 해야 하는 것들의 확신하고 따나오게 된다는 것이다.
여기까지만 들었는데도 벌써 숨이 턱 막힌다.
'이런 과정을 두세 번 더 반복할 수 있다고?' 아무리 경우의 수라고 해도 환장하겠다는 마음.

아~ 어쩔;;;
'또 도발하게 된다면 그 선을 넘는 도발은 도대체 어떤 수준의 것일까……?'

'미리 당겨쓰기 싫은 걱정'

그러나, 한 가지 분명하고 스스로 꼭 지켜보리라 다짐한 것, 선을 넘는 도발이 절대로 발생하지 않도록 아이에게 그 기회를 주지 않는다. 이게 가장 어려운 미션이지만 『반드시 해야 하는 일』이다.

'그래서 방법은 지금부터 꼭 찾을 것이다.'라고 다짐했다.

아이는 다른 건 다 놔두고라도 독창성과 창의성은 정말 뛰어났다. 학교 선생님들께도 몇 번 말씀드려 봤었는데 돌아온 대답은 늘 한결같이 "학교는 평균화된 교육을 하는 곳인데 무엇을 원하시나요?"라고 한다.

그동안 힘들었을 아이를 생각하니 하염없이 흐르는 눈물, 빨리 외출 나가서 맛있는 거 좋아하는 우리 딸 맛있는 거 먹으며, 환하게 웃는 거 보고 싶었다.

내 딸, 내 강아지 어이구, 내 새끼, 사랑한다.

변함없이 아니, 더 많이 사랑할게.

병동에서의 첫 외출

병동에 올라가 아이를 데리고 나와 어디를 가고 싶냐 하니, "전주 한옥마을 가서 한복 입고 맛있는 걸 먹고 싶다." 한다.

그래 내 딸답다.

가자 한옥마을, "엄마, 핸드폰 가져왔지?" 순간 나도 왜 그랬는지 모르겠는데 주머니에 아이 핸드폰 챙겨왔으면서도 '아니' 그랬다.

갑자기 눈빛이 확 돌변해서는….

핸드폰을 챙겨오지 않았다고 하면 보여질 아이의 반응이 내심 궁금하고 핸드폰 중독 의존증을 시험에 들게 한 것인지 모르겠다.

그냥 나도 모르게 순간 핸드폰 챙겨왔냐는 아이의 싸늘한 눈빛에 반응한 건지도 모를 일이고

뒤늦게 알게 된 사실이지만 아이가 폐쇄병동에 입원한 상태에서 외출이나 외박을 나가게 되면 평소보다 약을 세게 처방한다고 했다.

혹시나 외출 외박했다가 불미스러운 일이나 사고 예방을 위해서라는…. 그래서였을까?

그날 아이의 눈빛은 싸늘하면서도 힘이 없었고 멍한 듯하면서도 원망 가득한 듯도 보였다. 안타까운데 가까이하면 터져버릴 듯한 불안감이 차 안 가득했다. 숨 막히는 잠시의 순간 아이는 "그럼 집으로 가서 핸드폰 가지고 와", "내가 얼마나 보고 싶어 하는지 알면서 어떻게 안 가져올 수 있어?" "딸, 네가 아직도 이렇게 핸드폰에 집착하니까 안 가져온 거야." "아. 몰라!!! 그럼 영원히 퇴원시키지 마!", 순간 정말 차를 돌려버리고 싶었다.

남편은 운전하면서 룸미러를 통해 레이저 눈빛으로 날 욕하고 있었고, 아이는 짜증 게이지 풀로 차올라 곧 폭발할 듯 불안해 보여 슬그머니 주머니 속 핸드폰을 꺼내 손에 쥐여 주었다.

급 화색 도는 표정으로 "에이! 그럴 줄 알았어 ㅎㅎ"하고 변한다.

이젠 모 비번도 다 알려줬겠다. 핸드폰으로 뭘 하는지도 다 알겠다. 감출 것 없이 보는 영상들 정말 별거 없다.

온·오프 친구들 안부 확인하고 트위터 영상들 확인하고 유튜브 쇼츠 영상 몇 개 들여다보고 금방 어지럽다며 잠이 들어버렸다.

이렇게 단순한 애를 두고 내가 괜히 시험에 들게 한 건가 싶어 미안한 마음이 들었다.

전주한옥마을에서 한복을 빌려 입고 머리를 매만져야 하는데 도와주시는 분 손길을 뿌리친다.

"제 머리는 엄마가 해주시면 안 돼요?"

"저희 엄마 머리 예쁘게 잘해주시는데요."

"저는 엄마한테 머리 손질받을게요."

"엄마! 머리 엄마가 해줘."

눈물이 쏟아지려고 해 입술을 깨물었다.

어찌나 그 말이 감사하던지….

떨리는 손과 두근거리는 심장은 금방이라도 발끝까지 떨어져 내릴 듯 긴장 플러스 긴장, 그래도 평소 실력(?)대로 예쁘게 마무리했다. 자주

찾았던 곳이라 이곳이 오고 싶었던 걸까? 이곳에 대한 기억이 좋아서
였을까?

아무튼 이곳은 골라 먹는 재미가 가득한 『길거리 음식 천국』 정
말 외출 버킷리스트 한옥마을 길거리 음식 천국이다.

지나가는 곳곳마다 눈길과 비강을 즐겁게 해주니 아니 멈출 수가 없는
곳, 카페에서도, 갈빗집에서도, 입은 즐거운듯한데 눈이 풀려있다고 해
야 하나?
눈동자도 각자 노는 것 같고 정말 살아있는 사람이 이렇게 눈빛에 힘
이 없을 수가 있나 싶을 정도이고, 눈은 자면서 다른 모든 감각은 깨어
있는 듯한 그런 느낌이랄까?

챙겨주던 약을 안 먹일 수도 없어 길거리 음식으로 배를 채우고 점심
약 먹었으며 걷는 것도 피곤하다 하여 이른 저녁 먹고 귀원 하였다.
돌아오는 내내 차에서 잠을 잤으며 도착해선 코로나19 검사 뒤 4시간
정도 결과 나올 때까지 대기하라고 해서 간호사실과 약간의 다툼이 있
었다.

코로나 검사 후 결과 나올 때까지 대기해야 한다는 지침을 전해 듣지 못했고 코로나가 만약 양성이 나오면 어찌 되냐 하니 그냥 집에 가야 한다는 거다.

이해가 안 가는 프로세스에 따지듯이 물었지만 돌아오는 답은 절차가 그러하니 어쩔 수 없다는 암기과목 술술술

아~ 짜증 나, 아이는 힘들어서 어디든 눕고 싶어 하고 그렇다고 모텔 대실이라도 가려니 그것도 외출이고……

평소 같으면 조금이라도 더 보고 싶어 안달이 났을 휴대전화도 약 기운을 이길 수는 없는 것인지 온갖 짜증과 피곤함으로 힘들어하고 힘들게도 했다.

병원 내에서 대기하다가 차 안에서 대기하다가 갑자기 눈앞이 비문증처럼 뭔가 떠다니는 것 같기도 하고 사물이 두 개로 보이기도 하고 시력도 더 떨어진 것 같다는 느낌이 든다고 하여 대기 중 또 근처 안경점에 가서 시간을 보내기도 했지만, 여전히 4시간은 길었다.

안경점에서는 아이가 약 때문인지 검사 및 판단이 어려운 상태라 먼저 입원한 병원에서의 정확한 진단이 필요하다 하였다.

복시 증상이나 사시의 위험성이 폐쇄병동에서 처방받는 약 복용의 일시적인 증상일 수 있다고 하였고, 실제 2주 후 원광대학교병원 안과와 협진으로 진료 결과 시력 저하는 원래 있었던 거고 복시와 사시는 ADHD약의 일시적인 대표적인 부작용이라고 하였다. 진단 결과와 정말 퇴원 즈음에는 복시와 사시 증상은 사라졌다.

더는 할 게 없었다.
어떤 주제든 대화 자체가 어려웠고 보챔과 늘어나는 짜증이 감당하기 어려운 수위까지 다다를 즈음 아이도 한계에 도달했는지 아빠 전화기

를 달라고 하더니 그 안에 저장되어있던 병동 간호사실로 전화를 걸어 너무 힘들다 그냥 집에 보내달라 그리고 정확하게 안내해주지 않아 엄마·아빠가 오래 기다렸으니 피해보상을 하고 본인한테도 쉬어야 하는데 쉬지 못하고 기다린 시간에 대해 보상하라며 진상 민폐….
하;;;
폐쇄병동 간호사분들이나 의료진분들 진짜 고생 많음을 인정.

전화로 진상 G~~~룰, 민폐녀 등극하는 사이 검사 결과 음성 나왔다고 나에게 연락이 와서 진심 기쁜(?) 마음으로 병동에 올라갔다.
아이가 병동으로 다시 들어가는데 참 아이러니하게도 왜 그렇게 기쁘던지….

이 무거운 짐 잠시 내려놓고 나도 쉬고 싶었나 보다.
아이도 지쳤는지 뒤돌아보지 않고 들어가더라는….

돌아오는 시간은 외출을 준비하던 들뜬 마음과는 반대로 아이가 조금이라도 안정이 되어 퇴원할 수 있을지에 강한 의구심이 들어 우리 둘 머릿속은 다소 복잡해졌다.
퇴원을 기다리면서도 이렇듯 불안하다면 그 이후의 생활 태도를 감당할 자신이 없었기에….

갈등
정말 간절히 원했던 외출이, 약간의 힘겨루기와 마지막 코로나 검사 후 4시간 대기로, 예기치 못한 시간 쓰임 때문인지, 다음에 혹시 또 기회가 된다 해도 외출보다는 원내 산책을 자주 하는데 좋겠다는 쪽으로 생각이 완전히 기울었다.
'엄마 미소'라는 말이 있듯이 바라보기만 해도 저절로 입꼬리 승천하던 그토록 사랑스럽던 아이가, 본인의 삶도 존중하지 않으며, 부모의 존재도 부정하고 무시하는 태도를 자꾸 접하다 보니, 아이가 병동 안에 있는 게 그렇게 편할 수가 없었다.
세상 가장 나쁜 부모가 된 듯한 죄책감과 미안함 그리고 자책에 밤잠 못 자고 식음 전폐에 울고불고하던 어느 날 놀랍게도, 아이러니하게도 또 다른 나를 발견한다.

나 왜 이렇게 편한 거지?
여보! 나 너무 미안한데 우리 딸, 예전의 예쁜 딸로 돌아올 때까지 입원해 있어도 괜찮을 것 같은 느낌이야!
나도 살고 싶었던 걸까?

그리고 입원하고 약 2주 정도는 불안정한 면이 너무 많았고 힘들어할 아이 생각에 모든 말들이 조심스럽기만 했었는데 2주 이후부터는 그간 하고 싶어도 불똥이 튈까 말하지 못했던 애기들을 사정없이 해버렸다. 옆에서 남편은 안절부절못했지만 난 달랐다. 잘못된 건 잘못되었다 분명히 애기해주는데 맞다 생각했다. 마음이 아프다고 잘못된 언행이 옳다고 여겨져서도 안 되고, 사춘기라고 해서 본인 목적 달성을 위해 어른들을 협박하는 건 더욱 정당화시킬 수 없다는 걸 하루 몇 번씩 걸려오는 전화 중에 한 번은 꼭 애기했다.
엄마·아빠도 잘못된 부분은 분명히 고칠 거다, 그러니 너도 학생으로 자녀로 친구로 지금까지의 잘못은 없었던 듯 용서하겠지만 앞으로는 절대 용납하지 않을 거다.
본인이 결코 듣고 싶었던 말이 아니었음에도 '안에 있는지가 어쩔겨?'하며 내처 달렸다. 우리 부모도 우리 자신을 대면함으로 바꿔야 하는 건 바꿀 건데 아이는 자신을 대면하지 않고 피하면서 자기 잘못을 사춘기라는 벽 뒤에 숨어 자꾸 가면 놀이 하는 거 확실하게 잡고 넘어가지 않으면 안 되겠다 싶었다.

처음엔 소리를 지르고 전화도 툭하면 멋대로 끊어버리고 하지 않던 극존칭으로 깐족거리기 일쑤였다.
"네~네~ 마음대로 하십시오. 전 여기서 쭉 살겠습니다. 그러면 두분은 아주 행복하시겠지요."
"확 마!!!"
사실 말은 강하게 하면서도 심장은 두근반 세근반 그럼 합이 여섯 근

인가? 풉;;;

외출을 나간 시점이 입원 2주 되었을 때다. 그러니까 외출 전후를 기점으로 나름 세게 나갔던 것 같다.

물론 대부분 통화는 아이를 달래고 고생한다고 말해주고 치료자를 받자 얘기했다. 사랑한단 말도 아끼지 않았고 특히 아이가 보호 입원에 대한 부모의 원망이 극에 달할 땐 흥분된 상태이겠지만 듣거나 말거나 우리도 우리에 대한 방어를 꼭 했었다.

엄마·아빠는 의사 선생님이나 다른 기관의 선생님들이나 우리 딸을 만났던 모든 전문가분의 의견에 따라 입원을 결정하는 데 동의는 했으나 그것 또한 우리 딸의 생명이 목숨이 그 무엇보다 우선이고 소중하니까 부모로서 분명 힘든 결정이지만 따를 수밖에 없었다는걸….

사실이기도 하였고….

약 2주간은 아이의 언행이나 생활 습관, 병동 안에서 이루어지는 프로그램, 노래방, 그림그리기, 색칠하기, 종이접기 등을 통해 관찰하면서 단순한 사춘기인지 청소년 우울증인지, 자폐나 ADHD인지 이런 것들을 종합해 약물 조절과 함께 병명에 대한 소견을 내는 것 같았다. 그러니까 2주 동안은 별다른 얘기를 들을 수 없었고 아이의 기분도 하늘과 땅 사이의 온도 차이만큼이나 컸다.

그런데 외출을 다녀오고, 시점으로는 2주가 지날 즈음이 되겠다.

원망하고 미워하고 조롱하는 대신 "엄마…. 나 치료 잘 받을게! 엄마나 그림 연습 열심히 하고 싶어~"

"A4용지 박스로 사다 줘~, 엄마! 보고 싶고 미안해"

"엄마! 나 치킨 먹고 싶은데 올 거야?"

"엄마! 엄마… 엄마…!"

그러다가 또 어느 날은 왜 이렇게 다른 사람들과 관계가 어렵냐며 한없이 울기도 하였다. 외로웠고 힘들었을 거다. 난생처음 느껴보는 두려움도 있었을 것이고 그러나 잊지 않았으면 한다.

다신 그곳에 가지 않기 위해서라도….

아마도 이건 지극히 내 개인적인 생각이지만 스마트기기를 2주 정도만 접하지 않아도 도파민 독소 제거가 되는 것 같았다.
그래서 아이가 스마트기기에 너무 빠져있다면 멈춤의 시간을 어떻게든 갖게 만들어 광분 되어 질주하는 뇌를 쉬게 해줄 필요가 있을 것 같다는 생각이다.

그리곤 정말 그림을 온종일 그렸다면서 틈만 나면 하던 전화를 하루에 한 번 또는 두 번 정도로 줄였고 얘기하는 톤도 아주 차분해져 있었다.
좋아하는 간식과 물품 넣어주고 얼굴 보는 면회 말고 원내 산책의 기회가 있었다.
분명히 집에서 출발할 때 아이 핸드폰 배터리 충전이 44%로 봤는데 아이 만나서 전화 건네줬더니 "어? 배터리 4퍼야!" "뭐라고?" 아이가 4퍼밖에 안 남은 핸드폰으로 뭘 보냐며 화낼까 봐 소리 지를까 봐 얼마나 놀랐던지 진짜 조마조마하였다.
편의점으로 뛰어가 충전기 사서 덜덜 떨면서 막 포장지 뜯어 핸드폰에 꽂았는데 지랄하고 안 들어간다. 보니까 맞는 타입이 아니었다. 너무 급한 마음에 엉뚱한 놈 갖다 쑤셔대니 그게 되냐고….
남편은 진정하라고 아이는 웬일로 "엄마! 나 핸편 안 봐도 돼"
"엄마랑 얘기하고 맛있는거 먹고 들어가면 되지 뭐…."
'버텨~~~ 버티라고~~~ 눈물아!'

편의점 먹거리 뻔하지만 그래도 좋아한다.
안 맞는 타입의 충전기는 사정없이 뜯어버린 포장지 때문에 환불도 안 되고 안되는 놈 억지로 쑤셔 넣는 흥분을 지켜보던 남편 차에 가더니 맞는 타입으로 찾아와 날 진정시켜 준다.
충전하면서 원내 한구석에 쭈그려 앉아 조금 보다 보니 금방 원내 산책 한 시간이 지나버렸다.
"1월 1일 전까진 퇴원할 수 있지?"
아이는 웃으면서 머리 위로 커다란 하트를 그려주고 들어갔다.
그날 아이는 우리에게 희망의 빛, 사랑의 빛, 믿음의 빛으로 들뜸을 선물해 주었다. 기뻐서 행복해서 꼬리 아홉 개쯤 달린 여우다움이 만개의 웃음으로 피어났던 날이었다.

들뜸의 희망을 안고 한 번의 면회가 더 있었다.
그리고 퇴원 전 2박 3일간 외박 기회가 주어졌고!!!
퇴원 준비하는 아이들이 가정으로 일상으로 돌아갔을 때 적응을 어떻게 하는지에 대한 테스트라고 보면 되겠다.
요 2박 3일간 미리 약속한 부분에 대한 자제력과 인내, 약속이행성과 등을 토대로 퇴원을 결정하게 된다.
이때는 부모의 역할이 굉장히 중요한데 우리 아이가 퇴원을 위한 눈속임으로 잠깐 인내하는 척 약속이행을 하는지 아니면 진심으로 생활 태도에 변화를 주고 싶은 것인지를 주의 깊게 관찰할 필요가 있다. 내 아이를 가장 잘 아는 사람은 그 누가 뭐라 해도 부모이지 싶다. 2박 3일 일정을 준비하면서 어떻게 해야 내 아이가 자신을 사랑하며 삶에 애착을 가질 것인지 오로지 그것만 생각했다.

그것의 첫 번째 단추가 핸드폰 시청 시간 조절이다.
물론 아이의 성향이나 성격에 따라 다르겠지만 우리 아이는 ADHD 소견을 받았고 지난 시간의 흔적을 더듬어보아도 도파민중독으로 가는 다이렉트는 역시 숏츠 같은 영상임을 이젠 우리도 인지했기에 핸드폰 시청 시간을 조절하지 못하면 생활 리듬이 완전히 깨져버려 그 어떤 것도 제대로 수행할 수 없을 것이라 여겼다.

하다못해 밥 먹는 것도 화장실 가는 것도 그러하니 학교는 가고 싶을 리 만무하고 학원은 제3지대, 공부는 해서 뭐하나, 보이는 건 모두 럭셔리한 삶에 잠만 자고 일어나도 최고가 되어있는 그들의 삶은 애초에 난 이룰 수 없는 넘사벽이다.

노력은 하기 싫고 무의미하고 그러니 대충 살다 현실과 타협이 어려울 땐 죽어 버리면 된다는 지극히 1차원적 사고에서 벗어나질 못한다. 우리 아이들이 청소년 우울이라는 가면을 쓰기도 하고 무분별한 영상

모방으로 인한 영웅심리 자극 그로부터 시작된 길거리의 청소년들 심각해도 너무 심각하다. 아이만 길거리로 나가는 게 아니다. 한 가정이 해체되고 사랑과 웃음이 넘쳐야 할 시간 대신 원망하고 괴롭히고 스스로 삶에 한없이 나태해져 버린 아이들과 젖은 낙엽처럼 바짝 엎드린 부모의 시간은 어떻게 해야 하는 걸까….

세상 가장 축복이었던 아이 젖을 떼고, 걸음을 떼고, 가방을 떼고, 그렇게 함께 성장해갈 줄 알았는데 지금 내 아이와 나의 모습은?

지나고 보면 그때의 상황보다 훨씬 잘된 일들이 많다.

특히 어려운 결정일수록 바닥을 치는 힘듦일수록 급반전의 기회가 왔었던듯 하다. 가고자 하는 길, 얻고자 하는 것, 간절히 원하는 것, 놓지 말고 가자.

아이는 2박 3일 외박 버킷리스트를 작성해서 나왔다.

주치의 선생님 면담 마치고 집으로 오는 길에서부터 버킷리스트 실행에 정신없었다. 대부분이 먹방리스트여서 마트에 가는 것부터 시작되었지만 말이다.

온오프 친구 반반씩 연락하기, 자기 생일에 그 난리를 치며 입원까지 하느라 못했던 생일 축하와 당겨서 하는 크리스마스 축하, 더불어 아빠 생신 축하까지, 학교에 가서 선생님 만나 뵙기, 휴대폰 시간 지키기, 1일 1 그림그리기, 좋아하는 음악 들으며 잠들기 요부분은 내가 매우 미안하게 생각하고 있는 부분인데…

외박 첫날 잠들기 전 휴대전화기 금욕상자에 약속대로 전화기 잘 잠갔는데 지정된 장소에 내가 놓질 않고 음악을 들으며 자겠다는 거였다. 핸드폰 금욕상자에 넣어도 넣는 방향에 따라 화면은 볼 수 있는 장치여서 그럴 요량으로 머리 쓰는 건가 싶어 실랑이하다 결국 또 '엄마가 들어가 정신병원' 소리 듣고 나도 입꾹ㅜㅜ

아이는 금방 지쳐 잠이 들었다.

다음날 보니 정말 버킷리스트에 '좋아하는 노래 들으며 잠들기'가 있었고 평소 씻으면서도 한 시간씩 노래 듣던 아이였는데 믿는다 말로만 하고 정작 내 머릿속으로는 아이를 믿지 못한 게 들통난 꼴이 되어 너무너무 미안했다.

너무 염려스러운 마음에 딸의 진심을 몰라줘서 미안하다 사과했더니 그동안 본인이 보여준 게 그래서 믿을 수 없었겠지만 '이젠 믿어주면 좋겠다.'라고 훈훈하게 마무리되었다.

아이는 의사 선생님에게서 들은 대로 ADHD 소견을 잘 받아들였으며 해서는 안 되는 일들을, 예를 들면 핸드폰의 숏츠 같은 영상들이 일으키는 도파민중독, 조심하고 노력하면 더 크게 능력이 발현될 수 있다는 믿음(특정 부분의 영재성)이 있는 것 같았다.

주의력결핍으로 물건을 잘 잃어버리는 것도 엄청 신경 쓰는 눈치고….

2박 3일 외박 일정은 대체로 편안하게 보냈다.

약 기운 때문에 잠들어 있는 시간이 더 많아 오히려 너무 안쓰러웠고 씻고 나와, 옷 챙겨입을 새도 없이 침대에 엎어져 잠이 들어버린 아이를 내려다보며 꺼이꺼이 울었던 시간도 있었다.

무엇이 너를 이토록 고통스럽게 하는 것이니?

그동안 유령의 집 같았던 공간에 온기가 돌고 살아있는 집이 된다. 햇살 같은 별하 너로 인해….

~~ ◆◆◆ ~~

이게 위로가 될까 싶지만, 웹툰 작가로 꼭 성공하고 싶다는 딸이 집중해서 노력하게 되면 이룰 수 있을 거라 믿으며….

ADHD 경향을 보인 유명인

❖ 과학자 : 뉴턴, 아인슈타인, 갈릴레오
❖ 발명가 : 알렉산더 그레이엄 벨, 라이트 형제, 에디슨, 벤자민 프랭클린, 레오나르도 다빈치
❖ 정치가 : 링컨, J.F 케네디, 처칠, 넬슨 록펠러, 제임스 카빌
❖ 예술가 : 빈센트 반 고흐, 피카소, 살바도르 달리
❖ 영화감독 : 스티븐 스필버그, 월트 디즈니
❖ 영화배우 : 짐 캐리, 톰 크루즈, 로빈 윌리엄스, 제임스 스튜어트, 스티브 맥퀸, 엘비스 프레슬리, 잭 니컬슨
❖ 운동선수 : 마이클 펠프스, 브루스 제너, 매직 존슨, 테리 브래드쇼, 스콧 에어, 제이슨 키드

ADHD와 폐쇄 공간에 대한 공포, 주삿바늘 거부 반응

ADHD(주의력결핍·과잉행동 장애)와 폐쇄공포, 그리고 주삿바늘에 대한 거부 반응은 서로 직접적으로 연관된 것은 아닙니다. 이들은 각각 다른 정신건강 및 신체적인 측면에서 발생하는 문제들이기 때문입니다.

ADHD는 주의력, 과잉행동, 내성 부족 등의 특징을 갖는 신경학적인 질환으로, 주로 중추신경계의 발달 이상과 관련이 있습니다. 반면에 폐쇄공포는 공간을 떠나거나 폐쇄된 공간에 갇혀 있는 것에 대한 공포감으로 나타나는 정서적인 문제입니다. 주삿바늘에 대한 거부 반응은 종종 주사나 혈액검사 등의 의료 절차에 대한 불안이나 두려움에서 비롯될 수 있습니다.

·그러나 이러한 문제들은 함께 나타날 수 있습니다. 예를 들어, ADHD를 앓는 개인이 **주삿바늘에 대한 불안이나 거부감을 느낄 수 있습니다. 이는 주의력결핍증의 특성 중 하나로, 새로운 환경이나 자극에 대한 과민반응으로 나타날 수 있습니다.**

따라서 ADHD와 폐쇄공포, 주삿바늘에 대한 거부 반응은 각각 독립적으로 발생할 수 있지만, 특정 개인의 상황에 따라 동시에 나타날 수도 있습니다. 각각의 문제에 대한 전문적인 평가와 치료가 필요하며, 이를 통해 종합적인 지원을 받을 수 있습니다.

의사의 진단, 긴장과 안도의 혼합

의료진들은 별하의 증상과 정확한 판단을 위한 노력으로 약물 조절과 감정의 이해 그러면서도 욱하고 올라오는 충동성에 대한 견해 등을 전해주며 앞으로의 어려움도 함께 알려주었다. 염려했던 많은 부분은 시간이 지남에 따라, 조금씩 병동에 적응하고 나아가게 되었는데 여전히 마음은 불안하고 힘들어했다.

그곳도 사람이 사는 곳이고 사회적인 관계를 형성해야 하는 곳이기에 약물요법으로 진정되고 있는 마음이 사회성까지 가져다주지는 않기 때문이다. 울면서 전화 올 때는 함께 울고 가슴을 쳤으며 활짝 웃으며 전화가 올 때는 이 또한 지나가리라의 명언과 함께 그래 다 지나간 거야…. 함께 축배를 들었다. 또다시 다음날이면 화가 머리끝까지 차올라 어제 들었던 축배를 토해내게도 했지만, 하루아침에 달라지리라 기대한 건 아니다. 다만,

지금 별하에게 가장 안전한 곳은 그곳이기에 견딜 수 있는 마음이 생기는 것뿐이다.

별하는 활동성 장애(ADHD) 증상과 사춘기가 만나면서 하루하루가 예측불허의 심정이었고, 그녀는 끊임없는 자극과 무질서한 마음을 감당하기 힘들어하고 있었다.

힘들어했다는 것은 알았지만 모르는 체했고, 그것은 별하의 힘들어하는 원인을 부모의 판단으로 속단했으며 나 자신도 정확히 나를 모르면서 어른이라는 이유로 힘듦의 원인을 두루뭉술 대충 뭉갰다는 것이 후회스러웠다. 미안했다. 진심으로 별하에게….

부드러운 직선이라는 말이 있다. 보이는 건 직선이나 곡선처럼 유연성 있는 엄마가 되고 싶었는데 그냥 직선이었나보다.

세상엔 좋은 건데 나쁜 것이 있고, 착한 일인데 나쁜 일이 있다. 분명 어제 만난 그이는 웃고 있었는데 오늘 이 세상 사람이 아닐 수도 있다. 혜령도 많은 단편적인 것에서 벗어나는 것이 힘들었는데 별하도 그러한 듯하다. 알았기에 더욱 외면하고 싶었던 것이 아닐까 생각해 본다.

별하의 이성적이지 못한 사고들을 접할 때마다 분명 힘들었는데 질병으로 접근하지 못했다. 두려웠을까? 본질과 마주하기가….

별하의 입원은 어쩌면 혜령의 시간이다. 혜령만이 별하를 변화시킬 수 있다고 여겨졌다. 가장 먼저 별하를 바라보는 시각부터 바꿔나가지 않으면 안 되었다. 아픔을 인정하고 도움을 구하고 그러자 짧은 시간이지만 아주 조금은 효과를 보이는 듯도 하였다. 별하는 약물요법으로 자기 통제 능력을 향상하고, 감정을 조절하는 방법을 습득했다. 물론, 또 쓰러지고 좌절하고 울부짖고 하겠지. 그러나 일곱 번을 넘어져도 일어나 피리를 불어야 무지개 연못에 웃음꽃 피는 개구리 왕눈이처럼 일어설 것이다.

입원 치료 과정에서, 별하는 자신을 받아들이고 변화의 길을 찾아가는 데 큰 도움을 받았다. 이 이야기는 절대 쉽지 않았지만, 지속적인 지원과 치료를 통해 그녀는 자신에 대한 새로운 시각을 얻고, 희망을 찾아가는 길을 시작한 것이었다.

의사의 진단 결과를 듣고 처음으로 혼란스러움에 이름이 붙인다. 마치 새로운 세계를 발견한 듯한 느낌으로….

ADHD, 불안한 증상에 이름 붙이다.
의사는 혜령에게 ADHD 증상과 관련된 어려움을 설명하며, 처음으로 이 어려움에 대한 이해를 얻게 된다.

주의력결핍 과잉행동장애 (ADHD)는 주로 어린이와 청소년에게서 발견되지만, 성인에서도 계속되는 『신경 발달장애』다. 이 질환은 주의력결핍, 과잉행동, 그리고 충동성이 특징으로 보이며, 일상생활에서 주의를 집중하고 일을 처리하는 데 어려움을 겪거나, 행동 조절하는 데 문제가 있다. 전두엽의 발달 문제와 도파민, 노르에피네프린 등의 신경전달물질에 관한 기능 저하가 원인으로 작용하는 것으로 추정된다고 한다. 또한 유전적 요인과 기질적 요인, 임신기와 출생 시의 요인, 신경생물학적 요인, 심리적 요인 등이 원인이라고 한다.

ADHD를 앓는 사람은 성장기부터 부주의함으로 인해 학업이나 작업 수행 등에 여러 문제를 보이며, 흔히 가만히 있지 못하거나 기다리지 못하는 등 충동성과 과잉행동을 보인다. 조기에 발견할수록 성인기까지의 증상 지속을 개선할 가능성을 높일 수 있다고 알려져 있다. 성인 ADHD는 우울장애, 불안장애 등 유사한 증상이 많아 오진이 잦은 다른 질환들과 세밀한 구분이 필요하다.

처음으로 진단을 통해 어려움의 원인을 이해한 별하와 혜령은, 한편으로 안도와 동시에 혼란에 빠졌다.

이제 이러한 『신경 발달장애』를 이해하고 적절한 치료법을 찾아야 한다. 이제 시작이다. 이 순간은 별하의 삶에서 큰 전환점이며, 자아를 찾아가고 어려움을 극복해야 하는 긴 여정이 시작되는 순간이었다.

나 여기서 영원히 안 나갈 거야

아이는 12월 1일 금요일 밤 10시가 가까운 시각에 입원했고 주말은 입원할 때 면담했던 주치의 선생님 없이 전화만 들입다 해대면서 보냈으며, 월요일부터는 약도 먹고(무슨 약인지는 모름) 아이들과 치유프로그램도 하는 것 같은데, 모든 것이 기밀 사항인가 보다. 간호사실에 문의해도 주치의 선생님께 메모 남기겠다는 얘기만 한다.

밥을 잘 먹는지도 안 알려 주는 센스?
아이의 기분은 여전히 냉·온탕을 오가는 듯했다.
어떤 날은 기운이라곤 하나도 없는 목소리로 "치료 잘 받을게 엄마" 하다가도 어떤 날은 화가 머리끝까지 차올라 "나 여기서 영원히 안 나갈 거야!" 했다.
안타깝고 안쓰럽고 '그래 조금만 견뎌다오.' 기원했다.
입원 5일째 즈음 아이는 부탁할 게 있다는 전화를 걸어왔다.
본인 핸드폰 비밀번호를 알려줄 거니 거기서 누굴 찾아 본인이 병원에 있으니 전화번호를 알려달라 해서 그 번호를 본인에게 알려달라는 거였다. 여기서 놀라게 되었던 몇 가지가 아이를 진심으로 이해하게 되는 동기가 되었는데….

사실, 아이 입원 후 내 손에 들어온 핸드폰 비밀번호를 열어보려 '열려라! 참깨 들깨' 도전해봐도 연속되는 실패에 다음 도전할 수 있는 미션 시간만 늘어날 뿐이었다.

검색해보니 미성년자 핸드폰 비번을 열려면 가족임을 증명하는 서류 등을 가지고 서비스센터에 가야 하는데 핸드폰 비번까지 알아내 아이 프라이버시를 침해하는데 혜령으로서도 내키지 않았고 아이도 원치 않을 것임을 알기에 후환이 두려운 것도 있었고, 아이의 비밀스러운 걸 내가 알게 되었을 때 마주하게 될 진실 혹은 잘 포장된 아이의 이중성에 내가 실망하게 될까 봐, 내 본질과 내면을 들여다보는 것도 힘들지만 아이의 내면과 어쩌면 마주하게 될 아이에 대한 희망의 거품이 꺼지는 어떤 상황을 두려워하고 있던 참이었다.

그게 뭐라고 아이 핸드폰을 열어보는데 막 떨려 가르쳐준 비번도 두 번이나 틀려버리는 똥손.
그동안 도전 실패까지 더해져 다음 기회는 저녁 늦게 가능해져서 오랜 기다림 끝에 열게 되었는데 이때 기쁨이란 다이아몬드 광산이라도 발견한 것 같았다. 신중 플러스 신중, 그리고 오픈, 못 읽은 톡 메시지들이 몇천 건은 되는 듯했다.
우선 빠르게 스캔해본 결과 아이에 대해 놀랍고도 새로운 사실을 알게 되었는데.

그간 무작정 집을 나가겠다고 얘기할 때마다 무조건 핸드폰만 가지고 가면 되는 거여서 그 안에 '아이와 연계된 어떤 인맥들이 가출을 부추기거나 하는 게 아닐까?' 해서 엄청 거부감이 있었는데 이건 완전히 딴 세상 사이버세상이 이렇게 건전할 수도 있겠나 싶은 별하의 사이버세상이었다.

별하는 웹툰 작가가 꿈인데 온라인상에서 이미 그들만의 리그가 마련되어 있었다.

자캐역극방, 역극잡담러, 커뮤덕질

많게는 몇백 명도 참여하고 있고, 작게는 소수의 인원이 그림 그리며 자기캐릭터(자캐)를 만들어 역할극을 하면서 즐기는 그런 오픈 방들이었다.
들어가는데 별다른 규제도 없어 나도 입장해 염탐(?)해보니 세상 건전해서 재미라곤 1도 없는….
오픈챗 방 중에 아이가 찾으라는 익명의 친구를 찾았다.
이 친구와도 세상 건전한 대화를 나누고 있었던바 공부 열심히 해서 예고에서 만나자.

"난 집이 싫다. 집 나가고 싶다." 하니까 "그러면 안 돼! 잘 지내고 힘들어하지 않았으면 좋겠다." 등등….

입원하는 그 직전까지도 우리 아이는 당장 죽는다고 쇼했다가 '정신병원 입원 대기 중', '진정제 맞았더니 해롱해롱ㅜㅜ'.

그 친구에게 내가 누구임을 밝히고, "전번을 줄 수 있냐, 우리 아이가 많이 의지하는 것 같은데…." 라고 했더니 잠시 후, 아주 차분한 메시지가 왔다.
전번을 주고 위로도 해주고 싶지만 아무래도 "사이버 세상이다 보니 조심스럽다. 하루만 생각할 시간을 달라."고 한다.

어쩜 어른인 나보다 침착한 답변이었다. '다음 날 이 친구가 꼭 전번을 주면 좋겠다.'라는 이기적인 생각이 들었다.
"혹시 전해주고 싶은 말 있는지?" 메시지를 남기고 "치료 잘 받고 나오길 기다린다."라고 전해 달라고 한다.
전해달라는 어른보다 또 더 어른다운 답변….

그리고 나에게는 다 잘 될 거라면서 위로까지 한다.

또 다른 친구는 "학교 안 가고 시험 안 본다." 그러니까 학생이 학교 안 오고 시험 안 보는 걸 너무 당당하게 얘기하는 거 아니냐며 진심 걱정되어서 그러니까 무슨 일 있는지 꼭 얘기해줬으면 좋겠다는 대화 내용이 있었다.
내 아이가 제일 착하고 순해서 누군가의 가출 꼬드김을 받고 있다고 생각했는데 이런 반전이 있을 줄 전혀 예상하지 못했다.
음허음허음허

다음날 면회 때 아이가 원하던 그 친구의 전번은 전해주지 못했지만, 아이와의 대화 내용을 전부 편지지에 옮겨적어 그대로 전해주었다.

그리고 그날 저녁 그 아이에게는 이런 메시지가 왔다. 아무래도 사이버 세상이다 보니 우리 아이와 대화도 잘 통하고 한참 하루하루가 즐겁게 지내던 차임에도 전화번호를 주긴 힘들 것 같다.
"대신 카톡 아이디를 주겠다." 하여 고맙다 인사를 하며 먼저 내 전화번호를 주었다.
내 전번과 그 친구의 카톡 아이디로 우린 대화를 나누었으며 그 친구는 내 카톡 프로필에 있었던 우리 아이를 보면서 믿음의 관계가 형성되었던지 그 아이도 이후 전번을 주고받고 얼굴을 공개하며 우리 아이와 지금은 더욱 절친이 되었다.

처음 사진을 주고받으며 우리 아이는 그 친구에게 고등학생 언니 같다는 얘기를, 그 친구는 우리 아이에게 "귀엽다."라는 얘기를 했다.
우리 아이는 화장이라곤 아직 한 번도 안 해봤다. 외모에 그다지 관심이 없는 아이인데 그 친구는 뽀얀 화장에 앞머리에 롤을 말아 올린 사진을 받았으니 고딩 언니와 귀욤 중딩 같았다.
그 뒤론 허락받고? 휴대폰 검열에 들어갔지만, 아이들이 중딩 고딩인데 글들도 어쩜 그리 잘 쓰는지 역극의 재미가 쏠쏠 그러나 내 본분은 검열이었음으로 별반 불량기(?)가 없는 방들에 검열은 곧 시들해졌고 아이의 온라인세상을 "인정해주자." 싶었다.

그리고 아이를 다른 시선으로 바라보게 되니 "엄마·아빠와는 정말 말이 통하지 않았겠다." 싶은 자괴감과 미안함 그리고 고마움이 일었다. 아이도 이런 세상을 숨기고 싶지 않았겠지만 무조건 엄마·아빠는 아직 중딩인 딸이 사이버세상에 빠지는 걸 원하지 않았기에 일단 각 세우며 "반대!! 니가 알고 있는 세상이 전부가 아니다. 착각하지 말아라." 등 꼰대 같은 소리만 했다. 세상 가장 억울하고 분한 상황은 말이 통하지 않는 상대와 평화적인 해결이라며 대화를 강요받을 때라는데, 우리 아이의 암담함을 처음 진실로 마주하며 이해하게 된 계기가 됐다.
십 년이면 강산이 변한다는 옛말은 말 그대로 옛말이다.
지금은 시시각각 변하는 시대이다. 아이들 세상의 언어도 싫지만 익혀야 하고 아이들의 문화도 배워서 한다. 변하지 않는 부모는 '어어어어?' 하다 자녀의 사춘기와 함께 역풍을 맞을 것이다.
음식점을 가든 찻집을 가든 꼬꼬마 아이들 모두 스마트기기에 정신을 놓고 있다. 흙을 밟고 흙을 만지고 뛰어놀아야 할 아이들은 스마트기기 안의 친구들에게 열광하고 그들을 동경하며 그들이 전부 인양 그들에게 찬사를 보낸다. 꼭 존댓말이 존경의 의미하는 것은 아니겠지만 부모에게는 반말하면서도 스마트기기 안의 특정인들에게는 과한 리스펙을 보여주는 아이들을 우리는 어떻게 볼 것인가?
어떻게 대처해 나갈 것인가?

엘리

ADHD 환자의 입원 시 처방과 치료

ADHD(주의력결핍·과잉행동 장애)의 입원 치료는 환자의 상태, 증상의 심각성, 기존 치료 경험 등에 따라 다를 수 있습니다. 일반적으로 ADHD의 입원 치료에서는 다음과 같은 접근 방법이 사용될 수 있습니다:

안정화 및 평가 : 환자가 처음 입원할 때는 적절한 평가와 안정화가 필요합니다. 의사와 간호사는 환자의 증상, 행동, 정신건강 상태를 자세히 평가하고, 다양한 평가 도구를 사용하여 ADHD 증상의 정도를 파악할 것입니다.

안정제 및 치료 약물 : 일부 ADHD 환자들은 주의력 집중력을 개선하고 과잉 활동성을 억제하기 위해 특정 치료 약물을 사용합니다. 일반적으로 주로 사용되는 약물에는 메틸페니데이트나 아모자핀과 같은 스티뮬런트가 있습니다. 그러나 이러한 약물은 주의를 기울여 처방되어야 하며, 효과와 부작용을 지속해서 평가해야 합니다.

행동 요법 및 상담 : 행동 요법과 상담은 ADHD 환자에게 중요한 부분입니다. 환자는 새로운 행동 전략을 배우고, 자기 통제 능력을 향상하기 위해 상담사와의 세션에 참여하게 됩니다. 환자의 심리적인 측면을 고려한 개인 맞춤형 치료 계획이 중요합니다.

교육 및 지원 : ADHD 환자와 그 가족에 대한 교육은 중요한 부분입니다. 증상에 대한 이해와 효과적인 대처 방법을 배우는 것이 도움이 됩니다. 또한 학교나 직장 등에서의 적응을 지원하는 것도 중요합니다.

환경 개선 : 입원 중에는 환자의 주변 환경을 최적화하여 치료에 도움을 줄 수 있습니다. 조용하고 안정적인 환경, 정해진 일정 및 규칙, 그리고 효과적인 자기 관리 방법을 학습하는 것이 이에 해당합니다.
이러한 다양한 치료 접근은 개별적인 상황에 따라 조절될 수 있으며, 치료 팀은 환자의 개인적인 Bedside로 꾸준한 평가와 수정을 통해 최적의 치료 결과를 얻을 수 있을 것입니다.

부모다운 부모 되기 수능이라도 있으면 좋겠다.
부모가 되기 전 부모로서 제 역할과 소임을 다 할 수 있는지 자녀 계획이 있기 전 테스트라도 치러서 스스로 마음 됨됨이가 되어 있는지 검열할 수 있다면 좋겠다.
열공할텐데….

정말 힘들었던 지난 한 해였기에 할 말이 너무 많은데 잠시 기운 좀 차려야 할 것 같다.

아이로 인해 학교를 찾아갈 때나, 상담센터 문을 두드릴 때나, 119구급대원의 도움을 받게 될 때나, 112 경찰분들을 만날 때나,
청소년 상담 관계자분들을 대할 때나, 의료진의 문진을 받을 때나….

이 모든 상황에서 부모는 늘 자책하게 되고, 스스로를 책망하게 되고, 그동안 잘해왔던 99%의 모든 것들이 잘못했던 1%에 묻혀 한없이 우울해진다.
그리고 이 우울히 회복의 탄력성을 갖지 못한 채 점점 나락으로 곤두박질친다. 정말 내 의지와 전혀 상관없이 상황이 급변할 때는 모든 것을 놔버리고 싶은 좌절이 찾아온다.

엄마로서가 아닌, 부모로서가 아닌, 한 인간으로서의 회피성 도피성 마음이 드는 무서운 경험을 수도 없이 체험하였다.

그렇지만 돌아보면, 분명 내겐 지켜야 할 것이 있고, 살며 사랑해야 할 것들이 있다. 그것을 놓치지 않기 위해 오늘은 좋은 생각으로 쉬어가자.

폐쇄병동 입원이 필요했던 몇 가지 이유
전북지역의 상급종합병원이 전북대학교병원과 원광대학교병원 두 곳인데 이 두 곳이 그나마 소아청소년정신과 진료를 잘하는 곳임을 알게 되었다.

남편 지인 덕분에 응급실 거쳐 당일 입원이 가능했던 점도 지금 와 생각하면 큰 행운이었고 어찌 보면 큰 빚을 진 셈이다.

그런데도 정신과 폐쇄병동 입원이라는 게 쉽게 설득되지는 않았다. 우리 둘만 결정해야 하는 상황이었다면 부모는 어찌 되든, 또 어떻게 해서든, 아이를 마냥 끌어안고만 있었을 것이다.
주변 많은 분의 권함이 있었기에 가능한 선택이었다.

그리고 가장 큰 결정타는 아무리 사설 상담을 다녀보고 우리 부모가 아이 눈에 거슬리지 않도록 죽은 듯이 견디며 오롯이 그 시간을 참아낸다 해도 어떻게든 아이는 또 아이가 원하는 걸 점점 단계를 높여가며 쟁취해갈 것임을 인지했기에 일단정지 일단 멈춤의 시도가 필요한 시점이었다고 본다.

첫 번째 가출에 휴대폰 프리,
두 번째 가출에 모든 학원 올 스톱,
세 번째 가출 예고에 기말고사 시험 무시 통과,
그다음은….
또 그다음은….

돌아보면 참 영특한 아이여서 초등 5학년부터 으뜸 영재반을 내리 4년을 뽑혀 다녔으며 공부만을 좋아하는 우등생은 아니어도 창작과 독창성에 뛰어난 재주가 있었고 독서를 좋아하는 책벌레여서 매년 군립도서관의 다독 왕을 독차지하는 도서관에서만 살던 아이였다.
눈만 마주치면 사랑한단 말을 하루 열 번이고 백번이고 하는 사춘기와는 전혀 어울리지 않는 거리가 멀 것 같은 그런 아이였는데….
아니 그렇게 믿었던 걸까?

소아 청소년폐쇄 병동 입원의 몇 가지 이유 중

첫 번째는 우울감이었다.

두 번째는 스마트폰 중독이다.
세 번째는 부모에 대한 폭력이다.

소아·청소년 우울증 아이는 친구를 잘 사귀지 못해 늘 외로워했다. 친구들을 초대해 파티도 열어주고 밥도 해먹이며 영화티켓도 예매해 영화 관람도 함께 해보게 하고 워터파크도 보내보고 나름 친구 사귀게 끔 큰 노력과 공을 들였음에도 늘 우리 아이는 뒷전이고 그들만의 잔치로 끝나곤 했다.
그렇다고 우리 아이가 아주 맹탕은 아니어서 처음 만나는 친구와도 잘 어울렸고 많은 단체 활동도 해주고 있었기에 에프터가 없어 외롭긴 해도 또 "혼자 있는 걸 즐기는가 보다."라고 지레짐작하였다.
그런데 아이는 늘 외로웠고 친구가 고팠으며 너무 힘들어 초등 2학년 때부터 가끔 "죽고 싶다." 했다.
그 문제가 해소되지 못한 채 친구가 세상 전부라는 중학생이 되고 사춘기가 온 것이다.
죽고 싶었던 적은 많았지만, 자해한다거나, 시도했다거나, 그런 적은 없었다.
그렇지만 분명히 이 부분은 치료가 필요했다.

스마트폰 중독 스마트폰에 중독되니 쇼츠같은 짧은 영상을 몇 시간이고 몇 날이고 침대랑 붙박이 되어 끝도 없이 멈춤도 없이 화장실 갈 때도 밥 먹을 때도 붙잡고 다니며 본다.
밤이 지나 아침이 되거나, 주말 지나 월요일 되거나, 방학 끝나 개학날 되거나, 그런 날이면 더욱더 현타에 시달리는지 깊은 우울감에 점점 수렁 속으로 빠져드는 것 같은 느낌이 들었고 이게 불과 1년 사이의 일들이다.
그런 아이를 보며 참는 것도 한계가 있어 한마디 할라치면 엄마·아빠 때문에 "죽고 싶다."라는 둥 "엄마·아빠 보면서 살고 싶은 생각은 한번도 안 들었다. " 는 둥….

다정할 땐 저세상 텐션으로 다정하고 애교 많고 사랑스럽다가 한번 홱 돌면 엑소시스트 영화의 한 장면처럼 거칠어지고 소위 말해 눈에 뵈는 게 없어지는 것 같았다.

오죽 답답했으면 "점이라도 보러 갈까?", "굿이라도 해봐야 하나?" "나 전생에 우리 아이에게 대체 빚을 얼마나 졌기에…", "자식은 전생의 진 빚을 받으러 오는 거라는데…" 이런 수많은 생각들이 머릿속을 오고 갔다.

그래도 마지막까지 아이를 지켜주고자 쉬쉬했던 부모에 대한 폭력은 참으로 비참한 내용이다.

아이는 정말 한 치도 사회적 규범을 벗어나지 않는 모범답안 같은 아이였다. 그런 아이가 중학교 1학년 때이다. 심하게 스트레스를 받았는지 하교하여 집으로 오는 차 안에서 엄마인 내게 신경적으로 대한 적이 있었다. 달래주려다 잘못 엇나간 말이 왔다 갔다 한 사이 아이를 극도로 자극했는지 집 앞에 다 와서는 내리질 않고 뒤에서 갑자기 목을 조르는 거였다. 정신이 아득해지면서 온몸에 힘이 빠져나가는 걸 느끼는 순간 아이는 목을 조르던 손을 풀었고 그 뒤론 화가 극강을 치달아 오를 땐 내게 힘을 썼다.

한참 힘도 세지고 커가는 아이인지라 힘으로 당할 재간은 없지만, 어른에게는 또 얼마간의 요령이라는 게 있어 아이를 제압도 해보았다. 그러나 막상 누군가에게 내 자식의 흠을 대놓고 말해보질 못했고 조언을 구할 용기는 더욱더 내지 못했다.

아니 어쩌면 아이가 부모에게 가지고 있는 불만이나 부모는 생각지 못한 원망이 있다면 이런 방식으로라도 풀어주길 바라는 마음도 있었을 것이다.

그러나 때론 이렇게 방치하다가 정말 한순간에 "우리 아이 살인자 만드는 거 아닌가?", "나 어쩌면 아이 손에 죽을 수도 있는 건가?" 이런 생각을 간간이 할 즈음 아빠에게까지 힘을 쓰게 된 것이다.

아빠가 안 보일 때 내게 했던 힘씀은 아빠에게 말하지 않았고 아빠와 함께 있을 때 내게 쓰려던 힘은 아빠에 의해 제지당했었기에 아빠는 엄마인 내가 당하는 꼴을 자세히 알지 못하였다.

알았다 한들 그걸 똑같이 체벌로 대할 수 없으니 말로 다스리거나 결국은 참을 수밖에 없었을 것이다.

**사춘기 자녀는 나쁜 게 아니라
아픈 것이다.**

이 말을 굳게 믿으며 시간이 가길 기다렸다면, 우리에게 아침은, 우리에게 봄은 왔을까?

학교 선생님이나, 상담 쌤이나, 112대원들까지도 모두 다 한결같이 "더 내려놔라, 더 내려놔라, 다 내려놔라, 그러다 보면 언젠가 제자리 찾아온다.". 이런 조언들뿐이었다.

"핸드폰도 보다보다 지겨우면 그만 볼 것이고, 아무 생각 없는 것 같은 아이들도 미래에 대한 고민이 있으니, 어느 순간 마음 다잡고 학업에 열중할 것이다. 지각해서 혼나다 보면 잠도 일찍 잘 것이고, 과제 안 해가서 모둠에서 밀리고, 선생님께 쪽팔림 당하고, 그러다 보면 다 정신 차린다. 그냥 믿고 기다려라. 부모 욕심일 뿐이다." 한결같이 건조한 소리다. 엄친아 부모들이나 할 소리다.

우리 자랄 땐 사춘기가 어디 있어?
감정의 사치다.
라떼는 말이야….
그랬단 말이야….

04.
폐쇄병동 퇴원

퇴원 결정

2023년 12월 1일에 응급실까진 스스로 가서 부모동의하에 보호 입원했고 12월 29일 퇴원하였다.

2박 3일간의 일정을 주치의쌤과 전화로 상의드렸고 아이가 느끼는 약의 부작용 등을 전부 얘기해서 약 조절과 함께 퇴원 결정을 하게 되었다.

별하같은 경우 핸드폰 중독으로 인한 현실 도피형 우울과 ADHD 증상으로 인한 소아·청소년 우울증이 사춘기가 되면서 폭발한 것 같았다. 핸드폰만 조절해준다면 더 바랄 것이 없었다.

이젠 공부 잘하는 아이 부럽지 않고 공부하라는 얘기 하지 않는다. 스스로 깨닫는 바가 공부에 뜻이 있는 것이라면 할 것이고, 깨닫는 바가 공부가 아닌 길이라면 그 길을 응원할 것이다.

아이를 폐쇄병동에 입원시키고 오던 길….

내려놓는다는 의미를 비로소 알 것 같았다. 내려놨다고…. 다 내려놨는데 뭘 더 내려놔. 그런데 아니었음을 폐쇄병동까지 가게 되면서 깨닫게 된 것이다.

"그딴 식으로 할거하면 학원이고 뭐고 다 때려치워."

그러면서도 속으론 '정말 그만둔 다 그럼 어떡하지?'

이런 속물 같은 부모 마음을 알기에 아이들은 딜을 해오는 것이고 살짝 살짝씩 간 보는 것이다.

그러다 점점 선을 넘고 도를 넘다 막 나가버리고 멈춰야 하는 타이밍을 못 잡고 폭주하였다.

아이마다 멈춰줘야 하는 방법은 분명 다를 것이다.

많은 부모가 가장 고민되는 부분일 것이고 격동의 시기가 지나가길 기다리면 되는지 회초리라도 들어서 잡아야 하는 것인지….

다행인지 우리 아이는 이즈음에서 한번 멈춤이 가능한듯하다.

길게 가야 하는 인생길이다.

지금 당장 학원에 가는 것보다 내 아이가 왜 밖으로 도는지 내 아이가 왜 학교를 두려워하는지 내 아이가 왜 엄마인 날 거부하는지 분명한 이유 우리는 그것을 반드시 찾아야 한다.

아빠도 엄마도 자녀도 잘못한 부분은 확실하게 사과하고 용서도 구해야 한다. 각자 양보와 배려와 이해가 필요하고 남편이나 나나 어른이라는 이유로 아이를 이끌어야 한다 생각했다.

아이는 있는 그대로 바라봐주고 엄마하고 부르면 제때 대답해주는 것이 필요할 뿐이다. 부모가 흔들리지 않고 아이의 곁을 지키고 쉴 자리를 내어주는 것 그것이야말로 사랑의 결정체가 아닐까.

남편은 지금도 나와 함께 샤워하며 내 머리를 감겨주고 내 머리를 말려준다. 가끔은 아이와 둘이서 침대 끝으로 누워 긴 머리를 늘어뜨리며 탱탱 가슴 늘어진 가슴 드러내놓고 아빠를 찾는다.

어디서든 달려오는 아빠. 평범한 일상이 너무도 그리웠으며 누군가 "엄마~" 하고 부르면 자연스럽게 돌아가던 고개, 아이도 어디선가 누군가가 "딸~" 하고 부르면 '엄마일까?' 하고 돌아봐졌을 것을 믿는다. 우린 사랑함으로 우린 가족임으로….

외래진료와 병행하는 심리상담

폐쇄병동을 29일 만에 퇴원하고 바로 연계해 심리상담 진행할 수 있게 상담센터 예약해 두었었다.

지금껏 받아왔던 상담은 사춘기 널뛰는 마음을 잠시 다스리는 정도였다면 이젠 아이의 증상과 ADHD 소견 등을 토대로 친구 관계 형성 어려움 극복과 상황별 대처 능력을 주로 다뤄주길 바라는 마음을 온전히 담아 내가 미리 상담 진행했었다.

상담 첫 회 때 상담사나 어른에 대한 신뢰가 없었든지 아니면 폐쇄병동 보호 입원 기억이 아파서인지 조금 날이 선 듯한 발언들이 있었다고 했다. 그래도 상담 끝내고 일어서려는데 "선생님 저도 사회에 필요한 사람이 되고 싶어요."라는 말을 했다길래 울컥했었다.

그리고 상담센터 사정으로 어쩔 수 없이 10일 넘게 공백이 있었다. 그동안 딸램은 최근 7~8개월의 일들이 언제 그랬냐는 듯 감사하게도 대체로 평온하게 지내주었다.

물론 욱하고 확 올라올 때도 있지만 이젠 그럴 때는 어떤 말로도 가르치려 들지 않는다. 마음이 평온해질 때까지 각자의 방으로 자리를 피하거나 동네 한 바퀴 돌고 온다든지 아무 말 하지 않고 급하게 고기를 굽는다든지 한다. 부모가 변해야 아이도 믿고 따라오는 것 같다. 욱하고 올라올 때 아이를 이겨야 하는 파이터 상대쯤으로 생각해선 안 된다. 특히 덩달아 어쩔티비 저쩔냉장고 하다 보면 불미스러운 결과뿐이다.

오늘 그 상담 2일 차였다.
잠들기 전 둘이서 팔베개하고 "내일 뭐 먹지…"로 시작된 대화가 한 시간 넘게 깔깔거리며 즐거운 가운데 오늘 상담 끝나고 점심은 도시락을 싸서 돗자리 깔고 앉아서 먹고 싶다 했다.

"그거…. 하자."
"마침 요즘 날씨도 겨울 같지 않은데…."
도시락 메뉴 경쟁률도 17 : 1 정도 ㅎㅎㅎ. 그중에서 고르고 골라 가장 베이직하면서, 심플하게 소시지 굽고, 계란 프라이하고, 김치는 볶아서 흰쌀밥…. "어때? 좋다… 좋아!"
그리고 디저트로 버터 쿠키 구워가자. "엄마! 엄마? 엄마?" 드르렁드르렁, '아이고 수다스러워'

약 기운 탓인지 깨워도 맥을 못 추다 겨우 일어나선 갑자기 분주해졌다. 아침도 먹어야 하고 버터 쿠키도 구워야 하고 도시락도 싸야 하는데 먹어야 하는 아침은 식탁에 서서 왔다 갔다 한 숟가락씩 때웠다. 딸램은 어제 구워놓은 소금 빵, 버터 쿠키 준비로 바쁘고, 난 도시락 준비로 정신없고 이런 일상의 평온한 바쁨 진심 느므느므 좋다.

상담 진행하고 나와서(내용은 묻지 않았다.)
도시락 먹으러 천변으로 Go~ Go~
이런 따뜻한 일상으로 돌아온 거 7~8 개월만이다. 다시 올 것 같지 않았던 얼어붙었던 시간들….

도시락 다 먹고 걷자 했다. 두 손 꼭 잡고 걸으며 마음속 이야기를 해본다.
"딸! 엄마가 우리 딸 엄마 목숨보다 소중하게 여기고 사랑하는 거 알지?" "그동안 우리 딸 마음 아픈 거 몰라줘서 정말 미안해~" "엄마는 내일의 행복을 위해 오늘 좀 참아야 한다는 스타일인데, 오늘 참지 않는 우리 딸 이해하지 않았고 엄마·아빠 다른 엄마·아빠에 비해 나이 많다고 조금이라도 빨리 더 많이 배우고 깨우치라고 다그쳤던 거 정말 미안해." "우리 딸은 그 나이에 맞게 잘 자라주고 있었던 건데…. 잘 참아줘서 고맙고 가출하고 반항해줘서 더 고맙고…."

"엄마! 나도 엄마 엄청 사랑해! 그래도 엄마가 나 사랑하는 거에 비하면 반도 안 되겠지만. 흐흐 엄마! 나는 내일 100 행복하여지려고 오늘 0인 것보다, 오늘도 50 내일도 50인 그런 행복이 좋아, 그리고 엄마·아빠 나이 많아서 미안하다고 언제 어떻게 될지 모르니까 빨리 더 많이 배우라고 했지만, 그거 진짜 이해 안 되고 미웠어. 나도 내 삶을 위해 노력할 거야. 엄마도 너무 극단적으로 가지 마."

"특별한 사고 같은 거 아니면 나 독립할 때까지 함께해줄 수 있잖아. 엄마 사랑해! 우스갯소리가 있다. 아이가 아빠를 유일하게 찾을 땐 엄마 어딨는지 물어볼 때이다. 라는 유난히도 '엄마'라는 소리를 입에 달고 지냈고 유난히 '사랑해~'라는 얘기를 입만 벌리면 했던 딸이다. 그런 딸로 오늘은 내게 와주었다.

'내일 일은 내일 걱정하자.' '사랑해~ 엄마 딸~'

첫 외래진료

작년 12월 29일 폐쇄병동 퇴원 후 1월 15일 첫 외래진료 날이었다. 원광대학교병원 정신건강의학과로 출발 전 딸램은 침대에 걸터앉아 옷을 갈아입으려다 물끄러미 "엄마. ADHD는 어떤 거 하나에 집중하면 놀라운 능력을 발휘한다는데 왜 난 안돼?"

"음…. 우리 딸도 이미 놀라운 능력의 경험치가 있잖아…. 책 읽는 독서중독으로 한번 핸드폰만 들입다 보는 핸드폰 중독으로 두 번 이제 웹툰 작가가 꿈이니까 미술에 중독되면 웹툰계에 독보적인 존재가 되는 놀라운 능력을 발휘하게 될 거야."

"그럴까??" "그~~~그럼" 한 번씩 노래도 흥얼거리고 진료 끝나면 뭐 먹을지 집에 돌아가서는 또 저녁 뭐 먹을지…. 다이어트가 시급해 보이는 딸램은 세상에 맛있는 게 너무 많아서 괴롭다. 늦게 일어나도 삼시세끼, 시간 간격 딱딱 맞춰 챙겨 먹어야 하지만 한 끼 식사 메뉴는 다음 식사 메뉴에 절대 겸상이 될 수 없는 슬픈 운명에 늘 신메뉴 발굴에 애를 쓴다.

결국 제과제빵으로 점심과 저녁을 해결해 보겠다는 도전장에 진료받기 전 마트 들려 만 원어치면 해결될 빵값을 직접 해보는 도전과제 비용으로 십만 원을 넘게 긁고 나온다.
'하기야 빵 만들면서 노는 거 얼마나 기특할 거야.'
'으잉~ 머시 중하간디 까짓거'

퇴원 후 진료는 예약 진료라 대기시간 없이 바로 진료 가능 진료 담당 교수는 양x모 교수, 이분은 『우리 아이 마음 해결사 우아해』로 유명하신 분이다.

원광대학교병원 정신건강의학과 교수이면서 정신 약물에 관한 기초 및 임상 연구의 국내 최대 정신 약물 전문학회인 대한정신약물학회에서 2023 대한 정 신약물학회 추계학술대회 우수 포스터 상 수상을 비롯하여 다수의 연구논문이 있다. 양x모 교수는 원광대학교병원 정신건강의학에서 주의력결핍장애, 언어 지연, 발달평가, 자폐 스펙트럼, 기타 발달장애, 조현병, 품행장애, 틱장애, 투레트증후군, 기분장애, 불안장애, 인터넷/게임중독, 학습장애, 수면장애, 야경증, 야뇨증 등 전문 진료 분야에 대한 환자 진료와 더불어 연구, 후학양성을 하고 있다고 한다.

우리 아이를 믿고 맡겨도 되는지 의사의 자질도 가능하다면 사실 꼼꼼하게 살펴봐야 하는데 우리 아이들이 정말 생각 외로 많이들 아파하다 보니 묻지도 따지지도 못하고 속전속결로 맡겨져 버리는 것 같다.

내몰리는 느낌? 정신 차리고 들여다보면 전문의가 아닌 전문의 타이틀이 많고 상담 선생이란 이들도 상담심리사 자격증만으로 상담 치료 전문가로 둔갑하는 경우가 많은 게 현실이다.
아이와 깊은 신뢰 관계를 형성하면서 내면을 읽어주고 부모나 사회 그리고 기타 어른들에게서 받았던 상처나 아픔들을 끄집어내 대면하면서 치유하는 과정으로 인도해줘야 하는데 수박 겉핥기 껍질만 맨날 날름거리고 있음 맛있는 속살 보지도 못하고 다 썩어버린다. 그거 믿고 기다렸던 우리 부모들은 또 내 탓이려니 한없는 자책하게 된다. 급변하는 사춘기 시기엔 하루가 십 년 같기에 결단을 내려야 할 때는 과감하게 결정을 해줘야 할 듯하다.

교수님은 미디어에서 보던 모습과 똑같이 예리하고 섬세한 모습이었다. 미리 미디어로 봬서인지 익숙한 느낌도 들었다.

핸드폰 시간 조절 잘하는지, 잘한다면 왜 절제해야 한다 생각하는지, 방학 동안의 플랜은 무엇인지 등 짧은 질문과 답들이 오고 갔고 그 안에서 무언가 계속 캐치해내고 있었다.

그러다 느닷없이 아이가 "선생님 저 식욕억제제 처방해 주시면 안 돼요?" 안된다고 하시지 않고 "식사일지 다 써오면 그때 보고 결정하자." 그러면서 뭐 먹었는지 식사일지를 써오라 한다.

약을 중간에 중단했다고 하니 절대 안 된다고 하셨다. 너무 무기력해지고 잠만 쏟아지고 매사 의욕이 없어서 중단했다 하니 대신 용량을 조절해 줄 테니 절대 거르지 말라 한다.

"아이에게 먹이는 약이 뇌의 부족한 부분을 조금씩 채워주는 건가요?" "그냥 일시적인 도움을 받자는 건가요?"
"충동성을 억제해주는 약입니다."
"네~"

궁금한 건 많았는데 바보 같은 질문 하나를 끝으로 진료가 끝이 났다.

콘서타서방정27mg정: 중추신경 흥분제로 주의력결핍 과잉행동장애 (ADHD) 치료에 사용
데파코트 스프링클 캡슐: 간질 치료 및 편두통 예방 등
테프라정40mg: 고혈압, 협심증, 부정맥 등 심장질환 치료 및 편두통 예방
아빌리파이정5mg: 정신신경계 증상개선
데파코트서방정250mg: 간질 치료 및 편두통 예방

아침 식후 : 콘서타서방 정, 데파코트 스프링클 캡슐, 테프라 정
저녁 취침 전 : 아빌리파이 정, 데파코트서방 정

약의 전체적인 부작용이나 특이사항은 대체로 식욕부진 구토 졸음 무

력감 근육통 혈당 증가 어지러움 등으로 비슷하게 나와 있다.

집에 돌아와 몇 시간을 빵 만드는 데 집중 이쁘네….

어떤 종류의 빵이 제일 먹고 싶냐 해서 "엄마는 너무 달지 않은 소금빵" 그랬더니 정말 신통하게도 종이컵으로 개량해가며 콧노래를 흥얼거리다 눈 마주치면 또 손하트를 그렸다 엉덩이를 흔들었다 오두방정이다. 고맙다. 아련 깨방정이 얼마만인지 손짓 발짓 마주치는 눈빛 하나에 첫사랑이 시작되는 듯 설렌다. 남편과 흐뭇한 눈빛교환하고 밖으로 나왔다. 요즘은 둘이서 별말 하지 않아도 바라보면 눈물이 나고 말하지 않아도 참 애쓴다 토닥이는 것 같다. 메이드 인 별하표 소금빵으로 하루의 피로여 가라!!

니가가라 하와이… 니가가라 정신병원…

사춘기 자녀도, 사춘기 자녀를 둔 맘도 미치겠는 그 마음 흐흐흐.

우리 모두의 인생에 건배 폐쇄병동 퇴원 후 특별히 바라는 것이 없어지고 기대치가 낮아지고 그저 마음 건강하게 충동성만 잠재울 수 있다면 그것이 어떤 종류의 것이든 그걸로 만족하자 하니 나름 평화롭게 지내게 되었다. 큰일을 겪고 나면 웬만한 일들은 소소해 보이는 효과가 있는 것 같다. 물론 시간이 흐르면서 다시 욕심도 차오르지만 말이다.

퇴원하면서 약속했다.

다른 건 몰라도 휴대폰 보는 시간만 지키자고 어차피 딜을 해올 거로 생각해 10시까지 보고 정한 장소에 내놓던지 미리 구매해 놓은 '휴대전화기 금욕상자' '핸드폰 억제기' '휴대전화 보관함'이라 불리는 잠금 상자에 넣어놓든지 하자고….

다행히 10시 30분까지 보겠다고 해서 못 이기는 척 그러자 했는데 20일이 훌쩍 지났는데도 잘 지켜지고 있다.

진심으로 계속해서 약속 지켜줘 고맙다고 얘기해주고 있는 부분이다.

그리고 딸램은 지금껏 용돈 개념 없이 그때그때 원하는 걸 해주던 형태였다. 이제 중학교 3학년에 진학도 하게 되고 나름 용돈을 주기적으로 받고 싶었던지 토스카드도 신청해 놓았다. 만 14세 되길 기다려왔다. 나 또한 통장으로 일정 금액의 용돈을 입금해주는 게 아이 경제 관넘에서나 뭐든 잘 잃어버리는 성향상의 문제에서나 현금보다는 통장과 카드사용이 낫다 싶었다.

난 처음 한 달 용돈 3만 원으로 하자 했다. 아이도 흔쾌히 동의했다. 이땐 나도 아이도 용돈 개념이 없어서 어차피 엄마한테 다 해달라 할 건데 '굳이 처음부터 많이 줄 필요 있나?' 이런 생각과 부족한 부분은 스스로 벌어서 쓰게 하지 싶었다.

그래서 제안한 스스로 용돈 버는 법은
- 윗몸일으키기 회당 10원
- 걷기 하루 오천 보 500원, 만 보 1,000원
- 핸드폰 사용 시간 기본 4시간에 한 시간 덜 보면 각 1,000원
- 중학 권장 도서 100권 완독시 십만 원

아이는 좋아했다. 남편은 너무 야박하지 않냐 했지만 난 돈을 버는 어려움도 알아야 한다 생각해 일단 밀어붙였다.

그리고 며칠 후 자려고 누웠다가 갑자기 슬슬 시비 발동 걸더니 중학생 용돈이 3만 원이 뭐냐며 트집을 잡기 시작해서 몇 시간을 난리 6·25 난리는 난리도 아니라는 사달이 났다. 매일 맞고 사는 친구도 용돈은 이십만 원을 받는다는 무슨 논리인지 모를 언어 학대 같은 소리로 장장 몇 시간의 논쟁이 벌어졌다. 엄마도 몰라서 그랬다. 함께 검색해보고 중학생 평균 용돈으로 맞춰 줄게 해서 함께 검색했더니 일주일에 만원으로 약 한 달간 사만 원 정도라고 대체로 나와 있었다. 2만원 더 입금해주었다. 그런데도 십만 원으로 당장 올리라며 또 억지 질, 볶이다 못해 엄동설한 한겨울에 강제 산책 후 들어오니 지쳐 쓰러져 거실에 널브러져 있다.

그 모습 짠하고 안쓰러워 딸 방으로 들어가자 그랬더니 아이가 "들어가" 그래서 진심 날 위하는 소린줄 알았다. 다음말이 팩트다."들어가 엄마가 들어가 정신병원" 한다.

'니가 가라 하와이! 니가 가라 정신병원!'

다음날 "엄마 미안해! 5만 원도 충분한데 억지 부렸어…"

여기서 교훈, 싸우자 덤빌 땐 일단 자리를 피하자.

선을 넘을 듯 말 듯 한 파도는 종종 쳤지만, 과거에 비하면 천국이라 여기던 중, 취침 준비를 위해 함께 씻고, 머리 감기고 말려 준 다음 나왔다. 그리곤 또 느닷없는 쓰나미가 불어 닥쳤다.
퇴원 후 운동 열심히 해보겠다며 용돈벌이 겸 윗몸일으키기 하루에 꼬박꼬박 100회에서 200회를 해오던 참이었다

"엄마! 내가 어제 잘 때 오늘 윗몸일으키기 하라고 얘기해달라 했는데 왜 안 했어?" "엄마 때문에 오늘 윗몸일으키기 못 했는데 어떻게 할 거야?"
"지금 하면 될 거 같은데?"
"아니야, 지금은 아니지."
"씻기 전에 얘기해줬어야 하는데 이미 씻었잖아."
"그리고 엄마한테 부탁한 걸 말해주지 않아서 못 한 거니까 이건 분명 엄마 잘못이야!!!"
"엄마가 미안한데 엄마가 얘기 안 해도 잘해왔으니 별 신경 안 썼고 엄마도 엄마 일 때문에 밤새 작업해서 피곤했는지 잊어버렸어."
"그리고 엄마 죽고 없으면 어떡하려고 너 스스로 알아서 해야 할 일까지 엄마 책임으로 돌리니?"
"왜 왜 죽는 걸로 협박해?"
"애··애기가 왜 왜 그···그 그렇게 흐르니?"
이때부터 시작된 언쟁이 새벽 5시까지 계속되었다.
하;;;
대화하지 않으려고 피하면 쫓아와서 똑같은 말로 시비질 뭔가 대꾸를 하면 또 거기서 낚시질 이것저것 아무것도 안 하고 있으면 가만히 있는다고 힘 자랑질을 한다.
차로 피신해 떨고 있으니 영원히 들어오지 말라고 협박질…
잠들면 들어오려고 기다리던 중 춥기도 하고, 서럽기도 하고, 괘씸하기도 하고, 내 집에 내가 들어오는데 도둑고양이처럼….
왜 들어왔냐고 또 난리다. 며칠 밤샘 작업으로 너무 피곤해 자야겠다

누웠더니 못 자게 이불 발길질…

Ａ ㅏ~~~ 진짜 쉬바쉬바~~~

자야겠다 누우면 일어나라고 일으키길 몇 번, 엎치락뒤치락하던 아이가 미는 순간적인 힘 때문에 벽에 머리가 꿍~.

소리도 컸지만, 통증도 컸다. 화가 났지만, 그보다 더 큰 상실감 진짜 슬프다 못해 분함이;;;

고개 숙이고 마음 삭이는데 "아프지 않으면서 아픈척한다."라고 깐족질을 한다.

나도 순간 너무 화가 나서 발로 아이를 확 밀어버렸다.

침대에서 뒤로 뚝, 예상치 못했던 반응에 놀랐는지 잠시 움찔하더니 다시 원점으로 돌아가 '종로로 갈까요…♬ 영등포로 갈까요~♬차라리 청량리로 떠날까요…♬'

그즈음 나도 지쳐서 원하는 게 뭐냐 물었다.

그렇게 도발할 땐 요구를 들어주면 안 되는데도 알면서도 어떤 요구든 들어주고 그 상황을 끝내고 싶었다.

"내가 어떻게 알아?"

"잘못한 엄마가 알지!"

염병 니속에 너무 많이 들어있는 널 어떻게 알까….

침묵을 지키는 내게 한마디 한다.

"엄마가 가 정신병원, 얼마나 힘든지 한 달만 살다 오라고!"

절대 참견하지 말고, 참고 있으라 해서 밖에 나가 있던 남편도 이즈음 들어왔으나 우린 아직도 전쟁 ING였다. 남편이 슬며시 "딸! 우리 편의점 가서 맛있는거 사서 먹고 올까?" 하고 주의를 돌린다.

햐~~~, 3초 뒤 정말 느닷없이 "엄마 미안해~ 아까부터 사과하려고 했는데 타이밍을 놓쳐서 여기까지 와버렸어…."

'이렇게 갑자기 사과하는 게 가능하다고?' 우야튼 난 나라 잃은 설움만큼 큰 설움이 밀려와 눈물범벅 하고 있자니 아이 같은 평온함으로 돌아와 계속 안아주며 뽀뽀해대며 미안하단다.

'어느 장단에 춤춰야 하나?'

아무튼 다섯 시에 편의점 다녀와 잠 못 잔 김에 모닝 베이커리 만들어
준다며 천사 질을 해댄다.
두 시간 뒤 눈물의 베이글 이게 그 유명한 눈물 젖은 빵인 건가~!
계산해보니, 대략 10일에 한 번꼴로 뒤집힌다.

✳ 이 글들은 나의 관점에서 바라본 이야기이며, 아이의 관점에서는 또
　다른 내면의 갈등이 아이에게 있었을 것이다.

끝이 아니라 지금부터가 시작이다.

수요일부터 오늘 토요일까지 서울 여행 중이다.

토요일 롯데월드에서 온라인상에서 알게 된 친구를 만나기로 약속했다 해서 함께 여행을 계획했고 오늘 그 마지막 날 롯데월드에서 그 친구를 만났다. 예전 같으면 상상도 못 할 일이다.

나도 아이를 이해하고 믿었기에 가능한 일이었고 아이도 부모를 믿었기에 자신의 모든 걸 내어 보여 줄 수 있었을 것이다.

부모가 이해해 주지 않을 땐 혼자라도 가겠다 했지만, 롯데월드 입장권을 친구 거와 함께 구매해 선물로 보내주면서 이번 방학 여행은 서울로 가자. 아빠는 서울에서 업무를 보고, 딸은 친구를 만나고, 대신 친구 만나는 거 확인하고 안전 확인하고 보내주겠다 했더니 해맑은 미소로 좋아해 주었다.

여행 마지막 날, 정말 감사하게도 생기발랄한 고딩 언니 같은 친구가 나와주었다.

"약속 지켜줘서 고맙다." 인사하고 맘껏 놀고 나올 시간 기다리던 중 두 시간도 지나지 않은 짧은 사이 "엄마~ 나 핸드폰 또 잃어버렸어!!!" 하며 친구 전화기로 전화가 온다. 엊그제 서울 올라오는 날에도 삼성 코엑스 갔다 잃어버려 분실물 센터 가서 찾아왔었다.

그런데 이렇게 일조량 아주 풍부한 목소리로 "엄마! 나 핸드폰 또 잃어버린 것 같아" "그…그래 또 찾아봐야지 모…" 혹시 기분 나빠질까 봐 급하게 당부했다. "기분 나빠져서 어떡해?" "기분 안 나쁜데~." "그래? 그럼 걱정하지 말고 즐겁게 놀아!" "당연하지!" '난감한 건 내 기분뿐인 건가? ㅎㅎㅎ'

다행히도 잃어버렸던 핸드폰은 두어 시간 후 제 주인을 찾아왔다. 그리고 친구와는 정말 즐겁게 지낸 듯 저녁 7시가 넘어 친구랑 헤어졌단 전화를 받고 아이를 만나니 얼굴이 밝다. '지켜줘야지 저 밝음! 그래 별하야 원래가 넌 이렇게 빛이 나고 밝은 애였어!'

퇴원한 지 한 달이 넘었고 핸드폰은 10시 반까지 보고 더는 안 본다.

혼자 자면 전화 보고 싶을까 봐 완전히 통제 가능할 때까지 엄마랑 자고 싶다고 해서 딸램과 매일 뜨밤을, 행복한 밤을 보내고 있다.

물론 한 번씩 30분만 한 시간만 더 연장해 달라고 요구한다.
구구절절 이유를 설명하고 이해를 시키려 설득해온다.
다음날 그 시간만큼 덜 보겠다면서….
그런데 그것도 안 된다고 단호박 거절한다.
핑계 없는 무덤 없다고 한번 두번 넘보던 시간이 어느 순간 격렬한 반항으로 흐르지 않으리란 법이 없지 않은가….
끝이 아니라 지금부터가 시작이므로!!!

그리고 지난 15일 외래진료 때 구매한 제빵재료들로 매일 빵을 만들어 주는 딸램. 그림 연습도 틈틈이 하고 있고 식사 시간에는 누구도 핸드폰은 보지 않기로 했는데 어쩌다 툴툴거리긴 해도 지키려고 노력하는데 보인다.
유튜브 쇼츠는 독약 같다 해서 앱을 삭제하고 알림도 다 해제하고 언제까지일지 모르지만, 이 또한 기특하지 않은가?
또한 12시 전에는 잠자리에 드니 늦어도 아침 9시 정도면 일어난다.
방학이래도 이 정도면 아주 행복한 결과물이지 싶다.

'딸! 내일 행복해지려고 오늘 참아 내는 엄마 같은 삶 말고 오늘도 행복하고 내일도 행복한 그런 삶을 살기를 바라'
'행복은 성적순이 아니라면서 내 아이의 행복은 성적순이길 바랐고, 그 성적이 행복을 휘두를 만큼 잘 나와주길 기대했던 거 아닐까?' 반성하고 있다. 진심.

어느덧 시간은 흘러 흘러 폐쇄병동 퇴원하는지 한 달 반, 두 번째 외래진료가 있었다. 이 두 번째 외래진료 때 담당 교수님은 아이와 대화를 나눠보시더니 핸드폰 의존이 다시 강해졌다 하시면서 재입원해야 할 것 같다고 하셨다.
돌아오는 길 생각이 많아졌다. 많아진 생각만큼 보이는 길이 많아야 하느데 출구 없는 미로 속에서 헤매는 느낌이다. 다음 날은 사설 상담받는 날이라 아이 데리고 가고 오면서 또 설득·협박·회유해 보고 달래본다.

"딸! 우리 집 아무 문제 없잖아~."

"딸 핸드폰 중독 문제만 아니면 행복하게 단란하게 살 수 있는데…."

"아예 없애는 것도 아니고 시간 조절만 조금씩 노력해보자는 거잖아"

"엄마·아빠 그 문제로 또 다투고 시끄러워지는데 넌 왜 방관자처럼 모른척하는 거야?"

"너도 니 인생에서 지금이 황금기이고, 엄마도 엄마 인생에서 지금이 황금기야. 이 순간이 얼마나 소중한 시간이니?"

"내일은 어떻게 될지 아무도 몰라 그래서 늘 오늘이 가장 좋은 날이고 오늘이 황금 같은 날이야."

"매일매일 살아낸다는 거 얼마나 대단한 일이니?"

"그 대단한 일을 조금 더 유연하게 행복하게 보낼 수는 없는 걸까?"

"엄마 아빠가 싸운 건 나를 두고 양육방식의 다르기 때문인 거지, 그게 왜 내 탓이야.?"

"그렇지만, 원인 제공자는 너란 말이야!"

하;;; 진짜 이런 입씨름도 괴롭다.

집에 도착해 먼저 들어오려니 코트를 확 잡아당겨서 아끼는 코트가 찢어지고 말았다. '힘 쎈 코끼리~. 뿌엥! 그래 너 잘났다.'

사실 남편은 아이와 내가 입씨름 시작하게 되면 자리를 피하기로 했는데 이것도 되다 안되다 한다.

아이 말대로 양육방식의 차이로 싸운 거 맞다. 맞는 말이다.

그래서 찍소리도 못 냈다. 돌머리 요래조래 굴려봐도 딱히 묘수는 없다. 그래도 또 한 번 달래본다.

이번엔 카톡을 보냈다.

사랑하는 딸!

엄마는 딸이 핸드폰 자제력이 생겨 조절할 수 있다면 좋겠어.
다신 그곳에 가지 않길 희망하고 있지만 너무 어렵네. 이렇게 사는 거 지옥이야. 우리 서로 조금씩만 양보해서 행복하자. 응?
특히 딸은 핸드폰 중독에 너무 쉽게 빠지는 병이라 누구 말도 듣지 않고 혼자만의 세계에 빠져 있어.
어차피 스스로 깨닫고 나아지지 않으면 열 번을 입원해도 소용없어.
딸! 정말 방학 동안 7시간 정도로 줄일 수 없겠니?
간절하게 물어본다.

안 그래도 핸드폰 시간 줄여야겠다고 생각하고 있었어.
노력해볼게.

우리 분명 잘하고 있는 거 같아! 짜릿한 순간! 앗싸!
그렇게 극적인 타협으로 딸과 함께 작성한 계획표

1일 1시간 책보기
1일 2시간 그림그리기
1일 30분 가족과 대화하기
10시 30분에 폰 내놓기
중3 인강 듣기 — 1일2강
윗몸일으키기 100개하기
집에서 이동할 때, 예를 들어, 화장실 갈 때, 밥 먹을 때는 핸드폰 들고 다니지 않기.

이렇게만 해준다면 얼추 4시간 이상 소요된다. 그것만이라도 어딘지….
그리고 협상에 응해준 것에 진심 고맙다.
이렇게 우린 서툴지만 느리지만 앞으로 가고 있다.
우리 정신병동에 보호입원 했던 한 달간이 얼마나 괴로웠는지를 늘 떠올리고 기억하자. 사는 게 사는 것이 아니었던 한 달, 제때 제대로 잠 못 자고 하루에도 몇 번씩 걸려 오는 전화에 시달리다 보니 좀비가 되어버린 날들, 주치의 선생님께서는 전화 받는 거 힘들면 전화 금지하겠다 했는데 그 안에서 아이가 그렇게라도 화를 분출하고 삭이지 않으면 더 외로울 것 같아 그걸 다 받아내느라 진심 개고생했다.

저렇게 목록 작성해놓고 엄마 팔 베고 누워서 옹알옹알 옹알이하다 낮잠을 두 시간이나 잤다.

이제 이 약속을 지키려고 노력을 하는지 지켜봐야 하는데 먼저 와서 선방치는 말을 한다.

"엄마! 내가 혹시 전화에 또 너무 빠져 있으면 화내지 말고 다정한 톤으로 이제 그림을 그릴 시간 되지 않았니? 이제 인강 들을까?" 이렇게 얘기해 달라고 한다.

이렇게 또 하루를 견뎌내 본다.

'아직은 포기하지 말자.'

'누군가 간절히 원했던 내일을 오늘 내가 살아내고 있으니까.'

'그리고 자식은 내가 선택한 온전한 내 몫, 부모는 내 선택이 아니었지만, 자식은 내 선택이었으니 책임져야지.'

'굴리고 굴리다 보면 쇠똥구리라도 되겠지'

그리고 딸! 가출하고 반항해줘서 진심 고마워 부족한 엄마·아빠 그걸로 너의 고통과 아픔 외로움을 진심으로 이해하게 되었음을 이제제야 고백해.

❖ 폐쇄병동 입퇴원일지를 이걸로 마무리한다.

부모가 자식을 키우는 게 아니고 자식이 부모를 만든다는 말이 절대적으로 와닿는 요즘이다.

끝이 아닌 시작 이제 우린 같은 출발점에 서 있다.

요이~~~ 땅!!!

PART

3

혼돈의 뿌리를 찾아서

01.

마음이 가난했던 혜령

틀 안에 자신을 가두다.

어린 시절, 혜령은 자신의 감정을 표현하는 데 어려움을 겪었다.
언어로 표현되지 않는 감정의 그림자, 마주한 무관심, 사랑받지 못한
존재라는 슬픔이 늘 그녀를 억누르고 있었고 그 생각에서 벗어날 수
없었다. 자신이 만든 저주의 틀 안에 스스로를 가둬버렸다.

친인척이나 주변 사람들은 혜령의 어린 시절에 대해 별다른 이목을 기
울이지 않았다. 무관심한 시선과 냉담한 대우는 일상의 마주침이었다.

학교에서의 생활도 사실 혜령에게 즐겁지 않았다. 친구들과의 소
통이 어려워져 갈등과 외로움이 늘어났다. 선생님들은 모두가 작
고 영특한 혜령을 예뻐해 주셨지만 그럴수록 친구들은 멀어져갔
다. 작고 예뻤기에 섬 아이들은 혜령을 시기했고 질투했다.

엄마·아빠도 없는 친구가 귀염을 받는 것을 불편해했다. 마음이 가난했
던 혜령은 그런 것이 당연한 듯 혼자서 많은 시간을 보냈다.

혜령에게 학창 시절은 엄마 아빠가 있는 대부분의 아이 삶과, 엄마 아
빠가 없었던 외로운 아이 혜령의 삶, 그렇게 두 가지였다. 외로운 시간

이 계속되면서 혜령은 자신의 존재 가치에 대한 의문을 품기 시작했다.

스스로를 가뒀으며, 세상과 마주하며 주변 사람들에게서 멀어지기로 했다. 이것은 자아에 영향을 미쳤다.
꿈을 향해 도전하고 싶어 했다. 지지 없는 꿈은 그녀가 넘기에 너무도 커 보였지만 무엇이든 되어야만 했었다. 그게 무엇이든 말이다. 진짜 혜령을 대신할 가짜면 더 좋았다.
그래서였을까? 섬 친구들이 꿈도 꾸지 않았을 희망들을 이야기하곤 했었다. 호박마차를 보내줄 엄마 아빠를 기다렸을지도 그러나,
엄마·아빠 대신 할아버지 할머니만 줄기차게 찾아오는 학교에서 친구들에게 먼저 가까이 다가갈 수 없었고 언저리를 맴도는 소심한 아이였다. 그럴수록 선생님들은 더 예뻐했고 그럴수록 그런 사랑이 부담스러웠다. 그렇기에 더 악착같이 성공에 집착하고 일어서려 애썼는지 모른다. 버림받았다고 여겼던 어린 시절의 상처는 정신적 피폐함을 가져다주었다. 그때 그 섬이 가난했듯이 말이다. 그런데도 그때 받았던 사랑도 있었으니 또 견뎌졌던 것이 아닐까?
되짚어 보면 상처받은 혜령의 기억은 별하에게 과하게 집착하게 되는 부작용의 산물이 되었던 건 아닐까 생각해본다.

혜령이 청소년 시기에 자신의 정체성과 가치관을 탐색할 때, 그 누구도 곁에 없었다. 새 가정을 꾸렸다는 아버지의 소식도 없었고, 혜령을 찾지 않았다. 어디에 있는지도 모르는 엄마를 기다려본 날도 있었고 까닭 모를 눈물이 흐르던 날도 많았다. 그러나, 혜령은 자신의 감정을 표현하지 못하고, 눈물과 상처를 소리 없이 안고 살아갔다.
상처는 점점 커졌고 누구에게도 마음을 열지 못하게 된 것이다.
마음을 터놓을 누군가가 없었으며 마음을 읽어줄 누군가도 없었기에 사춘기 시기의 내적 갈등을 말로 표현하지 못한 감정들이 때론 우울의 원인이 되었고, 소통의 부재가 문제를 심화시키게 되었다.
자신의 감정을 떨치지 못하고 참아 내면서 괴로움을 견뎌내 왔다.
강인함만이 자신을 지켜낼 수 있었다.
자신만이 자신을 구할 수 있었다. 그러나, 자신을 지키려 하면 할수록

점점 피폐해져 갔다. 강하게 보이려 내보인 억지스러움은 시간이 흐를 수록 세상 많은 사람과의 갈등으로 커졌다. 지금의 별하처럼 욱하고 본인의 의견에 부합하지 않으면 그게 도발적인 감정으로 적대적이었다. 어른이었음에도 '싫으면 가버려! 가! 가라구!' 누군가 자신의 편에 서는 사람이 나타나길 기다리면서….

이성에 대해 눈을 뜨면서 남자 친구들을 만나게 되었다.
조건 없는 내 편이 되어줄 거로 생각했다.
그러나 그들의 원하는 것과 혜령이 바래는 것은 거리가 멀었다.
새로운 사람을 만날수록 오히려 갈등은 새로운 차원으로 확대되어 나갔다. 혜령의 기대는 부서졌고 만나는 사람이 늘어날 때마다 내면의 갈등이 더욱 복잡해진 것이다.

혜령은 갈등을 해결하기 위해 새로운 도전을 하였다. 등산, 골프, 음악, 여행…, 그리고 술, 술을 마셨다. 축적된 감정이 폭발하였다.
없던 용기가 마구마구 생기고 어딘가에 쓰고 싶어진다. 모든 내면의 갈등이 부숴 내려갈 때 까지 마신다. 사라진 기억, 널브러진 방, 팽개쳐진 몸, 그러나 그 무엇도 씻겨진 것은 없었다.

별하를 위해 복기를 한다.

프로 대국의 복기는 대단히 중요하다. 주요 국면의 수법과 반면 운영, 심지어 전략의 발상까지도 되짚어 분석, 검토하는 시간이기 때문에 승자와 패자에게 모두 진일보하는 계기가 된다. 복기는 패자에게 상처를 헤집는 것과 같은 고통을 주지만 진정한 프로라면 복기를 거부하지 않을 것이다. 아니, 오히려 더 적극적으로 복기를 주도한다. 복기는 대국 전체를 되돌아보는 반성의 시간이며, 유일하게 패자가 승자보다 더 많은 것을 거둘 수 있는 시간이기 때문이다.

-바둑프로기사 이창호

혜령이 좋아하는 글의 한 부분이다. 실패한 부분을 반성하고 학습하려 한다. 실패에서 배우지 못한다면 우리의 시간은 멈춰질 것이다. 나 이외의 모든 사람은 타인이 아니던가. 나를 일으켜 세우는 건 나 자신이다. 오랫동안 우울과 싸워온 자신을 돌아본다. 분노하고 짜증 내고 울고 속상하고 롤러코스터처럼 감정의 부침이 남아있는 것이 어쩌면 희망적이라는 걸 말이다. 별하를 위해서라도 아직 희망이 남아있을 때 더 깊이 스스로 들여다보려 한다. 이중적인 면이 많았던 나, 끊고 맺음이 분명치 못했던 나, 갈대처럼 흔들렸던 나, 별하를 사지로 몰리게 한 나, 가장 가까운 내 가족을 매번 힘들게 했던 나, 혜령으로 인해 참 많은 시간 힘들었겠다 반성한다.

우울 증상과 과도한 음주

과도한 음주는 우울증을 비롯한 정신건강에 부정적인 영향을 미칠 수 있습니다. 다음은 과도한 음주가 우울증 및 정신건강에 미치는 영향에 대한 몇 가지 요소입니다:

우울증 증상 악화: 과도한 음주는 우울증 증상을 악화시킬 수 있습니다. 알코올은 신경계를 억제하고 중추신경계를 억누르는데, 이는 우울증 증상을 더욱 심화시킬 수 있습니다.

기존 우울증 유발: 과도한 음주는 기존에는 없었던 우울증을 유발할 수 있습니다. 알코올의 섭취는 신체 화학물질에 변화를 일으켜 우울감을 유발할 수 있습니다.

정신건강 이상 증가: 과도한 음주는 우울증 외에도 다양한 정신건강 이상을 유발할 수 있습니다. 불안장애, 수면장애, 인지기능 저하 등의 문제가 발생할 수 있습니다.

문제 해결 능력 저하: 과도한 음주는 문제 해결 능력을 저하시키며, 스트레스에 대한 적응력을 감소시킬 수 있습니다. 이는 정신건강 문제를 해결하는데 어려움을 겪게 할 수 있습니다.

사회적 및 대인관계 문제: 과도한 음주는 사회적 관계와 대인관계에도 부정적인 영향을 미칠 수 있습니다. 음주 문제로 인해 가족이나 친구와의 관계가 약화되고 사회적 고립감이 증가할 수 있습니다.

따라서 과도한 음주는 정신건강에 해로운 영향을 미칠 수 있으며, 특히 우울증과 관련된 문제를 악화시킬 수 있습니다. 과도한 음주에 대한 인식과 치료가 필요하며, 또한, 건강한 라이프스타일과 심리적 지지체계를 구축하는 것이 중요합니다.

02.

내면의 소란

내면에 잠복한 분노의 폭풍

어느 날 갑자기 불안이 시작되고 마음의 소용돌이가 일어난다. 갑작스러운 상황이나 불확실성으로 혜령은 심하게 흔들리는데 확실한 것은 그 무엇도 보이지 않는다. 이대로 살아도 괜찮은 걸까? 이러려고 그렇게 악착같이 달려온 걸까? 그런데도 내 손에 쥐어진 건 오늘의 이 불안정한 삶일 뿐인데?

인정받고 싶어 노력했고 사랑받고 싶어 발버둥을 쳤다. 그게 옳은 길이든 옳지 않은 길이든 걸어왔던 모든 길은 피눈물 나는 과정이 있었음이다. 인정하고 싶지 않았다. 아니 인정할 수 없었기에 분노했다. 한번 시작된 분노의 폭풍은 멈출 줄 모른다. 살든 죽든 둘 중 하나이다. 타협은 없다.

그러다 보니 어떤 상황이나 사람에 대한 분노를 느끼면, 마음은 폭도들의 폭동처럼 난폭해진다. 분노하지만 또 어찌할 수 없는 무력함의 감정이 어울려 마음을 죽음의 강에 빠뜨린다.

분노와 좌절이 깊은 물줄기처럼 서로 얽혀들면서 마음은 죽음의 강으로 흘러가고, 그 강 깊숙이 혜령은 가라앉는다.

우울증 증상이 급격한 감정 폭발을 시키는 이유

우울증을 가진 사람이 급격한 감정 폭발을 하는 이유는 다양합니다. 아래는 그러한 이유 중 일부입니다:

정서 조절 문제: 우울증은 정서를 조절하는 능력을 저하시킬 수 있습니다. 이로 인해 사람들은 감정을 적절하게 다루기 어려워질 수 있으며, 감정 폭발과 같은 급격한 반응을 보일 수 있습니다.

스트레스와 과부하: 우울증을 겪는 사람들은 일상적인 스트레스에 대한 대응이 어려울 수 있습니다. 스트레스와 과부하는 감정적인 폭발을 유발할 수 있습니다.

감정의 억제: 우울증은 종종 부정적인 감정을 억제하려는 경향이 있습니다. 그 결과로, 부정적인 감정이 억제되다가 급작스럽게 폭발할 수 있습니다.

대인관계의 어려움: 우울증은 대인관계에 대한 부정적인 영향을 줄 수 있습니다. 대인관계의 어려움과 갈등은 감정적인 폭발을 유발할 수 있습니다.

자책감과 자신에 대한 부정적인 생각: 우울증을 겪는 사람들은 자책감과 자신에 대한 부정적인 생각을 가질 수 있습니다. 이러한 부정적인 생각들은 감정적인 폭발을 유발할 수 있습니다.

종합적인 정서적 고통: 우울증은 종합적인 정서적 고통을 유발할 수 있습니다. 이러한 고통은 급작스러운 감정 폭발으로 나타날 수 있습니다.

따라서 우울증을 겪는 사람들의 감정 폭발은 다양한 이유와 복잡한 정서적 상황에서 나타날 수 있습니다. 이러한 감정 폭발은 주변 사람들에게도 부정적인 영향을 미칠 수 있으며, 이를 이해하고 관리하기 위해서는 주변의 도움과 지지가 필요할 수 있습니다.

감정 폭발이 일어났을 때 대처 방법은?

우울증 감정이 폭발할 때 스스로 대처하는 것은 매우 중요합니다. 다음은 우울증 감정 폭발을 대처하는 데 도움이 될 수 있는 몇 가지 방법입니다:

자각과 인식: 먼저, 감정 폭발이 일어나기 전 자신의 감정을 자각하고 인식하는 것이 중요합니다. 자신의 감정이 과도하게 커지고 있음을 알아차리는 것이 중요합니다.

호흡과 명상: 감정이 과도하게 커지기 시작할 때, 깊게 호흡하고 명상하는 것이 도움이 될 수 있습니다. 깊은 호흡과 명상은 감정을 진정시키고 내면의 평화를 찾을 수 있도록 도와줍니다.

자기 진정과 안정화: 감정 폭발이 일어날 때 스스로를 진정시키고 안정화하는 방법을 찾는 것이 중요합니다. 이를 위해 자신에게 긍정적인 말을 건네거나, 안정을 찾을 수 있는 환경을 찾는 것이 도움이 될 수 있습니다.

감정을 표현하는 방법 찾기: 감정 폭발이 일어날 때, 환자는 자신의 감정을 표현할 수 있는 안전한 방법을 찾아야 합니다. 이를 통해 감정을 해소하고 조절할 수 있습니다. 글쓰기, 미술, 음악 등의 예술적 표현이나 운동 등이 도움이 될 수 있습니다.

신체 활동: 신체 활동은 스트레스를 해소하고 감정을 조절하는 데 도움이 될 수 있습니다. 운동이나 걷기와 같은 활동은 감정을 안정시키고 정서적인 안정을 찾는데 도움이 될 수 있습니다.

전문가와의 상담: 만약 감정 폭발이 지속되거나 관리하기 어렵다면, 전문가의 도움을 받는 것이 중요합니다. 정신건강 전문가와의 상담을 통해 감정 폭발의 원인을 파악하고 적절한 대처 방법을 찾을 수 있습니다.

03.
색다른 여정, 혼돈 속에 찾아온 사랑

결혼은 도피처가 아닌데

혜령은 우연히 만난 남자, 그 사람에게서 마음의 평온을 느꼈다. 그 남자는 가슴이 넓고 아버지 같은 관대함을 가지고 있다고 생각했다. 혜령의 삶은 혼돈의 소용돌이 속에서 무너져가고 있었고, 그 사람 역시 실패와 좌절로 방황하고 있었다. 그들은 각자의 고민에 휩싸여 있었다. 하지만 이 혼돈은 그들에게 더 큰 사랑을 찾아오게 했다. 그의 다양한 관심사와 폭넓은 배려에 매료되었고, 모든 것을 다 수용하는 넓은 바다 같았다. 늘 꿈꿔왔던 아버지의 가슴을 가졌다 생각했다. 그들은 결혼을 결정했다.

하지만 결혼 생활은 예상치 못한 도전과 고난의 연속이었다. 혜령에게는 일상적인 일 처리에서부터 대화까지 다양한 부분에서 도전이었다. 때론 불안과 두려움에 직면했다. 그들은 미래의 불확실성에 대한 두려움을 안고 있었고, 이는 가끔은 갈등으로 번지기도 했다. 그러나 그 사람은 이를 이해하고 지지해주며 함께 하자 했다.

두 사람은 역경을 극복하기 위해 함께 노력했다. 그 사람은 자신이 가진 외로움과 가슴에 쌓여있는 겹겹의 상처를 치유해 줄 수 있는 아버지 같은 사람이라 믿었다. 그는 그러한 상처를 받아들이고, 깃털처럼 가벼운 그녀를 안았다.

시간이 지날수록 둘은 서로를 깊게 이해하게 되었다. 필요에 민감하게 대응하며, 혜령의 독특한 관점을 존중하며 함께 사는 법을 배웠다. 서로를 존중하며, 끝나지 않는 새로운 모험을 함께해 나갔다.

혜령은 따듯한 햇살이 쏟아지는 언덕길을 걸으며 엄마가 되고 싶다 했다. 그녀의 외롭고 힘든 가슴의 응어리는 바람처럼 흩어져 날아갔다. 혜령은 신혼의 즐거움과 함께 예비 엄마로서의 설렘을 함께 느꼈다.

체외수정을 통한 임신을 결정했다. 임신과 함께 그들의 생활은 변화의 시작되었다. 새로운 가족의 기대와 함께 집안은 벌써 따뜻한 기운으로 가득하게 된다. 태명은 "미래"라 하였다.

감정의 롤러코스터

하지만 임신과 함께 오는 감정의 변화는 예측하기 어려웠다. 혜령은 행복에서 불안, 기쁨에서 불안정까지 감정의 롤러코스터를 타게 된다. 대원은 그녀의 변화에 따라 함께 선순환하려 노력했다.
그럼에도 온전하게 상대를 이해하고 보듬는 것은 쉽지 않았다.
새로운 생활은 도전의 연속이었고 혜령의 과거는 임신과 부모가 되는 것에 적응하는 데 벅찬 도전이었다. 그러나, 헤쳐나가야만 했기에 두 사람은 더 큰 책임감을 안고 서로를 더욱 깊이 이해하려 노력했다.
어려움을 겪으며 아이를 기다리는 기쁨을 함께하고 초음파에서 들리는 아이의 심장박동 소리와 함께 더욱 현실적으로 다가온 부모의 책임을 둘은 함께해 나갈것이라 다짐한다.

우울증이 있는 여성이 임신 중 겪을 수 있는 증상?

기존 우울증 증상의 악화: 임신 중에 기존에 있던 우울증 증상이 더 악화될 수 있습니다. 이는 임신과 관련된 호르몬 변화, 신체적 불편함, 생활의 변화 등이 영향을 줄 수 있습니다.

감정적 변화: 임신 중에는 여러 감정적 변화가 일어날 수 있습니다. 호르몬의 변화와 더불어 임신에 따른 신체적 변화, 출산에 대한 불안 등이 우울감을 증가시킬 수 있습니다.

불면증: 임신 중에는 불면증이나 수면 장애가 발생할 수 있습니다. 불규칙한 수면 패턴, 신체적 불편함, 또는 불안 등이 수면에 영향을 줄 수 있습니다.

체중 변화: 임신 중에는 체중 변화가 있을 수 있습니다. 이러한 체중 변화는 여성의 자아 이미지와 관련하여 우울감을 유발할 수 있습니다.

무기력감: 임신 중에는 신체적, 정신적으로 무거워지는 느낌을 경험할 수 있습니다. 이러한 무기력감은 우울증의 증상 중 하나일 수 있습니다.

불안감: 임신과 관련된 불안감은 우울감을 유발할 수 있습니다. 출산에 대한 불안, 어머니로서 해야 할 역할에 대한 불안, 또는 경제적, 사회적인 걱정 등이 우울감을 증가시킬 수 있습니다.

임신 중 우울증의 증상은 임신과 관련된 생리적인 변화와 함께 여러 요인에 의해 영향을 받을 수 있습니다. 따라서 임신 중 우울증 증상이 나타날 경우, 적절한 지원과 치료가 필요합니다. 또한, 임신 중 우울증은 모유 수유에도 영향을 줄 수 있으므로 전문가와 상담하는 것이 중요합니다.

새로운 생명의 탄생과 함께 찾아온 산후우울증

그리고 그날이 왔다. 아이의 출산을 맞이하여 그들은 더 큰 가족이 되었다. 감동의 순간에서 두 사람은 서로의 손을 꼭 잡고, 이제부터 시작되는 새로운 삶을 기대했다.

혜령은 기대와 달리 목표를 이룰 의지가 사라지고 내적인 만족을 갖지 못하였다. 행동의 일관성이 없어지고 아이가 가져다줄 거라는 미래의 희망이 희미하였다. 그토록 간절했던 모성애는 갈수록 과거에 대한 알 수 없는 분노로 가득해갔다. 어떠한 계획을 세우고 실행할 수도 없었다. 어떤 날은 미친 듯 집중하다가도 어떤 날은 세상에 그 무엇도 존재하지 않는 듯 행동했다. 조화를 이룰 수 없었고 평화롭지 못했다. 생활의 간단한 일상적인 책임들도 미뤄지거나 소홀히 하였다. 건강한 생활 습관의 형성, 긍정적인 생각, 그리고 그 어떤 취미에도 관심을 잃어버렸다.

어떠한 만족을 얻지 못하고 스트레스가 누적되며 과거의 그녀가 그랬듯 자살을 생각하기 시작했다. 슬픔, 무기력, 분노 등의 감정이 통제되지 않았다. 남편이나 친구와의 소통도 현저하게 줄어들었다.

스트레스와 감정적인 어려움으로 인하여 술에 더욱 의존하였다. 에너지 부족, 수면 부족, 불규칙한 식사로 인해 건강은 더욱 나빠져만 갔다. 눈뜨기 싫은 아침을 맞이하는 것이 너무도 고통스러웠고 세상은 모두 그들만의 리그 속에서 움직이는 듯했다. 어떻게든 지금껏 이뤄온 가정을 지키려 애를 쓸수록 더 홀로인듯한 생각에 빠졌다. 마치 허우적거릴수록 더 깊이 빠지는 갯벌에 서 있는 혜령이었다... 혜령 우울의 깊이는 남편이 생각했던 것보다 훨씬 깊고 오래되었다.

거짓말도 충분히 자주 하면 진실이 된다. -레닌 -

살포시 감은 눈, 고요한 듯 거친 듯 몰아쉬는 숨소리 꿈을 꾸는지 입술
은 웃었다 오므렸다 얼굴은 이따금 씰룩씰룩 깰 듯 말 듯 하는듯하다
보면 어느덧 고요해 보이는 표정들. 오르락내리락 부풀었다 꺼지는 배
모 양을 들여다보고 있노라면 어찌 이리 신기하고 이쁘고 흐뭇하고 배
가 부른지 모를 일이다. 예쁜 짓! 하면 손가락을 제 볼에 찔러 보이며
웃어주고 사랑해! 하면 두 손을 둥그렇게 말아 머리에 올려 어설픈 하
트를 만들어 보이고 아빠 출근하면서 bye bye 하면 손을 흔들며 빠빠
빠 한다. 어찌 이리 곱고 이쁜 것이 내게로 왔을까?
황홀해 죽을 지경이다. 고 작고 앙증맞은 입술로 엄마 아빠를 부를 때
면 찐~한 뽀뽀는 아이에게 해롭다는 데도 참지 못하고 별하의 입술을
쪽 빨아버리곤 한다. 이제 11개월째 접어드는 이 아이는 나에겐 존재
이유가 되었다.
세상에 그 어떤 꽃이 있어 이보다 이쁠 수 있을까?
세상에 그 어떤 향수가 있어 이보다 향기로울 수 있을까?
세상에 그 어떤 보물이 있어 이보다 귀할까?
세상에 그 어떤 보석이 있어 이보다 빛날 수 있을까?
그러니 자식 가진 부모들은 한결같이 '자식을 위해서라면 내 몸이 부
서져도 널 대신해 내가 죽을 수 있다면 골백번이라도 그 길 대신하겠
다. 했겠지.'

남편이 출근하고 아이는 할머니에게로 갔다.
갑자기 텅 빈 방이 낯설다. 나는 급하게 아이를 찾는다. 할머니는 아이
를 데리고 노느라 내가 하는 말에 신경 쓰지 않는다. 한참을 할머니와
놀던 아이가 엄마를 찾아온다. 안정감이 들었다. 그러나 또 나는 아이
가 귀찮고 힘들다. 왜 이러지? 놀자고 보채던 아이가 쭈뼛쭈뼛하다가
울어버린다. 그 울음소리에 할머니가 쫓아온다. 왜 애를 울리고 그러냐

면서 애를 낚아채듯이 데리고 가버린다. 내가 울린 것이 아니고 지가 그냥 운 건데 나는 억울하다.

내 배를 째서 죽을둥 살둥해서 낳았건만 엄마인 내가 팔이 저리도록 안고 얼려도 울어대다가 할머니가 이쁜 내 강아지 하면 신기하게도 울음을 뚝! 처음엔 그것도 얼마나 고마운지 울기 시작해 달래기를 포기하고 싶을 땐 할머니에게로 갔다. 그러면 또 고맙게도 울음 뚝! 그러다 보니 어떤 날에는 내가 무시당하는 기분이 들었다.

난 뭐 젖 순이도 아니고 젖 물릴 때만 내 품에 안겨주고 이쁘게 새근새근 잠이 들면 "애미야 너도 쉬어야지" 하며 데리고 가서 시어머니가 꼭 안고 주무신다. 잠이든 아이를 건네주긴 했지만, 왠지 가슴이 시리다. 아직 눈치코치 아무것도 없는 내 이쁜 딸. 그래도 엄마 품을 벗어날 때 울어주기라도 하면 "그래 내 새끼구나" 마음이 뿌듯할 텐데 할머니를 더 좋아하는 것 같아 마음속에선 불같은 질투심이 일어난다. 정말로 너무 손녀딸을 이뻐해서인지 낮에는 물론이거니와 밤중이나 새벽녘에도 우는소리가 조금이라도 나기 시작한다 싶으면 어김없이 뛰쳐나오신다. 그럴 때마다 아이를 잘 보살피지 못해 우는 것이 내 탓인 것처럼 속도 상하고 울어대는 아이도 밉고 나와 같이 아이를 달래지 못해 우는 것이 길어진 것에 대한 원망을 또 남편에게 많이도 퍼부었다. 귀도 어두우신 노인네가 어찌 그리 애 우는 소리 잘 듣는지 어김없이 지난 새벽에도 나오셨다. 진득하게 우리 내외에게 맡겨보면 좋을 것을 참지 못하고 꼭 나와서 참견을 하시는데 정말 못견디겠다.

아이가 울면 편안하게 부드럽게 달래야 하는 데 빨리 그치지 않으면 할머니가 또 나와볼 것이 염려되니 우는 아이 달래기는커녕 화내고 윽박지르게 된다. 그러면 아이는 불안해서 더 울어대고 또 어김없이 할머니 나오시고 난 대놓고 시어머니한테 뭐라 못하니 남편은 중간에서 안절부절못하다 애꿎은 애한테 소리 지르고 대상 없이 화내고 참 악순환의 나날이었다. 하면 안 될 짓이지만 마음이 갈팡질팡 그렇게 아이를 떠넘기고 나면 베란다 창문이 자꾸 눈에 띄고 "그래 낳기는 내가 낳았어도 나 없어도 키울 수는 있겠구나" 이런저런 생각이 들고 마음속에 오기가 차고 시어머니가 밉고 아이는 눈에 들어오지 않고 남편도 내 편이 아닌 것 같은 생각에 나는 자꾸 나락으로 빠져들고 끝이 없을 것 같은 질투, 증오, 서러운 마음들이 나를 갉아 먹어가고 있다.

아이를 얻고 나는 나의 몸을 추스를 새도 없었다.
산후조리는 시어머니가 끓여주시는 미역국으로 대신했고 별하 퇴원 전
까진 모유 유출해서 일주일간 남편은 병원 다니느라 나에게 따뜻할 시
간이 절대적으로 부족하다 느낀다. 아이가 퇴원하고 나도 남편도 시어
머니도 온통 관심은 아이에게만 집중된다. 물론 작게 태어났고 온 가족
에게 충분히 넘치는 사랑 받을만한 아이다.
그래서였을까?
나는 아이를 낳은 나를 더 아껴주고 예뻐해 줄 거로 생각했으나 나보
다 아이에게만 가는 사랑을 이해하지 못하겠다.
슬프고 허무하다. 난 뭐지?

아이를 보고 있자면 미치게 소중한데 또 어떤 날은 내가 받아야 할 관
심과 사랑을 가로채 간 대상이라는 생각으로 텅 빈 공허한 눈빛으로
아이를 바라보는 것이 못 견디게 괴롭다.
사람을 살게 하는 것은 의미다. 존재의 의미. 그런데 지금 난 존재의
의미를 찾지 못하고 있다. 이대로 가버릴까?
어떤 날은 아이가 울고 보채고 안아주길 바라는데도 아이를 들어 올릴
힘도 의지도 잃어버린 채 멍하니 베란다 창문만 하염없이 바라보는 것
이다.
아파트 6층이다.
내려다보면 할 수도 있을 것 같았다.
그렇게 넋 놓고 내려다보다 남편의 퇴근 시간이 되어 또 그렇게 반가
운 손 흔듦을 맞이한 적도 있었다. 누구도 나의 이런 우울의 깊이나 심
경의 변화를 알아차리지 못했고, 그랬으므로 위로해주지 못하고 있겠지
만 어쩌면 난 지금 누군가 나의 이런 흔들림을 더 늦기 전에 알아주길
기다리는 중이 아닐까 싶다. 나는 아이를 갖고 낳으면 즐겁고 행복한
일만 있을 것이라 여겼다. 마음이 이리 허해질 것을 전혀 예상하지 못
했기에 어떻게 해야 할지 모르겠다.
내 산후우울의 깊이는 생각보다 심각해서 아파트 주변을 늦은 시간 홀

로 서성인다든지 남편 몰래 아파트 옥상엘 올라가 본다든지 그러다가도 또 가족들 앞에선 행복한 웃음도 웃었고 남들 다하는 여행도 다니고 있다.

그렇게 백일이 지났고 돌도 지났다.
그런데도 내 마음은 수그러들 줄 몰랐고 젖이 아이의 주식이 아니게 된 다음부터는 맥주도 한 잔씩 막걸리도 한 잔씩 마신다. 그러면 널을 뛰던 마음이 조금 안정이 되는 것처럼 느껴지기도 하였으나 금세 지하 100층을 고속 엘리베이터로 내려가는 것 같은 상실감이 든다. 내 기분을 내 마음을 다른 사람은 몰라도 남편은 알아주길 바라는 마음으로 한잔 마신 날은 말문을 열어보려 용기를 내보지만, 나의 투정은 그냥 술주정에 묻히고 만다.

나, 이대로 살아질 수 있는 걸까?

일기에서 엿볼 수 있는 혜령의 산후우울증.
혜령의 바람대로 남편이 자각하게 되어 시골로 이주를 결심하게 된다.

출산으로 인한 산후우울증의 발생 원인

산후우울증은 출산 후 여성이 경험할 수 있는 우울증이며, 다음과 같은 여러 요인으로 인해 발생할 수 있습니다:

호르몬 변화: 임신 중에는 여성의 호르몬 수준이 크게 변화합니다. 출산 후에는 이러한 호르몬 수준이 다시 정상으로 돌아가는 과정에서 호르몬 변화로 인한 신체적, 정신적 스트레스가 발생할 수 있습니다.

신체적 불편함: 출산 후에는 신체적으로도 다양한 변화와 불편함을 경험할 수 있습니다. 출산 후의 회복 기간, 수면 부족, 육아로 인한 피로 등이 산후우울증의 발생에 영향을 줄 수 있습니다.

감정적 스트레스: 출산 후에는 새로운 책임과 역할에 대한 스트레스를 경험할 수 있습니다. 육아와 가정의 책임, 부모로서의 역할에 대한 불안, 출산 후의 관계 변화 등이 감정적인 스트레스를 유발할 수 있습니다.

사회적 지원 부족: 출산 후에는 사회적 지원이 부족할 수 있습니다. 가족, 친구, 혹은 파트너의 지원이 출산 후의 적응과 산후우울증 예방에 중요한 역할을 합니다.

기존 정신건강 문제: 출산 후에는 기존에 존재하던 정신건강 문제가 악화될 수 있습니다. 이미 우울증이나 불안장애 등의 정신건강 문제를 겪고 있던 여성들은 산후우울증에 더 취약할 수 있습니다.

출산 후의 신분 변화: 출산 후에는 여성의 신분과 정체성에 대한 변화가 발생할 수 있습니다. 이러한 변화는 여성의 산후우울증을 유발할 수 있습니다.

산후우울증은 다양한 요인들의 상호작용으로 인해 발생할 수 있습니다. 이러한 요인들을 이해하고 적절한 지원과 치료를 제공하는 것이 중요합니다. 만약 산후우울증의 증상을 경험한다면, 전문가의 도움을 받는 것이 중요합니다.

~~ ◆◆◆ ~~

임신으로 인한 정신적 신체적 변화

임신은 여러 가지 신체적 정신적인 변화를 일으킬 수 있습니다. 일반적으로 임신 중에는 다음과 같은 변화가 나타날 수 있습니다:

호르몬 변화: 임신 중에는 여성의 호르몬 수준이 크게 변화합니다. 에스트로겐과 프로게스테론 수준이 상승하면서 여러 가지 신체적 변화와 함께 정신적인 변화도 일어날 수 있습니다.

신체적 변화: 임신 중에는 여러 가지 신체적 변화가 나타납니다. 이는 자궁의 증가, 유방의 성장, 체중 증가, 피부 변화 등을 포함할 수 있습니다.

정서적 변화: 임신은 여성의 정서에도 영향을 줄 수 있습니다. 임신 중에는 기쁨과 행복감을 느끼는 경우도 있지만, 불안, 긴장, 스트레스 등의 감정적 변화도 경험할 수 있습니다.

스트레스와 불안: 임신은 여러 가지 신체적, 사회적, 경제적인 부담을 유발할 수 있습니다. 이러한 부담은 스트레스와 불안을 유발할 수 있으며, 때로는 정신적인 건강에도 영향을 줄 수 있습니다.

기대와 두려움: 임신 중에는 출산과 모성에 대한 기대와 두려움이 함께 다니게 됩니다. 이러한 감정은 여성의 정서적 변화를 일으킬 수 있습니다.

자아 정체성의 변화: 임신은 여성의 자아 정체성에도 변화를 일으킬 수 있습니다. 모성의 역할과 책임에 대한 인식의 변화는 여성의 정신적인 과정에 영향을 줄 수 있습니다.

이러한 신체적, 정신적 변화는 모두 임신의 일부로 여겨질 수 있습니다. 그러나 때로는 심각한 부담이나 문제를 일으킬 수도 있으므로, 필요한 경우 의료 전문가와 상담하는 것이 중요합니다.

혜령의 우울은 깊은 수면 중
아침부터 밤까지 뭐 그리 할 일이 많은지 여기에 보였다 하면 저쪽에서 쫑쫑쫑쫑, 뒷산에서 푸드득….

혜령은 그간 도시에서 어떻게 이 끼를 숨기고 살았는지 싶게 시골살이에 대한 사랑과 열정이 남달랐다. 집을 짓기 전 비닐하우스 옆에 작은 컨테이너 한 칸을 들여 지냈는데 그 좁은 곳에서도 날마다 즐거운 일 투성이였다. 행복해 죽을 지경이다. 별하와 안고 뒹굴고 그러다 잠들고, 다음날엔 또 어김없이 앞산으로 뒷산으로 뛰어다녔다. 검정 고무신 노랑 고무신 한 켤레씩 읍내 장터에서 사 와 신고선 혜령과 별하는 세상 신났다. 혜령은 시골 일도 무서워하지 않고 겁 없이 매달렸다. 썬크림도 모자도 없이 끼니도 거른 체 종일 풀을 뽑아대고 때맞춰 남편과 시어머니 곰탕도 장작불로 며칠씩 끓여 준비하고 때맞춰 상추도 심을 줄 알게 되고 냉이도 쑥도 캐러 다녔다.
혜령은 자꾸 지하로 내려가는 마음을 일으켜 세우려는 듯 내일 곧 지구 멸망이라도 할 듯 열심히 살았고 쉬지 않고 달렸다. 호미질하다 낫질을 하게 되었고 낫질을 하다 삽질까지 하게 되었다. 힘든 일 험한 일 가리지 않고 해냈으며 그런 그녀의 곁을 남편은 묵묵히 지켜주었음은 물론이다.

그런데도 여전히 우울은 쉽게 가라앉지 않았다. 불쑥하고 허무함이 치고 올라오는 날은 일하는 분들 새참으로 내어놓는 막걸리를 대신 마셨으며 그런 날은 집안에 폭풍이 분다. 자격이 없는 사람이 있다. 노력해도 안 되는 그런 사람 그런 사람이 혜령일 거로 생각했다. 그리고 그런 사람은 언젠가는 일을 저지르게 되어있다고 생각한다.
마음속에 잠재되어 있어 사라지지 않는다는 건 기름칠만 하면 언제고 불이 붙고 터질 것이었다. 그래서 천성은 바뀌지 않는 거라 여겼다. 환경으로 바꿀 수 있을 거로 생각했던 마음의 병은 오래되어 이젠 그냥 끊임없이 참고 사는 날까지 살아내는 것일 뿐 어쩔 수 없다 체념했다. 그러다 그 체념이 힘겨울 때 사고는 생기는 것이다. 소심한 이는 혼자서 마감하지만 조금 대범한 이는 동반자를 찾기도 한다. 아니면 그 반대일지도 모르겠다.

사람들은 한결같이 얘기한다. 힘들면 힘들다 손 내밀지 왜 극단적인 선택을 하느냐고, 어찌 그럴 수 있느냐고, 독하다고! 그러나, 그 길의 끝까지 갔을 때까진 수없이 많은 손을 내밀었을 것이고 신호도 보냈을 것이다. 단지 모두 모른 척할 뿐 얼마나 아프고 외롭고 힘들었을지….

가장 가까운 가족이 몰라주니까, 모른척하니까 죽을 용기를 내 보는 것이다. 혜령은 혼자라는 생각이 용기였다. 그걸로 충분해. 늘 이런 생각들이 마음 한구석에 있었다. 다른 방들은 다른 것들로 채워지기도 하고 비워지기도 하지만 '혼자'라는 그 방은 더 이상 채워지지도 사라지지도 않아 끊임없이 목적의식을 갖게 했다. 그 자유에 조금은 가까워졌다가 어떤 이유로 조금은 멀어졌다가 할 뿐이다.

정점의 시간이 오겠지. 지금과는 다른 더 큰 용기가 차곡차곡 생기겠지…. 혜령은 남편도 모르게 이런 마음을 오랫동안 가지고 살았다. 그 정점의 시간이 조금은 빨리 와주길 기다렸는지도 모른다. 혜령의 마음은 이러했을지라도 일상은 그럭저럭 평화로웠다.

별하는 신통할 만큼 예뻤다. 엉뚱한 면들이 가끔 있었지만 사랑받을 이유가 넘치는 아이였다.
서로가 더 이상 내려가려야 내려갈 수도 없을 만큼 어려워진 저 깊은 심해에서 만나 그래도 살아 보고파서 덜컥 아이부터 갖자 했는지 모른다. 그 아이를 이유로 지금까지와는 또 다른 처절함으로 어떻게든 이겨 내 보고자 했을 것이다.

돌아보면 눈물 흘릴 겨를도 없이 힘겹게 살아냈다. 어려운 와중에 기적

같은 아이가 태어나고 저체중 미숙아였지만 더 기적같이 건강하게 자라주니 감사할 따름이었다.

별하가 태어나던 날 나풀나풀 날리던 눈, 별하와 퇴원하던 날 또 눈송이가 흩날리고 혜령과 남편은 그 조그만 아이를 어쩔 줄 몰라 그저 조마조마 덜덜덜 했었다. 첫 목욕을 시키는 아빠 손은 보는 사람이 무안할 정도로 심하게 떨고 있었던 기억들과 혜령을 살리기 위해 삶의 방향을 과감하게 전환하고 결정을 해준 남편을 생각하면 살아야 할 이유가 많아졌다.

어떤 날들은 너무 좋아 텐션이 저세상이고 어떤 날들은 자꾸 땅굴을 파는 기분 상태가 며칠씩 이어지곤 했지만, 누군가의 표현처럼 기억은 미화되고 특히 나쁜 기억은 더 미화되는지 이런 일상들은 그냥 평범함으로 묻혀갔다.

어쩌면 우울의 감정을 사랑했기에 떠나보내기 쉽지 않았을지도….

우울증이 인지능력에 미치는 영향

우울증은 인지능력에 다양한 영향을 미칠 수 있습니다. 일반적으로 우울증은 주의력, 집중력, 기억력, 판단력 및 의사 결정 능력 등과 같은 인지 기능에 부정적인 영향을 미칠 수 있습니다. 여기에는 다음과 같은 내용이 포함됩니다:

주의력과 집중력: 우울증 환자는 주의력과 집중력이 저하될 수 있습니다. 마음이 혼란스러워져 사고의 흐름이 방해되거나, 외부 자극에 관한 관심이 줄어들 수 있습니다.

기억력: 우울증은 기억력에도 부정적인 영향을 미칠 수 있습니다. 환자들은 단기 및 장기 기억력에 문제를 경험할 수 있으며, 정보를 기억하고 회상하는 것이 어려울 수 있습니다.

판단력과 의사 결정 능력: 우울증은 판단력과 의사 결정 능력에 영향을 줄 수 있습니다. 환자들은 일상적인 상황에 대한 판단이나 결정을 내리는 것이 어려울 수 있으며, 미래에 대한 계획을 세우는 것이 어려울 수 있습니다.

정신적 유연성: 우울증은 정신적인 유연성을 감소시킬 수 있습니다. 환자들은 문제에 대해 새로운 관점이나 해결책을 찾는 것이 어려울 수 있으며, 상황에 적절하게 대응하는 능력이 저하될 수 있습니다.

정서적 처리: 우울증은 감정을 처리하는 능력에도 영향을 줄 수 있습니다. 환자들은 자신의 감정을 인식하고 처리하는 것이 어려울 수 있으며, 감정을 조절하는 것이 어려울 수 있습니다.

이러한 인지 기능의 저하는 일상생활에서의 기능성을 감소시키고, 일상적인 활동에 대한 적응력이 저하할 수 있습니다. 따라서 우울증이 있는 환자들에게는 인지 기능을 개선하고 지원하는 것이 중요합니다. 치료 및 상담 프로그램은 종종 이러한 인지 기능을 개선하고, 환자들이 일상생활에 더 나은 대처 방법을 개발하는 데 도움이 될 수 있습니다.

우울증의 기억력 감퇴 현상 원인과 대처

원인

스트레스와 불안: 우울증은 스트레스와 불안을 증가시키고, 이는 기억력을 감퇴시킬 수 있습니다.

정신적으로 적절한 휴식 부족: 우울증은 수면의 질과 양을 저하시키고, 충분한 휴식을 취하지 못하게 할 수 있습니다. 이로 인해 기억력이 저하될 수 있습니다.

기질적인 요인: 일부 사람들은 우울증과 함께 기억력이 감퇴 경향이 있습니다.

전형적인 신경학적 변화: 우울증은 뇌 활동과 신경화학적인 변화를 일으킬 수 있으며, 이는 기억력에도 영향을 줄 수 있습니다.

대처 방법

적절한 치료: 우울증의 증상을 관리하고 치료하는 것이 기억력을 회복하는 데 도움이 됩니다. 정신건강 전문가와 상담하여 적절한 치료 방법을 찾는 것이 중요합니다.

건강한 생활 습관: 건강한 식습관과 충분한 수면은 기억력을 유지하는 데 도움이 됩니다. 규칙적인 운동도 뇌 기능을 증진하고 기억력을 개선할 수 있습니다.

스트레스 관리: 스트레스 관리 기술을 배우고 적용하는 것이 중요합니다. 규칙적인 심리치료나 행동치료를 통해 스트레스를 관리하는 방법을 습득할 수 있습니다.

인지 훈련: 인지 행동 치료나 기억력 향상을 위한 특별한 훈련 프로그램을 통해 기억력을 향상시킬 수 있습니다.

일정 관리: 업무나 활동을 일정하게 관리하여 스트레스를 줄이고, 기억력을 향상시킬 수 있습니다.

우울증과 관련된 기억력 감퇴는 심각한 문제일 수 있으며, 적절한 치료와 생활 방식의 변화를 통해 관리할 수 있습니다.

04.
아이의 성장과 과거로의 회귀

과거의 기억과 조우

일상은 평온해 보였고 혜령은 자아를 잃어버린 것 같은 혼란스러운 상태에서 벗어난 듯했다. 과거의 경험, 감정, 가치관 등을 돌아보면서 자기 자신을 이해하려고 노력도 하였다.

별하의 성장을 보면서 자신의 과거 속에 있는 정체성과 연결된 단편적인 기억을 발견한다. 이러한 기억들은 혜령이 어떤 사람이고, 무엇을 원했는지를 발견하게 된다.

과거의 아픔, 자아의 토대 붕괴, 기억을 통해 혜령은 아픔에 직면하면서도 이 모든 것을 지웠다 생각했다. 뒤늦게 40이 가까운 나이에 혜령에게도 귀한 딸이 생기고 엄마를 용서하고 이해하고 싶어 했다. 그리고, 엄마를 만나고 그 고단한 삶을 이해하기로 하면서 혜령은 스스로를 사랑하게 되는 자존감을 찾을 것으로 생각했다.

그동안 다양한 자신의 감정 세계를 탐험하고 마주 보며, 슬픔, 분노, 불안 등을 이해하고 수용하면서 걸어왔다.

혜령은 별하가 자라는 모습에서 어린 시절 자신을 비춰본다. 비뚤어진 굴곡의 시간에 투영해 나가다 보니 어느새 자신의 과거 삶이 딸 별하에게서 보인다.

두려움과 공포가 밀려온다.
늦은 결혼, 의지할 곳 없는 친인척, 훗날 홀로 남아있을 별하가 홀로 견뎌온 자기 모습으로 비친다. 절대 별하는 '나처럼 살게 하지 않을 거야!' 다짐하고 또 다짐한다. 그래서였을까? 별하를 향한 과한 관심과 애정으로 미래의 별하 모습을 완성하고 싶어 했다. 보통의 부모보다 나이가 많다고 인지해서인지 늘 그 얘기를 달고 살았다.'엄마 아빠 언제 어떻게 될지 몰라 엄마 아빠가 그래도 능력이 되고 살아있을 때 우리 딸이 빨리 더 많이 배우고 익혔으면 좋겠어' '하나라도 더 배울수 있을 때 도전해봐'
'이건 어때? 이건?'
'미래엔 이런 직업이 먹고 살기 쉬울 거 같은데?' 등등
혜령은 그녀의 고단했던 삶을 주고 싶지 않았기에 어떻게든 무엇이든 더 주고 싶어 했다.
그리고 말끝에 늘 "엄마 죽으면 너 혼자야. 넌 아무도 없잖아."
별하는 그냥 매일매일 자라고 있을 뿐인데 더 빨리 자라라고 더 빨리 철들어주라고 보채고 다그쳤다. 불안이 더 차오르던 날들은 이성적인 사고나 행동 언어로 말을 하는 게 아니라 감정이 앞선 악다구니를 퍼부었으니 별하가 힘들었음을 어떻게 표현할 수 있을까? 숨고 싶었고 엄마와 대면하고 싶지 않았을 것이다. 말이 통하지 않으니 더 안으로 곪았던 건 별하였을 것이다.

별하의 성장과 함께 커가는 혜령의 불안
혜령은 불안의 첫 발단을 찾아내기 위해 감정의 심층을 들여다본다. 어떤 상황이나 경험이 그녀에게 불안을 유발하는지 그 뿌리를 파악하기 시작한다. 그것은 과거의 상처와 연결되어 있었음을 깨닫게 되는데, 참으로 아프다...아프다...
그 시작은 어린 시절로 거슬러 올라간다. 예기치 못한 상황이나 사건에

대한 과도한 염려와 두려움이 일상에 서서히 나타났다. 불안의 증상을 처음으로 인식했을 때, 그 감정에 대한 이해가 부족하고 당황스러웠다. 그리고 시간이 흐름에 따라 더욱 커졌다.

누구에게나 그들 자신만의 시간이 있다.

별하의 시간은 별하가 채워나가는 것이어야 함을 몰랐다. 혜령은 그녀가 별하의 삶을 채워줘야 진짜 그녀의 할 일이라 생각하고 살았다.

혜령에게 찾아온 갱년기 우울증

삶의 고단함에 초조하고 불안하며 분노가 치밀어 오른다.

지속적인 슬픔과 우울한 기분에 흥미나 즐거움이 사라졌다. 별하를 위해 결심한 많은 다짐이 파도에 부서지는 모래성처럼 흘러내린다. 맛있는 음식도 없고, 쉬 잠들지 못해 밤을 지새우며 피로감에 몸을 가누기 힘들다. 집중력 떨어지며, 무엇도 결정하기 어렵다.

별하가 겪는 고통의 시간이 혜령 때문이라는 자책감에 더욱 시달리고 있다. 여성호르몬의 감소로 인해 발생하는 갱년기 우울증이 찾아온 것이 몇 년 되었다. 무시했다. 더 큰 고통도 지금껏 견뎌왔는데 자만했다. 보이지 않는 적을 우습게 본 것이다. 그녀가 지금껏 치유하지 못하고 잠수중이었던 우울이 갱년기라는 동지를 만나 힘을 뭉치고 있었음을 자각하지 못한채 시시때때로 올라오는 욱한 감정들을 그녀 또한 오랜 성격으로만 치부했다. 별하를 위한다는 많은 말들은 조언이 아니라 독설이었고 무심결에 내뱉었던 죽고 싶다는 혼잣말은 다 들리는 혼잣말이었다. 문득문득 혜령도 느끼고 있었다, 별하의 방황은 어쩌면 혜령으로부터 시작된 것임을...그래서 더욱 헤쳐 나가야했고 마주해야만 했다. 이제 혜령은 넘어야 할 수많은 장벽을 앞에 두고 시름이 깊어만 갔다.

그러나 이 또한 이겨내리라.

갱년기 우울증의 원인과 증상

여성 갱년기 우울증은 여성들이 갱년기에 들어가면서 호르몬 변화로 인해 발생할 수 있는 우울증의 한 형태입니다. 여성의 생리주기가 끝나는 갱년기 기간에는 에스트로겐 수준이 급격하게 변동하면서 여러 가지 신체적, 정신적 변화가 일어납니다. 여성호르몬의 급격한 감소는 대뇌의 변연계-시상하부-뇌하수체의 스트레스 호르몬을 활성화하고, 이러한 변화는 대뇌의 전두엽과 기저핵에 산재된 신경세포군을 손상시킴으로써, 우울증이 발생합니다.

원인:
호르몬 변화: 갱년기에 들어서면서 여성의 신체는 에스트로겐과 프로게스테론 수준의 변화에 민감하게 반응합니다. 이러한 호르몬 변화는 신경계에 영향을 미쳐 우울증을 유발할 수 있습니다.
심리적 스트레스: 갱년기에는 가족, 직장, 건강 등 다양한 측면에서의 스트레스가 증가할 수 있습니다. 이러한 스트레스는 우울감을 증가시킬 수 있습니다.
생리적 변화: 갱년기에 들어가면서 여성은 생리주기의 변화와 함께 다양한 생리적 변화를 경험합니다. 이러한 변화는 신체적 불편함을 유발할 수 있어 우울증을 악화시킬 수 있습니다.

증상:
우울한 기분: 지속적 우울하고 무기력한 기분을 느끼는 것이 주요 증상입니다.
불안: 불안감이 늘어나고 긴장감을 느끼는 경우가 있습니다.
수면 문제: 잠을 제대로 못 잘 수 있거나, 수면의 질이 저하 됩니다.
체중 변화: 갑자기 체중이 증가하거나 감소할 수 있습니다.
피로감: 일상 생활에서 더 피로하고 지치는 느낌을 경험할 수 있습니다.
성욕 감소: 성욕이 감소하거나 성적인 만족도가 낮아질 수 있습니다.
기억력 저하: 기억력이 저하되거나 집중력이 떨어질 수 있습니다.

갱년기 우울증의 치료

호르몬 대체 요법 (Hormone Replacement Therapy, HRT): 갱년기 우울증의 주요 원인 중 하나는 호르몬 수준의 변화입니다. 호르몬 대체 요법은 갱년기에 에스트로겐 및 프로게스테론 수준을 보충하여 갱년기 증상을 완화하고 우울감을 감소시킬 수 있습니다. 하지만 호르몬 대체 요법은 부작용과 위험 요소를 동반할 수 있으므로 의사와 함께 이러한 요법의 장단점을 신중하게 평가해야 합니다.

항우울제 (Antidepressants): 항우울제는 갱년기 우울증의 증상을 완화하는 데 도움을 줄 수 있습니다. 선택적 세로토닌 재흡수 억제제(SSRI)나 세로토닌-노르에피네프린 재흡수 억제제(SNRI) 등이 사용될 수 있습니다. 이러한 약물은 심리적 증상을 완화하고 여성의 삶의 질을 향상시킬 수 있습니다.

심리 치료 (Psychotherapy): 심리 치료는 갱년기 우울증을 다루는 데 효과적인 치료법 중 하나입니다. 대화 치료, 인지행동 치료, 인지재구성 치료 등이 여성들의 우울증을 관리하고 증상을 완화하는 데 도움을 줄 수 있습니다.

운동 및 생활습관 개선: 규칙적인 운동은 신체적인 건강을 촉진하고 신경 전달물질의 분비를 증가시켜 우울감을 줄일 수 있습니다. 건강한 식습관과 충분한 휴식도 갱년기 우울증을 관리하는 데 도움이 될 수 있습니다.

사회적 지원: 가족이나 친구들과의 지원은 여성들이 갱년기 우울증을 극복하는 데 중요한 역할을 할 수 있습니다. 사회적 지원 네트워크를 통해 감정적 지지를 받는 것이 여성의 정신적 건강을 지키는 데 도움이 됩니다.

치료 방법은 환자의 개인적인 요구사항과 의료 전문가의 권고에 따라 조정되어야 합니다. 따라서 각 환자는 의료 전문가와 상담하여 자신에게 가장 적합한 치료 방법을 찾아야 합니다.

PART

4

치유를 위한 솔루션들

01.

불안은 제거하는 것이 아니라 조화다.

자기 자신을 이해하고 받아들이기

별하와 모든 것을 함께하다시피 한 혜령은 별하의 성장통을 이해하지 못했다. 별하 마음의 우울도 격동의 사춘기도 품어주지 못했다. 안타깝게도 혜령은 그녀가 받지 못했던 사랑도 마음도 경제적인 풍요도 다 주고 있었다 생각했다. 혜령은 부모에게 사랑받지 못해 슬펐고 마음 줄 곳이 없어서 괴로웠고 비빌 언덕이 없어 힘들었다.

그래서 이 모든 것을 다 별하에게 쏟아부었다.

별하만 바라보는 혜령이 있는데도 "엄마만 없으면 살겠다, 엄마 옛날에 술 마시고 힘들어할 때 난 위로해줬는데, 엄마는 딸이 죽고 싶다는데 마음도 몰라주고! 엄마가 세상에서 제일 싫어! "라고 한다.

모든 것을 다 바쳐도 결국은 이렇게 흘러가는구나 싶었다. 이때 혜령은 생각하지 못했다. 아니 어쩌면 알고 있었기에 별하에게 더 잘하려고 애썼던 건 아닐까….

그런데도 너무 기분 좋은 엄마와 지하 100층은 내려가 있는 엄마를 가장 가깝다는 이유로 아무 여과장치 없이 지켜봐야 했을 별하를 이해하려 하지 않았다. 더 큰 거로 보상하고 있다고 생각했기 때문이다.

어느덧 혜령은 갱년기 우울증으로 과거로 돌아가고 있었다.

아이는 성장하는데 혜령은 멈춰있는 삶이 되어버린 것이다. 우울한 혜령 곁에서 별하도 우울로 물들어갔다. 갈등은 나날이 커졌고 많아졌다. 한번 가속이 붙기 시작한 갈등은 점점 끝을 모르고 달렸다. 종알종알 시시콜콜 모든 것을 얘기하던 별하는 입을 닫았고 그런 별하를 지켜보는 혜령은 초조함에 더 보채게 된다. 말끝마다 싫어 싫어를 내뱉는 별하…. 혜령은 그녀의 전부였던 별하에게 버려졌다 여겼다. 정말 이대로 스스로를 방치한다면 그러면서 이해만 해주길 바란다면 사랑하는 모든 것들을 잃을 수 있겠다 생각했다. 언제까지 엄마도 처음이야 라는 말로 엄린이 노릇을 할 것인가?
이젠 정말 끊어낼 건 끊어내야 한다고 다짐했다.
어쩌면 별하를 갖기 전 스스로 사랑하는 법을 먼저 배웠어야 했다.

혜령은 자아 치유의 시작을 결심한다.
과거의 상처를 직시하고 받아들이면서, 자신에 대한 이해를 높이고 스스로를 감싸 안으려 애썼다. 어색한 감정이다. 쉽지는 않다. 분명히 어렵고 힘들고 멈추고 싶다고 생각하지만, 별하를 위해 남편을 위해 무엇보다 혜령 자신을 위해 반드시 해내야 하는 일이다. 도망치지 않고 맞서기로 했다.

숨을 깊게 들이마시며 현재의 순간에 집중하고, 불안한 생각을 관찰하며 이를 통제하는 방법을 익히기 위해 노력하고 있다.
우울한 마음이 일어날 때 긍정적인 자기 대화를 통해 도전하는 것을 연습했다. 부정적인 생각을 긍정적인 시각으로 바꾸고, 자신에게 용기를 부여하면서 불안한 상황에 대처해 나가고 있다.
살아있음에 감사하고 자신을 칭찬한다.
자기애가 강한 사람이 아니었던지라 이 또한 오글거림을 느낀다.
그래도 한다. 해야 한다.

우울과의 전쟁에서 멈춤이 필요할 때마다 자기 돌봄 습관을 쌓아갔다.
충분한 휴식과 수면, 건강한 식습관을 통해 마음의 휴식을 취하면서 우울함이 완화되는 걸 느낀다. 혜령이 이 우울한 친구를 드러내놓고 도움을 청하기로 한 순간부터 이미 치유는 시작되었다고 볼 수 있을 것 같다.

스트레스는 우울을 부추긴다. 긍정적인 활동, 취미, 운동 등을 통해 스트레스를 해소하면서 나쁜 마음에 대처했다. 이것도 쉽지 않을땐 정원에 나가 돌을 옮긴다. 이쪽에서 저쪽으로 저쪽에서 이쪽으로 그냥 마음의 평화를 위한 몸짓이다.

전문가의 상담도 받고 있다. 전문가는 우울의 원인을 파악하고, 효과적인 대처전략을 함께 의논하며, 혜령을 도울 수 있는 방법을 찾아내기 위해 노력해 주신다. 부정적인 사고 패턴을 인식하고 수정하면서, 초조하고 불안한 마음의 극복을 위한 새로운 습관을 위해 애쓰고 있다. 많은 대화는 그녀 바닥의 두려움과 우울감 그리고 불안을 끌어내 주는데 큰 도움이 된다.

별하와의 관계에서 오는 불안과의 조화와 수용을 통해 성장과 균형을 찾아가려고 노력하고 있다. 이 역시 쉽지는 않다. 불안이 완전히 없어지는 것이 아니라, 그것과 조화하여 삶을 즐기며 자아의 안정을 찾아가는 동반 여정을 걸어가는 것임을 인식하고 서둘지 않으려 한다. 모든 갈등의 원인은 역지사지만 생각하면 풀린다. 그리고 역지사지가 되어보면 해결된다고 별하에게 늘 했던 애기인데 정작 자신은 아이 처지에서 생각해주지 못했다. 잘해준 것만 본인이 원하는 방식으로 기억하고 아이 감정에는 전혀 공감하지 못한 나쁜 엄마였다. 더 앞서가길 빨리 가길 원했다. 겉으론 욕심이 없는 척 오만을 떨고 속으론 욕심이 가득 들어차 있었음이다. 적당한 것에 만족하는 아이를 다그쳤을 것이다. 스스로를 사랑하지 않고서는 누구도 사랑할 수 없다. 자기 자신을 인정하고 사랑을 높여야 상대도 진정으로 사랑할 수 있는 것임을 깨달아가고 있다. 자아가 강화되면서 우울의 기분은 낮추고 불안과 공존하면서 더 강한 자아를 완성해 나가야 한다.

자신이 희생해서 아이를 잘 키워내는 것이라는 생각에서 벗어나 자신의 자존감을 회복하고 스스로를 사랑해야 한다는 것을 깨달았다. 별하가 말했다. 엄마는 엄마가 행복한 삶을 살라고….

가족과의 소통을 강화하고 이해를 구하는 과정이 필요하다. 가족의 지지와 이해는 우울을 이겨내는 큰 힘이다. 우울함에 맞서 싸우기 위해서 지지의 원동력을 다양화시켜야 한다. 혜령도 친구, 동료, 전문가들과 마음의 결을 함께 나누는 인간관계를 형성하려 노력하고 있다.

자신에 대한 인식이 조금씩 변하고 있다.

과거의 자신을 비난하는 것이 아니라, 자기 자신을 이해하고 받아들이는 방향으로 인식을 강화하고 있다. 자아 강화를 위하여 지속해서 노력하는 과정에 있다.

자신을 이해하고 존중하는 자세를 유지하게 되면 강한 내면을 형성하게 될 것으로 기대하고 있다. 자신을 바닥까지 보임으로써 새롭게 시작하는 힘을 얻게 되었음을 기억할 것이다. 쉬운 결정도 쉬운 생각도 아니었지만, 혜령이 자신을 사랑하지 않고 돌보지 않는다면 더 이상 그 무엇도 이룰 수 없기 때문이다.

우울과의 싸움에서 얻은 경험이 긍정적인 성장을 안겨주길 바라고 있다. 불안의 증상을 극복하며 자기 자신을 깊이 이해하고, 어려움을 극복하는 강한 내면의 힘을 키운 건 맞다. 이로써 혜령은 우울함에 맞서 싸우며 더욱 강해진 삶을 살아가게 될 것이다.

남을 부러워하거나 비난하지 않고 자신의 인생 속도에 맞춰서 스스로를 신뢰하고 느긋한 마음으로 즐기는 삶을 위해 노력한다면 혜령의 내일은 더욱 풍성해질 것이다.

행복하기 위한 노력을 멈추지 않을 것이기에….

이런 혜령을 응원한다.

걷다 보면 분명 또 지쳐 쓰러지는 날도 있겠지. 그렇지만 이젠 과거와 다른 모습으로 일어설 것이다. 내 아이를 진정으로 인정하고 받아들이면 비로소 아이의 행복을 위한 것이 어떤 것인지 그리고 그 사랑을 알게 할 것이다. 그 숲엔 아름드리나무만 살지 않는다. 아름드리나무만 나무인 것은 아니다.

02.

소통의 어려움을 극복한다.

사회적 불편함과 소통 어려움에 대한 극복

혜령은 사회적인 상황에서의 불편함과 소통 어려움이 많았다. 내면에 우울의 이불을 덮고 상처를 최소화하기 위해 닫아버린 마음은 대화나 그룹 상황에서의 적절한 반응이나 주제를 찾기 어려워, 동료들과의 소통에서 어려움을 겪기에 그걸 피하고자 오히려 더욱 혼자만의 생각에 자주 빠져버리게 된다.

말을 걸거나 참여하는 것이 부담스럽게 느껴지는 것이다.

많은 사람을 만나야 하고 그래야만 사회적으로 성공한 것처럼 느껴지고 그렇지 못한 사람은 마치 실패자인 것 같은 분위기를 못 견뎌 했던 혜령이다. 그래서 여러 사람을 만나려고 노력도 해보았지만 금새 피곤해져 오는 관계가 또 스스로 실패자로 낙인찍는 결과를 가져왔다. 혜령은 관계에서 오는 피곤함을 좋은 관계의 친구에게서 풀어갔다. 주위에 사람이 많지 않다는 것에 집착하지 않고 친구가 없다는 것에 실망하지 않는다는 것이다. 친구가 많고 적고가 중요한 것이 아니라 그녀 마음을 읽어줄 그녀와 마음의 결이 같은 친구 한둘이면 충분하다고 생각하는 것이다. 그래서 그 사람에게 시간과 마음을 쏟는 것이다. 사람의 관계란 숫자가 많고 적고가 중요한 것이 아니라 진심을 주고받을 수 있는가에 그 가치와 의미를 두고 있어서 불편함이 없고 여유가 있다 그래야 인간관계가 더 튼튼해지고 단단해짐을 느낀다.

그리고,

혜령이 기타를 배우면서 사회적인 관계는 자연스레 늘어났다. 그러면서 사회적 소통을 위해 스스로 마음도 열게 되고 감정표현 기술도 늘어나고 대화도 원만하게 흘러가게 되고 다양한 상황에서 조금 더 유연해진 그녀를 발견하게 된다. 지난 몇 년간은 약간의 포장 된 삶속에 살았다고 해도 과언이 아니다. 이젠 그 포장을 뜯고 진짜 그녀를 보일 것이다. 억지웃음보다 자연스러운 미소와 함께 말이다.

혜령이 유연해지고 다른 사람들의 의견이나 감정에 대한 공감도가 늘어나면 별하가 조금 더 편안해질 것이다. 별하를 이해하는 이해도가 높아질 것임을 믿고 있다.

이렇듯 안으로만 모여있던 혜령의 마음들이 밖으로 드러나면서 사회적인 즐거움도 알아가고 그러한 많은 상황에서 더 적극적으로 참여하려는 노력을 기울이고, 모임에서 의견을 나누거나 활동에 적극적으로 참여하면서, 사람들과의 상호 작용을 늘려가고 있음은 혜령이 변하고자 하는 적극성이 만들어낸 결과물이다.

자기를 다양하게 표현하면서, 사람들과의 친밀도를 높였고 호응을 얻다보니 자신감이 생겼다. 그러면서 그녀의 취미, 관심사, 경험 등을 공유하면서 사람들과의 관계를 더욱 강화한 것이다.

혜령은 음악 활동을 하면서 동호 모임을 통해 존재감과 세상을 향한 용기를 얻어나가고 있다. 이젠 작아지지 않을 것이고 숨지 않을 것이다.

우울 증상으로 인한 소통 어려움 극복 방법

우울증으로 인한 소통의 어려움을 극복하는 것은 중요한 과정입니다. 다음은 우울증으로 인한 소통의 어려움을 극복하는 데 도움이 될 수 있는 몇 가지 방법입니다:

이해와 지지: 우선하여, 가족과 친구들에게 우울증으로 인한 소통의 어려움에 대해 이해와 지지를 요청하는 것이 중요합니다. 그들이 상황을 이해하고 있다는 것을 알게 되면, 더 쉽게 대화를 나눌 수 있을 것입니다.

규칙적인 상담: 전문가와의 규칙적인 상담은 우울증으로 인한 소통의 어려움을 극복하는 데 도움이 됩니다. 정신건강 전문가는 환자가 자신의 감정을 표현하고, 이해하고 다루는 방법을 가르쳐줄 수 있습니다.

표현 수단 찾기: 글쓰기, 미술, 음악, 춤 등과 같은 다양한 표현 수단을 찾아보세요. 이를 통해 자신의 감정을 표현하고, 다른 사람들과 소통할 수 있습니다.

적절한 시간과 장소 선택: 소통할 때 적절한 시간과 장소를 선택하는 것이 중요합니다. 편안한 분위기에서 대화를 나누고, 서로에게 집중하는 것이 소통의 품질을 향상시킬 수 있습니다.

발전된 대화 기술 배우기: 발전된 대화 기술을 배움으로써, 상대방과 더욱 효과적으로 소통할 수 있습니다. 이는 청취 능력, 비언어적인 신호에 대한 이해, 그리고 적절한 피드백을 포함합니다.

무엇이 도와줄지 알려주기: 가족과 친구들에게 자신에게 도움이 될 만한 방법을 알려주세요. 이들이 어떻게 도와줄 수 있는지에 대해 명확하게 알려주는 것이 중요합니다.

자기 돌봄: 마지막으로, 자기 돌봄이 매우 중요합니다. 충분한 휴식과 수면을 취하고, 건강한 식습관과 운동을 유지하는 것은 우울증으로 인한 소통의 어려움을 극복하는 데 도움이 될 것입니다.

이러한 방법들을 적용하여 우울증으로 인한 소통의 어려움을 극복할 수 있으며, 전문가의 지도와 지원을 받는 것이 중요합니다.

03.

일상에서 찾는 솔루션들

아침의 미소와 차 한 잔

아침에 눈을 뜨면서 첫 미소를 띠고, 좋아하는 차 한 잔으로 하루를 시작한다. 이 작은 순간들이 일상에 새로운 신선함과 기쁨을 불러온다. 고마운 순간이다. 아직 잠들어 있는 별하가 소중하고 벌써 정원에서 우리 집 멍멍이들 똥 치우는 남편이 고맙다. 언젠가 그랬듯이 소소하지만 확실한 행복 소확행!! 지금껏 놓치고 살았다. 행복하다면서도 욕심은 멈출 줄 몰랐고, 즐거우면서도 당장 내일을 염려했다. 남편은 늘 혜령에게 당신은 달리는 기차도 세울 듯이 급하고 시작도 전에 결론이 있어야 한다며 타박했다. 그 성격 그대로 별하에게 쪼아댔을 것이다. 무던한 별하이니 그나마 이만큼인지도 모른다. 성격 급한 혜령은 뭐든지 빨리빨리 정확하게 잘해주길 원했다. 스스로에게도 그렇지만 상대방에게도 그러하다.

방은 늘 정리 정돈이 되어있어야 하고 물건은 언제나 그 자리에 있어야 했다. 이젠 그런 행동과 사고들이 별하를 얼마나 힘들게 했는지를 깨닫고 아침의 첫 미소처럼 다정한 말로 하루를 열어보려 노력한다. '이만하면 잘했어. 이만하면 깨끗해. 이만하면 충분해. 이만하면 되었어'라는 긍정은 나도 상대도 숨 쉴 수 있는 여유를 주게 된다는 걸 이제야 깨닫는다.

병원을 가든 상담을 하든 맨 먼저 부모의 성향부터 살핀다.
어머님은 어떤 환경에서 자랐으며 배움은 어디까지인지, 남편과는 연애
인지 중매인지, 아이는 원하는 임신이었는지, 남편과의 사이는 어떠한
지 등등.
아이를 치유하기 위해 왔는데 왜 혜령의 과거를 묻는지 왜 남편과의
관계를 묻는지 이것이 처음엔 무척이나 거북스러웠고 당황스러웠고 싫
었다. 아마도 혜령 자신을 내보이는 것에 대한 부담이 컸을 것이다. 에
둘러 말했고 진실함이 적었다. 혜령은 스스로의 결점을 잘 알고 있었단
뜻일까? 그러나, 누구든 자기 잘못에는 관대한 법이니까 그녀 또한 자
기 잘못을 자신의 결점을 그들에게 내보이고 싶어 하지 않았고 숨기고
싶어 했다. 아이를 더 나쁜 아이로 만들었고 아이를 더 험담했다. 그래
서 어쩔 수 없이 견딜 수 없는 부모가 되었다는 그런 식의 말은 처음
엔 혜령 스스로를 변명하는 것 같았으나 시간이 갈수록 만나는 사람이
많아질수록 혜령 자신에게로 향하는 화살이 많아졌음을 느꼈다.

"아이가 집을 나가고 싶다는데 어떻게 해요?"
"그냥 아이 얘기를 다 들어주시면 돼요. 진짜 아이가 원하는 걸
들어주면 왜 집을 나간다고 그럴까요?" "이 이상 어떻게 더 들어
주나요?" 그땐 몰랐다. 혜령이 그동안 들어주었던 아이의 진심
은 혜령이 스스로 정한 기준이었음을 그 기준이란 것도, 마음이
아닌 물질적인 것이었다. 그래서 늘 혜령은 불만이었다. "무엇이
부족해서 집을 나가. 무엇을 부족하게 해줬기에 엄마 아빠를 이토
록 거부해? 참 억울하다." 별하를 향한 눈을 감고 귀를 닫고 있었
으면서 말이다. 그러나 이젠 알겠다.
별하는 별하가 말하는 그대로 그때의 감정 그대로를 이해받길 원했던
것임을! 그랬었다. 별하는 늘 그 말을 했었다. "엄마 내가 얘기하는 감
정 그대로 이해해 주면 안 돼? 왜 거기에 자꾸 엄마 생각을 끼워 넣
는 건데?"
별하가 옳았다. 별하가 혜령을 제대로 스캔한 것이다.

어쩌면 그래서 별하로 인해 혜령을 발전시키는 계기가 된 것이다.
그리고 이젠 감사할 줄 안다.
하루 중에 느낀 작은 기쁨이나 감동을 일기에 기록하고, 저녁이나 잠들기 전에 이를 읽으며 감사의 마음을 느낀다. 고마운 순간들을 기록함으로써 일상의 소소한 행복을 놓치지 않으려고 한다.
기록하다 보면 뭐든 된다.

자연 속에서 찾은 평화로운 소리와 산책을 통해 일상의 스트레스를 해소하고 나뭇잎 스치는 소리, 바람 속의 작은 속삭임 등이 일상에 안정감과 행복을 주는 것에 감사한다. 특히 혜령과 남편과 직접 가꾼 그들의 정원엔 매일의 도전과제가 함께 하기에 지루할 틈이 없어 더욱 좋은 일상의 바쁨이 된다. 별하에게도 이 동산은 에덴의 동산이다.

오늘도 난 고기 굽는 소크라테스

삼시세끼 밥 해먹이고 짜증 다 받아내고 좋은 소리 못 듣고 보따리만 안 들었지, 우리 맘들 완전 피난민 신세, 유목민 신세.

휴;;;

특히 사춘기맴찢맘들은 아이의 일거수일투족에 온 신경이 쓰인다. 진화론적으론 일찍이 퇴화하였을 더듬이까지 동원 보이지 않아도 비디오 재생 버튼 눌러놓은 것처럼 아이의 일상이 파노라마처럼 촤르르…. 조용하면 조용한 대로 불안하고, 전화 소리 들리면 또 허튼짓하러 나가는가 싶어 불안하다. 한 번씩 웃음소리 들리면 그래도 기분은 괜찮은 것 같아 안심이다.

폐쇄병동에서 퇴원해 2주일 학교에 다니고 방학했다.

퇴원했다고 해서 끝이 아니라 시작이다. 단, 서로가 각자의 문제점을 인식하게 되었다는 것이 가장 큰 수확이다.

오늘 아침처럼 느닷없이 기분이 급격하게 다운된다. 그림이 생각처럼 안 그려지고 병원 입원 뒤 수전증, 손이 떨리는 증상이 종종 발생하는 것 같다. 원인은 모르겠으나 그림을 그리는 아이로서는 무척 민감한 사안이라 이해는 간다. 앞으로 내 인생 망가지면 다른 건 몰라도 병원 다녀온 뒤로 손 떨리는 수전증이 생겼으니 그건 전부 엄마·아빠 잘못이다.

죽을 때까지 원망할 거라고 안방에서 쉬고 있는 우리에게 숨도 쉬지 않고 퍼붓는 걸 지켜본다. 이런 원망 버전을 듣는 것이 일상이다.

뭔가 말로 달래보고 싶어 입술 꼼지락꼼지락하는 남편 허벅지 꼬집으며 차단! 나 또한 입 꾹! "다음 병원 면담 갈 때 가서 여쭤보자." 한마디만 건네고 맘속으로 난 양을 센다. 양 한 마리 양 두 마리 양 세 마리 잠이 온다.

아이가 혼자 씩씩거리다 갔다. '우히히히힛….'

그사이 남편은 밖에 나가 산책을 하고 난 급히 냉장고 뒤져 삼겹살을 굽는다. 아침은 먹었고 점심시간은 아직 멀었지만 그게 무슨 상관이랴;;;

잠시 산책하고 들어오던 남편 나와 눈 마주침, 다 알겠다는 듯 썩소…. 딸 방에 가서 노크한다. "딸~. 삼겹살 구웠는데 머글끄야?" 이럴 땐 "먹을 거야? 이러면 안 되고 배알 꼴리더라도 머글끄야?" 버전으로 해줘야 함.

딸램 세상 해맑게 응 역시 배고픈 소크라테스보다는 배부른 돼크라테스가 행복하징. 우리는 스트레스를 받으면 그걸 슬기롭게 제때 풀어내야 하는데 그 방법을 스스로 알고 있는 사람은 극히 드물지 싶다. 혹시 그걸 이미 알고 실천 중이라면 당신은 winner.

악기를 연주한다거나, 스포츠를 즐긴다거나, 노래하면서 소리를 지른다거나, 달리기를 미친 듯이 한다거나 이런 고상한 방법으로 힐링 포인트를 찾아냈다면 이 또한 당신이 winner. 그러나, 승지를 빼기가 못돼 먹은 나는 식음 전폐 사흘을 앓아누워야 화가 풀리고 스트레스도 풀린다.

암튼 딸램은 지금 와 생각해보자니 우울하거나 화가 치밀어오를 때 먹는 거로 풀고자 했던 것 같다. 우울하다며 학원 제치고 치킨 사달라던 많은 날을 당시의 나로서 어찌 이해할 수 있었을까…. 그렇지만 그 또한 살려달라는 살고 싶다는 아우성이었다는 생각도 들고 어찌 생각하면 그나마 단순하고 다루기 쉬운 아이 자신의 속내를 잘 드러내는 아이 내가 원했던 삶의 방향 소크라테스가 아닌 아이가 원한 돼크라테스를 이해했다면 순탄한 사춘기를 보낼 수 있었을까? '나를 온전히 내려놓고 건강하게만 자라다오.'

백일 떡 속에 담은 소망을 다시 새기게 되는 요즘 피 말리는 기나긴 여정이 있었기에 이런 여유도 생기게 된 것 같다.

삼겹살 맛이 나게 먹은 딸램은 또 빠르게 단 게 당기시는지, 머랭쿠키 만든다며 출장뷔페 상차림 준비만큼이나 요란하다.

전동이 아닌 도구로 머랭치기 하려니 시작하던 마음과는 달리 짜증 나는지 혜령을 불렀다 아빠를 불렀다가 또 망나니 칼춤에 불려가서 도와줄라치면 됐다고 들어가라고 꽥 고함친다. 오늘은 조심해야겠다.

운수 좋지 않은 날처럼 거미줄에 걸리듯 낚싯바늘에 걸리듯 걸리면 X 된다.

'명심하자. 남편아!'

한 시간 후 결과물을 들고 온다. 모양은 이래도 맛은 있네? 딸램이 만족해하며 먹어보라 권한다. "으~~~음 진짜 부드럽고 마시쩡"
'흐흐흐 진실의 미간이여 열려다오~~~'

"내일은 대왕 카스텔라 만들건대 엄마 전동휘핑기 사줄 수 있지?"
"지금 사러 갈까?"
'워워~ 나이를 먹을수록 열려야 하는 건 주딩이 아니고 지갑이라는데 남편! 전동휘핑기 좋은 거 하나 지릅니다!!!'
몇 번이나 쓸는지 며칠이나 쓸는지 지난주 사들인 액정태블릿도 하루 사용해보고 반품 '아이고 속 쓰려;;;' 그런데도 아프면 아프다고 왜 말을 못 해….
그 사이 두 번째 판 머랭쿠키를 들고 와 엄마·아빠 입에 넣어준다. "그만 주고 딸 먹어." ".아니! 괜찮아. 또 만들 거야!" '헐;;; 오늘은 당 떨어질 일은 없겠다.'

이렇게 이만큼 또 하루하루 채워진다.
이런 만담이 이런 작은 변화가 희망의 마중물이 될 것이다.
별하는 지금 이겨내는 중이다.

나에게만 오는 것 같은 시련
폭폭 찌는 한여름엔 가을도 겨울이 다시 오지 않을 듯 지루한 시간이었던 것이 어느 날부터인가 제법 시원해지고 선선해지다 쌀쌀해져 버렸다. 그리고 겨울…, 다시 봄을 재촉하고 있다.
어김없이 시간은 오고 간다. 기다리지 않아도 오고 등 떠밀지 않았는데 어느새 저만큼이다. 나에게만 오는 것 같은 시련도 언제 그랬냐는 듯 흘러갈 것이다.
그리고, 힘차게 스스로 이겨내길 바란다.
자살률이 높은 나라에서도 정작 전쟁이 나면 자살률도 줄어들고 아이도 더 많이 낳는다 하지 않던가.

한참 별하와 싸울 때 "아이고 믿는 도끼에 또 발등 찍혔네." 그러면 별하는 "발등이 도끼 믿고 있었는지 도끼가 어찌 알아?"라고 말했다. 아마도 혜령을 빗댄 말이었으리라. 믿는다면서 확인하고 의심하고 더듬이 세우고 더듬이 반경 내에서 조금만 엇나가도 "거봐 내 그럴 줄 알았어. 니가 그렇지 모…." 돌이켜 생각해보면 정말 한심한 엄마였다. 마음을 다하지 못한 말은 진심으로 가 닿지 못했고 별하는 믿음 안에 있지 못했다. 감시하는 것 같은 생활에 갑갑증을 느꼈을 것이다. 혜령이 어릴 적 홀로 했던 고무줄놀이, 홀로 했던 공기놀이, 홀로 했던 철봉 놀이, 홀로였던 혜령은 홀로인 별하를 가만히 두질 않았다. 뭔가 채워주려고 애썼고 그 보답을 받으려 했었음을 생각한다. 엄마가 이렇게 너에게 무한애정을 주며 엄마의 모든 것을 다 바치는데 너는 고작 엄마에게 실망만을 주다니….
'언제부터였을까? 믿지 못하고 의심병 환자처럼 별하 방문 앞을 서성이게 된 것이;;;'

모든 일엔 끝이 있다고 한다.
이젠 아이 방황의 끝을 보고 싶다. 그러나, 어쩌면 이 방황은 혜령의 생각보다 길어질 수도 있을 것이다. 그렇지만 이젠 재촉하지 않고 믿어 줄 것이다. 나에게만 오는 것 같은 시련, 누구에게나 있을 수 있음을 알기에….그리고 그 시련은 끝이 있음을 믿는다.

감기로 늦게까지 자는 별하를 보며
이런 생각 들면 안 되는데, 감기로 늦게까지 자는데 왜 이렇게 맘 편하고 평화롭게 자는 모습이 이뻐 보이는지 핸드폰 안 들여다보고 잠들어 있는 게 이렇게나 좋을 일인가? 핸드폰 보는 시간 좀 조절해보자 "안 그러면 병원 재입원해야 한다."라고 겨우겨우 협상하긴 했는데 인강 10분짜리 두게 듣는데 시간을 몇 번씩 확인하고 집중이 안 된다고 한다. '똑같은 반짝반짝 화면인데 왜 그럴까?' 그래도 책은 엉덩이 붙이고 혜령과 한 시간씩 읽었다. 그래봐야 고작 며칠째다. 그렇지만 늘 그렇듯 시작하는 하루가 있어야 역사가 된다.
핸드폰 말고 노트에 그림 그리는 거 두 시간씩 한다더니 핸드폰 켜놓고 한 시간이다. 약속 안 지킨다고 한 소리 하자마자 조금씩 적응하겠다고 조금씩 시간 늘려가겠다고 하는데 믿어야겠지….
늦게 일어난 만큼 더 보고 싶어 할 것 같은데….
벌써 머리싸움 할 거 생각하니 피하고 싶은 마음 간절하다.
'그렇지만 감기 걸렸으니 지도 기운 좀 딸리긋지?'

이왕에 믿어주기로 한 것 기분이 좋게 지내고 싶다.
별하도 노력하려고 하는 건 맞다. 다만 ADHD 증상이 있는 아이들 특성 중 하나가 어떤 하나에 빠지면 아주 푹 빠진다는 거여서 부모가 원하는 방향으로 빠져주면 좋겠지만 지금은 핸드폰에 빠져있는 상황이라 염려스럽다.

그래서 정말 안 하려고 하는데도 하게 되는 잔소리다.

별하엔 지금 핸드폰 시간 10분 줄이는 것도 엄청난 노력이고 인내하는 것이라 한다. 그래도 다행이라면 싸우든 투덜거리든 자기 전 핸드폰 내놓는 시간은 지키고 있다. 물론 한 번씩 도발해서 새벽까지 잠 못 들게 하는 날들도 있지만 그렇다고 해서 그 시간이 허락된 건 아니었으니 이젠 점점 알게 될 것이다. 그리고 깨닫게 될 것이다.
그 시간만큼은 꼭 지켜야 한다는 것을 말이다.

개학해서 학교생활 하더라도 밤 10시 반이면 무조건 핸드폰을 그만 보는 거로 지금부터 정해두었다. 별하도 그건 꼭 지키겠다고 얘기해주니 일단은 아주 고맙다. 다른 건 몰라도 이건 꼭 지키게 하고 싶다. 공부는 둘째고 잠을 잘 자야 학교생활이 가능하기 때문이다.
지금까지의 경험으로 비추어 핸드폰이 자유로워지는 순간 별하는 절대적으로 스스로 조절이 불가능하다고 판단되기에 계속해서 주지시켜 주고 있다. ADHD 약물치료가 어느 정도 효과는 있다고 여겨진다.
충동성이 많이 가라앉았고 별하 본인 마음 상태를 그대로 내보여준다.

어느 날 깜빡 잊고 약을 챙겨주지 못했더니 별하가 한마디 한다.

"엄마, ADHD는 약을 먹었을 때와 안 먹었을 때 차이는 모르는데 약을 먹은 날과 안 먹은 날의 차이는 있다고 하던데?"
알 듯 모를듯한 말이다.
암튼 그 뒤로 잘 챙겨주고 있다.
아이가 거부하면 어쩌나 걱정이 많았는데 마음의 안정이 느껴지는지 약에 대한 거부감은 다행히 없다. 나중에 좋아지면 조금씩 용량을 조절해보면 좋겠다고 스스로 얘기해주니 혜령 마음 또한 한결 가볍다.

푹 자고 일어나면 별하가 좋아하는 고기 구워줘야겠다.

04.
시작은 언제나 설렌다.

새로운 것들과의 만남

단지 눈만 감았다 떴을 뿐인데 일 년이 가고 새로운 해가 이렇듯 와 있다. 새해엔 온 마음을 다해 두 눈 활짝 열고 살아야겠다.

두 눈 가득 이 새로운 해를 담고 채워 지나간 년에게 찡끗 미소 날려야지.
자욱한 새벽안개와 함께 와준 새로운 년.

낯선 듯 낯설지 않은 이 계절과
새로운 년이 같은 듯 다른 나의 하루하루와 닮았다.
언제나 새로움과 시작은
이리도 들뜨는 것.

설레는 2024년,
오늘이 그 첫날이다.
혜령은 새로운 2024년에 별하와 새롭게 시작될 많은 일에 설레고 있다. 어찌 되었든 살아갈 것이고 살아낼 것이고 지나왔노라 큰소리칠 것이다.

최근 일 년여의 시간 동안 사춘기 청소년 아이들의 심리나 행동 패턴에 관한 책이나 글들을 많이 읽게 되었다.
아이를 낳으면 어떻게 키워봐야겠다는 굳은 의지를 다지고 태교 때 했던 공부들은 아이를 낳자마자 '멘탈 정상영업 불가'인 상태로 재가 되었고 사춘기라는 복병을 만나며 다시 의지를 불태우고 있는 한심한 엄마임을 부끄럽게 생각하고 있다.

내가 겪는 고통의 깊이가 더 크다고 해서 다른 사람에게 위로가 되는 것도 아니고 내가 겪는 고통의 깊이가 더 작다 해서 그들보다 덜 힘든 것도 아니다. 가진 통증만큼 최대치로 아프다.

별하가 가지고 있는 것은 사춘기 우울증 사춘기 자살 충동 청소년 핸드폰 중독 등등
아이의 마음을 읽어보고자 노력한 시간이 아직은 빛을 보는 단계는 아니지만, 언젠가 이 비포장길에서 벗어나 새로운 길에서의 걸음마를 응원하며 두려움 없는 당당한 걸음걸이로 제대로 걷길 바라고 있다.

05.
출발점이 같다고 종착점도 같아야 하는 건 아니다.

다름을 인정해주고 사랑하자.

혜령은 운전을 참으로 난폭하면서도 박진감 넘치게 다이내믹하게 한다. 그래야 스스로 멋있는 것처럼 느껴지는 것도 있었고 급한 성격 탓인지 기다리는 걸 잘하지 못했다. 운전하다 보면 어떤 차량은 추월차선인데도 세상 한가하게 저속으로 달리고 있고 어떤 차량은 꼭 나를 미행하는 듯 고분고분하게 그만큼의 거리를 두고 따라오기도 한다. 나와 나란히 백밀러 어깨동무하는 차량도 있고 혜령이 한때 그랬던 것처럼 좌우 왔다 갔다 칼치기로 저만큼 앞서 가는 차량도 있다.

아, 근데 이 칼치기 차량이 나와 백밀러 어깨동무로 신호대기에서 만난다. 혜령도 많이 경험했던 바이다. 내가 너보다 운전 잘해 밥도 다 해 놓고 나왔거든? 그러고 쌩 달렸는데 잠시 후 추월한 차량이 딱 옆에서는 거다. 그것도 눈빛 교환 가능한 딱 그 자리에. 그때의 당혹감이랄까? 창피함이랄까? 괜히 보이지도 않는데 혼자 얼굴 붉어지고 슬금슬금 도망치고 싶었던 기억들.

앞서거나 뒤서거나 달려도 결국 신호대기에서 만나게 되는 것처럼 우리의 도착지도 결국 비슷한 타이밍에 앞서거니 뒤서거니 만나는 게 아닐까?

출발점은 같아도 어떤 이는 중간에 졸음쉼터도 가고, 휴게소도 들려서 가락국수도 한 그릇 먹을 수 있고, 길을 잘못 들어 돌아올 수도 있고, 때론 멋진 풍경에 취해 며칠 머물다 다시 출발할 수도 있는 있는거고, 너무 피곤해 낮잠을 잠시 잘 수도 있겠지 싶다.

누가 이들의 경유지를 탓할 수 있을까?

명절이나 연휴 꼬리를 문 긴 차량 행렬에 부모님들은 또는 자녀들은 불이 나게 전화를 건다. "아들 천천히 와" "딸 조심히 와" "여보 운전 조심해요." "아빠 우리가 있어요" 고작 몇 시간을 달리는 이 길 위에서도 생명을 다루는 위급상황이 아니면 쉬어가고 천천히 가고 안전하길 원한다.

하물며 우리 인생길 이젠 우스갯소리로 재수가 없으면 백 년이라 하는데 그 긴 인생길 조금 더디게 조금 천천히 안전하게 가면 안 되는 걸까? 똑같은 나이에 학교에 가고, 학원에 다니고, 그런데도 일등이 있고 중간치가 있고 꼴등이 있다. 내 아이가 일등이 아니라서 실패한 인생인가? 내 아이가 일등이라 성공한 인생을 보장받는가?

출발점이 같다고 해서 종착점까지 같은 건 아니다.

너무 보편적인 것에 너무 평균화된 것에 내 아이를 맞추려 하지 않았으면 좋겠다. 같은 배에서 나고 자란 쌍둥이도 성향이 다르고 경유지가 다르다. 우리 부모의 양육방식도 조금씩 다르듯 따라오는 아이들도 조금씩 다름을 인정해주고 사랑하고 있다는 것 모든 것은 우리 아이를 위한 것임을 잊지 말고 끝까지 아이의 손은 놓지 않기로 약속!

까이꺼! 머시 중하간디!

혜령은 보이는 것에 신경을 많이 썼다. 아니 보여지는 것에 신경을 썼다는 말이 더 맞겠다.

예의 바른 행동이 주는 배움의 티, 고운 말이 주는 상대에 대한 배려, 인사성 바른 아이가 보여주는 부모의 인격, 양보를 잘하는 아이가 보여주는 것을 부모의 미덕이라 여기며 보이는 잣대들에 공을 들였다. 손님이 오면 냉큼 나와 인사를 해야 마음이 편해졌고 예쁘고 고운 말로 "안녕하세요!" ".감사합니다." 하면 꼭 혜령의 품격이 살아나는 듯했다. 타고난 것인지는 모르겠으나 별하는 심성이 착했고 예의는 깍듯했다. 도서관 가는 길 잡아주던 과자봉지는 입구에서부터 다 나눠주고 없었고 자기 것이라곤 욕심이 없었던 아이가 사춘기가 한창이던 어느 날 부모에게는 물론이고 손님 앞에서 인사는커녕 의자를 던지고 대문을 박차고 나가버린 것이 그간 생각을 확 바꾸는 계기가 되었다. 얼굴이 화끈거리고 그간의 품격이 전부 부정당하는 기분에 연신 죄송하다 죄송하다 하는데 손님은 오히려 괜찮아요. "저만하였을 때는 다 그렇잖아요." "우리도 그랬고 별하는 워낙 바른 아이라 시기만 지나면 아무 일 없었던 듯 다 좋아질 겁니다." "그~그렇겠죠?"

아이가 고개를 언제 돌리는지 첫걸음마는 언제 떼는지 첫 옹알이는 몇 개월째였는지 기저귀는 언제? 한글은? 영어는? 공부는?

다 때 되면 한다.

다 때 되면 할 것이다.

아이가 걷다 보면 도랑에 빠질 수도 있다. 도랑에 빠져서 진흙투성이가 되었다고 내 아이가 아닌 건 아니지 않나? 한 번쯤 의자도 던질 수 있고 한 번쯤 뒤통수로 눈이 돌아갈 수도 있음을 이제는 안다.

그러나, 돌아올 자리를 마련해두고 기다려 준다면! 머 도랑에 빠져 진흙투성이인 그 몸 깨끗하게 씻고 준비해둔 자리로 와줄 것을 믿는다. 영혼이 탈탈 털리는 탈곡 추수가 지나면 문득 이런 생각이 든다. 부모의 위신을 생각하지 않게 되는 순간이 어쩌면 진정 내 아이를 이해하는 순간이 아닐까..

'까이꺼 머시 중하간디!!!'
암면!!!

사춘기 ADHD 청소년과 갱년기 우울증 엄마

ADHD를 가진 소녀와 갱년기 우울증을 겪는 어머니가 함께 어려움을 겪는 것은 정말 힘든 상황일 것입니다. 이러한 상황에서 어려운 역경을 헤쳐 나가기 위한 몇 가지 생활 솔루션을 고려해 볼 수 있습니다:

의료 및 전문가의 지원: 먼저, ADHD와 우울증은 전문가의 지원이 필요한 질병입니다. 따라서 가족은 의료 전문가와 상담하고, 적절한 치료 및 관리 계획을 수립해야 합니다.

일정과 구조: ADHD를 가진 아이들은 구조와 일정에 의존하는 경우가 많습니다. 가족은 학교와 집에서의 활동을 일정에 맞추고, 중요한 일정과 과제를 시간에 맞게 계획하는 것이 도움이 될 수 있습니다.

의사 소통과 이해: 가족 간에는 서로를 이해하고 존중하는 것이 중요합니다. 어머니는 딸의 ADHD와 자신의 우울증에 대해 열린 마음으로 소통하고, 서로의 어려움을 이해하려는 노력을 해야 합니다.

스트레스 관리: 스트레스 관리 기술은 가족이 어려운 상황을 극복하는 데 도움이 될 수 있습니다. 심호흡, 명상, 운동 등의 활동은 스트레스를 줄이고 정서적 안정감을 유지하는 데 도움이 될 수 있습니다.

서로의 강점을 인정하기: 가족 구성원들은 서로의 강점을 인정하고, 상호 지원하는 문화를 만들어야 합니다. 어머니와 딸은 서로를 격려하고, 어려움을 함께 극복하는 동반자로서의 역할을 수행할 수 있습니다.

자기 관리: 어머니는 자신의 건강과 안녕을 위해 자기 관리에 시간을 할애해야 합니다. 충분한 휴식, 영양있는 식사, 정기적인 운동 및 취미 활동은 어머니의 신체적, 정신적 건강을 유지하는 데 도움이 될 수 있습니다.

지속적인 학습과 지원 찾기: ADHD와 우울증은 복잡한 상황이며, 가족은 지속적으로 학습하고 새로운 지원 방법을 찾아야 합니다. 지역 커뮤니티 자원, 온라인 지원 그룹, 치료 세션 등을 찾아보는 것이 도움이 될 수 있습니다.

이러한 솔루션은 가족이 함께 어려움을 극복하는 데 도움이 될 수 있으며, 가족 구성원 간의 상호 지원과 이해가 중요합니다.

PART 5

꿈을 향한 도전과 성장

01.

손글씨로 전하는 사랑의 소통

나, 혜령과 별하는 모노라인 철로 위를 마주하고 달리고 있었다. 모든 것을 아낌없이 주고 있다 자만했다. 별하의 첫 가출이 있기 전까지는 그저 사춘기가 일찍 온 것뿐이라 생각했다. 그러나, 그동안 혜령에게 있었던 마음속 혼돈은 때때로 소동을 유발했고 이 모든 과정은 별하에게 반사되었다. 내가 했던 가출소동 자살소동은 마음에 혼란을 겪고 있는 별하에게 각인 되어 쌓여가고 있었다. 별하가 입원하고 있을 때 의사는 혜령도 외래진료를 통해 같이 치유하기를 남편에게 권고하였지만 남편은 혜령을 믿어주었다. 일상에서 깨달아가는 혜령을... 혜령은 지난날의 스스로를 많이 들여다보고 내면을 마주함으로 자신을 사랑하게 되었고 경험을 통해 자가 치유의 방법들을 습득하려고 애쓰고 있고 그동안의 상담을 통하여 체득한 방법들을 스스로 실행해 나가기로 다짐했기에. 남편도 동의하고 적극적으로 협력하고 있다.

나는 지금 그 길을 가고 있다. 이제 혜령의 정신은 절대 가난하지 않을 것이다.

가출해 줘서 고마워! 그래서 우리 별하를 더 깊이 이해하게 됐음이야!

손글씨 편지로 소통하기

뜻이 서로 통하여 오해가 없는 걸 소통이라고 한다면 사실 일방적인 고백이지 소통은 아닌 것이 분명하다. 딸에게로 향하는 나의 손 편지는 어쩌면 내 인생 가장 눈부셨던 그 날을 시작으로 난 아이에게 종종 편지를 썼다.

백일의 기적을 기다리며 탄생 1일 차부터 백일까지 써 내려간 노트 한 권이 있다.

짧지만 사랑은 듬뿍 담았고 그러나 아직은 부족했던 모성애까지 기록하며 백일동안 건강하게 자라는 모습을 담아냈다.

그리고 어떤 이슈가 있거나, 사랑이 충만해 어떻게든 표현해내고 싶었던 그런 날이거나, 아이의 행동에 불만이 있어 고쳤으면 하는 생각이 들 때면 한 장씩 써 내려갔던 편지들….

그리고 그 편지들이 쌓여 한 묶음이 되어 있었다.

언젠가 내가 뒤를 돌아보거나 추억을 떠올릴 때, 때론 삶에 너무 지쳤을 때 보려고도 했고 아이가 성장해 사랑하는 짝을

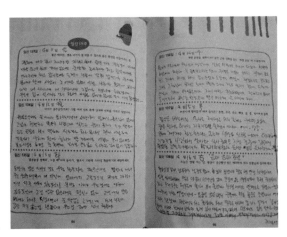

만나 결혼을 하게 되어 부모 곁을 떠날 때쯤 읽어보라며 건네주고도 싶었다.

그러다 아이를 폐쇄병동에 입원시키고 전화로는 마음을 전하기가 너무 어려워 편지를 써보자 생각했다.

그때 당시엔 좋은 말이 무슨 소용이 있으며 어떤 말이 귀에 들어올까 싶어 다시 써 내려간 아이를 향한 손글씨….

얼마나 소중한 생명인지, 얼마나 축복받은 삶인지, 아이를 계획하고, 잉태하고, 탄생하고, 성장하고, 매 순간 느꼈던 오로지 아이만을 향한 마음을 전달하려 애썼다.

몇 번 숨어서 몰래 지켜보며 애달았던 시간이 지나고 아이가 엄마 보고 싶다고 했던 날 그동안 써두었던 편지와 입원 후 매일 써 내려간 편지를 전해주었다.

오락가락하는 마음에 바로 읽어보지는 않았지만 얼마 후 걸려 온 전화에 "엄마 편지 읽고 울었어~, 엄마 나 사랑하는 거 맞지?" 한다.

아이가 성인이 되는 그날까지 시간이 되는대로 손 편지를 써 내려갈 계획이고 지금까지는 잘 실천하고 있다. 손편지가 주는 감동이 있다. 편지를 쓰긴 하지만 전달하지는 않는다. 퇴원 이후로는….

좋았던 일,
화났던 일,
싸웠던 일,
쌓이고 쌓이다 보면
역사가 되겠지….
오늘도 사랑하는 마음
온전히 담아 손 편지를 쓴다.

세상 가장
사랑하는 딸에게

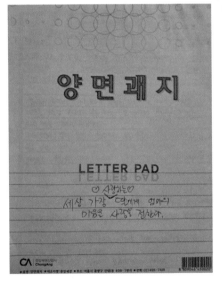

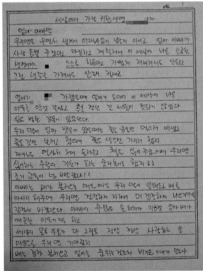

입원 치료 vs 외래진료

외래진료일이 다음날로 다가왔다.

잠들기 전 몇 번이고 생각한다. 별하가 지금 당장 부모가 원하는 만큼의 기준선 안으로 들어오지 않고 있다고 해서 다시 재입원을 시킬 것인지 아니면 믿어주며 변해주길 기다려 줄 것인지….

폐쇄병동 입원을 다시 한다는 것은 혜령에게도 별하에게도 힘든 상황을 만드는 동기가 될 수 있다.

지난번의 입원은 아이의 생명이 위태롭다고 판단했기에 안전함을 위한 입원이었다면 만약에 다시 재입원할 경우는 핸드폰 중독이라는 이유이다. 어찌 되었든 핸드폰 시청 시간을 줄여보고자 노력하는 것이 보이고 그 안에서 이루어지는 놀이가 불건전한 것이 아님에도 단지 시청 시간이 평균 이상이라는 것으로 아이를 재입원 시킨다는 건 오히려 반감만 들것 같다는 생각이 든다. 가족들의 전폭적인 지지라는 것은 바로 믿음이 아닐까 한다. 그런데 말로는 믿는다고 하면서 강제적인 방법을 쓴다는 것이 명분도 약하고 엄마로서 겁을 준 건 맞지만 그 지경까지 되고 싶진 않다.

힘들더라도 계속 주지시켜서 스스로 깨닫게 하는 방법이 우선이지 싶다. 그래도 안 된다면 그건 또 그때 가서 결정하기로 정하고 잠을 청하였다.

원래는 보호 입원 절차를 생각하고 아침 일찍 내원해줄 것을 고지받았으나, 별하가 보는 앞에서 혜령은 병원에 전화를 걸었다.

오늘 입원은 하지 않기로 했다. 별하가 지난 10일간 스스로 변하려고 하는 모습을 오래 보여주었고 엄마로서 아이를 먼저 믿어주고 싶다. 이번에는 그냥 외래진료만 보러 가겠다 전하고, 전화를 끊으면서 별하를 쳐다보니 빙그레 웃고 있다. 관계의 원만함이 우선되어야 한다는 것이 혜령의 생각이다. 사랑함을 끊임없이 표현해주고 실망스럽더라도 믿고 있다는 믿음을 전달해 주는 것이다. 병원으로 가는 길은 즐거웠고 콧노래를 불렀다. 봄비가 내려 차분히 내려앉은 공기처럼 우리 마음도 차분하게 내려앉아 미래를 들여다보고 있다.

다음에 이 길을 오고 갈 때는 우리 조금 더 성장해 있겠지?

병원에 도착해 진료 보기 전 그동안 잘 지내줬는지 작성하는 문진표가 손에 들어왔다. 거침없이 체크체크체크….

변한 것과 변하지 않았던 것이 분명했고 사회성 훈련은 하는 중이니 또 그것도 패스했다. 혜령이 염려하고 있는 부분은 핸드폰 중독이니 일단은 그것부터 개선해 보는 것이 좋을 것 같았다. 하나가 좋아지면 다른 부가적인 부분들은 당연히 뒤따라오며 좋아진다. 입원하지 않고 별하에게 기회를 주기로 마음먹은 이상 교수님께도 잘 말씀드려야 할 것 같아 문진표 한쪽에 메모 글을 적었다. "교수님, 저는 별하에게 스스로 개선하고 이겨낼 수 있는 기회를 주고 싶습니다. 지난 10일 동안 조금씩이지만 노력하는 모습을 보여주었고 잘할 거라 믿어보고 싶습니다." 교수님이 빠르게 스캔하시고는 별하에게 묻는다. 잘 지냈는지 핸드폰을 줄이기 위한 노력을 어떤 식으로 했는지…. 별하는 차분하게 "베이킹도 했고요. 인강도 들었고요. 책도 읽고 그림도 그렸어요. 엄마랑 얘기도 많이 나눴고요. 오~~그래~~멋지다! 멋지다! 별하! 그래 그렇게 해나가면 돼 병원에 있을 때도 우리 별하는 잘 지냈잖아 그치?" 마지막 말씀에는 동의하지 않는지 "제. 제가요? 잘 지냈나요? 하하하"

다음 외래진료는 두 달 뒤쯤으로 잡아주셨다. 물론 그 전에 무슨 일이 발생한다면 바로 달려오면 된다고 하셨지만 그런 일은 일어나지 않길 바랄 뿐이다.

"딸! 고마워 교수님 앞에서 그렇게 차분하게 의사전달을 해주니까 교수님도 딸 믿는 거 같지? 저번처럼 자신을 보여주기 위해 흥분해서 얘기하면 의사전달도 제대로 안 되고 사회성도 어렵다고 느껴지는 거야 상대를 설득하려면 차분하고 분명하기만 하면 돼!" 별하는 그 고운 미소와 함께 "응. 이제 빨리 집에 가자! 엄마 그리고 나 외상후스트레스장애 생길 거 같아" "외상 후 현금 지급 능력 부족 아니고?"

약 처방을 기다리는 동안 혜령은 지난 몇 달을 소환한다.

우리 별하 저기 저 길로 도망치려 했었지.
우리 별하 저기서 컵라면을 먹었었지.
우리 별하 저기서 엄마 손을 잡고 걸으며 힘들어했지.
우리 별하 이제 이곳 즐거운 마음으로 올 수 있겠지.

여전히 비는 내리고 공기는 차분하게 내려앉아 있다.
돌아오는 차 안에서 혜령은 별하에게 얘기해준다.
"엄마가 아까 문진표에 우리 별하 잘할 거라 믿으니까 기회를 주면 좋겠다고 메모했어. 교수님이 그거 보시고 찡긋! 해 주셨고 우리 별하에게 멋지다! 해주셨어. 교수님도 말씀해주셨지만, 우리 별하 멋지다! 그리고 잘할 수 있지? 응!!! 짝짝짝 멋지다! 별하야!"

혜령과 별하는 성장할 것이다.
혜령과 별하는 한껏 들떠 있다.
티키타카를 주고받으며 먹을거리를 챙기고 주섬주섬 옷들을 구겨놓느라 이미 꽉 찬 여행 백 불룩한 배를 무릎으로 눌러가며 이건 챙겨야 한다 아니다 그만 챙기자 이것도 과하다 둘이 입씨름 중이다.
1박 2일 여행길이 이리 무거워질 일인가 싶다. 누가 보면 해외여행이라도 가는 줄 누가 보면 한달살이라도 가는 짐이라 하겠다.
별하 아빠는 아까부터 언제 출발하냐고 재촉하고 있으나 마나 둘은 아직도 짐 챙기는 중이다.

혜령 생일에 맞춰 여행을 계획했고 혜령의 생일이니 혜령이 좋아하는 바닷가에서 별하가 좋아하는 고기 말고 혜령이 좋아하는 회를 먹으면서 혜령의 유년 시절 등 뒤로 떨어지던 슬픈 석양을 이젠 별하 아빠와 별하와 이렇게 가족이라는 이름 위로 곱게 물들 석양을 보고 싶다.
혜령이 숙박비를 지불하고 엄마 생일 선물로 별하는 예쁜 목걸이와 저녁 만찬을 사겠다 했다.
여행길에 오른 셋은 세상 신났다.
운전은 아빠에게 맡긴 체 별하와 뒤에 나란히 앉은 혜령.
행복해 보이는 그 모습에 아빠는 울컥해진다.

힘들게 쌓아 올린 모래성 무너질까 조마조마했다.

무너져야 새롭게 올릴 수 있다는 걸 무시했다. 조금씩 조금씩 금이 가던 모래성을 때워가며 살아질 수 있다 생각했다. 무너져야 더 새롭고 단단하게 세울 수 있다. 피하지 않고 덤빌 테면 덤비라 한다. 별하의 이야기도 끊지 않고 끝까지 잘 들어준다. 들어주다 보면 자꾸만 설교 버전으로 방향 틀어지려 하는데 고치려고 부단한 노력 중이다.

사춘기 아이들은 가르치려 드는 부모를 싫어한다는데 조심 또 조심해야지. "아! 이 햇빛 바람 진짜 좋다. 그치? 별하야!"

여기까지 해야 딱 맞는 건데 뒤에 꼭 이런 말을 붙인다.

"핸드폰 좀 그만 보고 하늘 좀 봐봐 사람은 자연을 느껴야 해;;;"

푸 하하하

아직은 수련이 더 필요하다. 다행히 눈만 한번 흘낏하고 타박은 주지 않는다.

숙소는 바닷가 앞 예쁜 곳이다.

잠시 쉬고 나와 바다를 걷는다. 아직은 바람이 차다.

별하가 사는 저녁을 먹고 밤바다로 다시 나왔다.

석양은 이미 온데간데없고 어둠만이 파도 소리와 철썩이고 있다.

바다는 늘 그 자리에 그 모습으로 있다.

혜령은 이제 별하의 바다가 되고 싶다.

숙소로 돌아와 별하가 준비한 목걸이를 혜령의 목에 걸어준다.

엄마 생일 축하해.

그리고, 엄마 사랑해.

난 엄마가 나 사랑하는 거 반만 엄마 사랑할게.

02.
결실을 기다린다.

별하의 상담 치료

별하는 사실 상담을 여러 해 동안 해왔다.

학교에서 진행해주는 상담도 있었고 개인적으로 사설 상담센터도 다니면서 마음의 치유를 위해 노력했던 경험은 결과론적으로 보자면 효과가 없진 않았을 거라 여긴다.

그러나, 아이에게 극적이고 드라마틱한 성과가 없었던 건 그 누구도 아이의 ADHD 성향을 파악하지 못했기 때문이다.

단순한 가정적인 문제로 여겼고 단순한 사춘기로 여겼다. 혜령의 우울과 별하의 사춘기를 지금처럼 질병으로 접근했더라면 별하도 혜령도 조금은 달라진 삶의 풍경 안에 있었을 것이다.

며칠 전 아이는 화가 나 있었다.

조금 더 일찍 본인의 ADHD 증상에 대한 이해가 있었다면 조금 더 일찍 엄마가 본인의 애기에 귀 기울였다면 지금과는 달랐을 것이라며 억울해했다. 끝내는 눈물까지 뚝뚝 흘리며 원망의 말을 쏟아냈다. 더 일찍 알아주지 못해 정말 미안하다 했다. 그렇지만, 정말로 지금이라도 이렇게 우리가 자각하고 함께 가야 할 부분은 또 인정하면서 노력해야 할 부분은 또 노력하기로 정한 것이 얼마나 감사한 일인지를 설명했다. 아이를 달래려고 한 말이 아니라 진심이었다.

ADHD 성향을 지닌 별하에게는 모든 것이 미션이다.

아침에 일어나는 것도 지구를 들어 올리는 것만큼이나 버겁고 매일 해야 하는 기본적인 양치나 세수 옷 챙겨입는 거 이 사소한 일과도 치열하게 해야 한다. 그러나, 이것이 습관이 되고 루틴이 될 때까지 반복해서 얘기해 줘야 한다.

이젠 상담 선생님께 미리 말씀드린다.

별하의 성장 과정과 성향과 지향성을….

그리고 부탁한다. 아이의 마음이 건강해지길 그것만이 바라는 바라고…

별하가 이성적인 사고를 해나감으로 친구를 사귀고 그 안에서 행복을 찾고 다름을 인정하고 같음을 발견해 나가길 소망한다고….

봄을 기다리며

아직은 멀었지만 내 마음이 원하는지 봄이 어서 오길 바라며 정원을 서성인다. 유난히 힘든 지난 한 해였다.

누군가는 그랬다. "지금의 시련 가고 나면 끝일 거 같고 늘 봄날일 것 같지" "아니다. 지금 꺼 가고 나면 더 큰 거 온다." 다들 이러면서 세월의 나이테 두르면서 산다는데 지금에 감사하며 살자.

정원의 수목엔 벌써 물이 올랐다. 풀도 제법 올리어와 있고 하여 그날 오후엔 호미를 들었다. 풀을 뽑고 돌을 들어 나르고 꽃을 심고 하는 것이 혜령의 천직인 듯하다. 아니 그렇게 살고 싶다. 가장 행복함을 느낀다. 씩씩하게 일 년 365일 하루도 쉬지 않고 일만 하던 시절도 있었는데 이제 그런 지난날들 돌아보면 서글퍼진다.

정말 열심히 살았다. 열심히 살아온 것이 서글픈 이유가 되는 것이 또 슬프다. 그럼 뒤를 돌아보지 말자.

'몸살감기로 며칠 앓아서 그런가 웰케 멜랑꼴리하냐;;;'

새로 오는 봄은 진짜 봄날이길 아주 아주 간절히 바래본다.

03.
역경 극복해나가기

적극적 표현과 참여로 관계를 개선한다.

혜령은 역경을 극복하면서 가족과의 관계에서 더 깊은 이해와 소통이 이루어졌다. 서로를 더 존중하고 이해하는 관계가 형성되어 각자의 성장과 변화를 공유하며 더욱 튼튼한 유대감을 느끼고 있다. 특히 별하의 내면세계에 대한 이해, 감사와 사랑의 표현은 그 핵심이 된다.

가족에 대한 감사와 사랑을 더 자주 표현하게 되었다. 어려움을 함께 극복한 경험이 가족 간의 유대감을 높이고, 서로를 더욱 소중히 여기게 되었다.

혜령 가족은 번화가에서 조금 떨어진 전원주택에서 살고 있다. 이웃이 없어 오프라인상에서 친구를 만나기 어렵다.

이러한 환경을 극복하고 혜령은 진정한 친구들과의 연결을 더욱 강화하기 위하여, 온라인상의 또래의 자녀를 둔 부모들이 유사한 어려움을 겪고 있는 모임을 통해 소통을 시작했다. 또한 기타 동호회 모임과 지역의 음악 활동 봉사에 적극적으로 참여하고 있다.

어려움을 함께 이겨낸 엄마들과의 연대감이 높아져, 서로를 더욱 신뢰하며 지지하는 친구 관계가 형성되었다.

변화된 상황에서 자신을 이해하고 받아들여 주는 친구들을 만나게 되었고, 이전보다 더욱 자유롭게 자신의 감정과 생각을 표현하며, 서로에게 공감과 이해가 높아진 관계가 형성되어가고 있다.

'내 마음을 빚다, 나의 가정을 빚다' 프로그램에서 연주하는 필자

별하는 웹툰 작가로서 꿈을 키우면서 꿈과 목표가 같은 친구들과 소통하며 친구들과의 신뢰가 증가해서 모임 내에서 방장을 맡아 팀을 선도하고 있다. 적극적 참여로 친구들과 좋은 협력을 이루어가며 꿈을 찾아갈 것으로 기대하고 있다.

사회적 기여로 얻은 신뢰와 존경

혜령은 사회적 기여를 통해 주변인들과의 관계에서 신뢰와 존경을 얻어 가고 있다. 자발적인 봉사와 공익 활동으로 인해 사회에서 긍정적인 평가를 받으며, 주변 사람들과의 관계가 더욱 강화되었다.

혜령은 변화된 활동을 통해 지속적인 소통과 연결을 유지하고 있고 사회적인 기여를 통해 새로운 인연을 만나며, 다양한 사람들과의 소통을 통해 지속해서 관계를 발전시키고 있다.

혜령은 역경을 극복하면서 주변 사람들과의 관계에서 긍정적인 변화를 이루고 있고 가족, 친구, 동료, 그리고 사회 전반에 걸친 관계에서 이해와 소통, 신뢰와 협업이 더욱 강화되어 있으며, 이는 혜령의 성장과 변화가 주변 환경에 긍정적인 영향을 미치고 있다는 것을 나타낸다.

또한 별하는 매일 변화하는 과정을 이어나가고 있으나 지속적인 관찰과 노력이 필요하다. 그러나 다행인 것은 자신의 문제를 인식하고 있어서 ADHD 증상에 대처하며 성장해 나갈 것으로 기대하고 있다. 그리고 그 기대나 문제의 인식보다도 가장 중요한 것은 자신을 인정하고 받아들이는 것인 것 같다. 나를 가장 사랑할 수 있는 건 결국 나 자신이기 때문이다.

04.
다음 챕터의 이야기들

새로운 진로와 꿈

별하는 역경을 극복하며 자신의 새로운 진로와 꿈을 찾았다. 이제는 더 크고 의미 있는 목표를 향해 나아가기 위한 계획을 세우고 있으며, 새로운 도전에 대한 열망이 높아진다.

새로운 챕터에서 별하는 계속해서 자기 계발과 학습에 힘쓸 계획이다. 웹툰 작가로서 전문성을 키우고 끊임없는 성장을 통해 미래의 가능성을 최대한 확장하고자 한다.

가족과의 공감과 지지

별하는 가족과의 관계에서 새로운 공감과 지지를 얻는다. 변화된 환경에서 엄마·아빠와 소통과 이해가 더욱 강화되며, 새로운 챕터에서도 엄마·아빠가 주는 힘을 느낀다.

별하는 가족과 함께하는 경험들을 즐기고 감사할줄 알며 함께하는 시간을 소중히 여기며 멋진 추억을 만들어 나가며, 가족과 조화로운 관계를 유지하고자 노력할 것을 믿는다. 사랑이라는 기본기가 탄탄한 우리 가족이므로 이젠 그 힘을 파워 업 시킬 시간이다.

진정한 친구들과의 연결

새로운 챕터에서 별하는 더 깊어진 우정을 형성하고 있는 진정한 친구들과의 연결을 유지한다. 서로를 더욱 잘 이해하고 지지해주며, 새로운 시기에도 함께 성장하고 있다.

별하는 온라인·오프라인 친구들과의 의미 있는 모임을 자주 가지며, 변화된 삶 속에서 서로를 지지하고 격려하는 친구들은 별하에게 큰 힘이 되어준다.

사회적 영향력 향상

별하는 새로운 챕터에서 SNS상에 영향력을 향상하고, 전문성을 바탕으로 미래 사회에 공헌하며, 비전을 통해 다양한 영역에서 인정받고 있는 모습을 상상해 본다.

지속적인 성장과 학습

별하는 자기 계발을 위해 계속해서 노력하고 있다. 새로운 기술과 지식을 습득하며 끊임없는 성장을 추구하고, 새로운 분야에서의 역량을 강화하고자 하고 있다. 내적 평화를 유지하고 행복을 찾아가고 있다. 명확한 가치관과 목표를 가지고 미래를 향해 나아가면서, 주변 환경의 영향에 흔들리지 않는 자신을 발견한다.

조금씩 성장하며 더 나은 미래를 향해 나아가는 모습이 별하 인생의 다음 챕터를 빛내고 있다.

새로운 챕터에서는 혜령이 더 큰 도전과 목표를 향해 나아가면서, 가족, 친구, 사회, 사랑 등 다양한 영역에서 더욱 풍요로운 삶을 살아갈 것이다. 변화와 도전에 대한 긍정적인 태도와 성장을 향한 끊임없는 열망이 혜령의 마음을 밝게 만들고 있다.

사춘기와 ADHD 증상에 고통받고 있는 딸·아들에게…
여러분의 꿈과 목표가 실현되기를 바랍니다.

청소년 사춘기로 몸도 마음도 힘든데 왠지 모를 어려움이 더 플러스 되는 것 같은 고통은 실제 겪어보지 않으면 모를 거예요.
어딘가 찢어지고 갈라진 거라면 눈으로 보이기나 하는 통증이고 아픔인 건데 마음이 아픈 건 보이지 않잖아요. 그리고 그 고통은 통증이 아니고 사인이래요. 몸이 나에게 보내는 사인.
난 지금 고통스럽다면 부모님이나 선생님 또는 의료진에게 솔직한 내면을 열어 보이세요. 그래야 우리 청소년 사춘기와 ADHD라는 공통분모에서 행복을 찾아갈 수 있어요.

'우는 아이 떡 하나 더 준다.'라는 옛말이 있잖아요.
우리 울어요. 누구든 알아줄 때까지….
그리고,
살아있는 동안은 아무것도 끝나지 않는답니다.
좋은 일도 나쁜 일도 다 지나가는 거니까요.
긴 인생입니다.
아프면 치유하고 힘들면 쉬어가고 그래야 다시 일어설 힘도 생기는 거예요.
인생에는 내 마음의 브레이크, 내 마음의 제동을 걸어줄 시간도 필요하답니다. 나를 알고 싶다면 요즘 내가 자주 쓰는 단어나 말을 들여다보면 된다네요?

　　"좋은 말만 듣고
　　　예쁜 것만 보고
　　　벅찰 만큼 사랑만 받기를 바랍니다."

이렇게 글을 쓰면서, 자기 능력과 어려움을 받아들이며 성장하는 과정이 아주 소중하다는 생각이 들었어요. 물론, 주의력결핍과 과잉행동 장애는 어려움을 가져올 수 있지만, 동시에 새로운 시각과 창의성을 발휘하는 기회가 될 수 있다는 확신이 들었답니다.

계속해서 내 내면을 통해 나만의 이야기를 찾아가는 것이 즐거운 삶이 되길 바랍니다. 여러분이 마주하는 어려움과 성취를 함께 공유하고 싶어요. 언제든지 이야기하고 싶은 주제가 있다면 말씀해주세요.

친구들과 어울림이 어려운 경험은 많은 ADHD가 있는 사람들이 겪는 일 중 하나일 수 있습니다. 주의력결핍과 과잉행동 장애로 인해 색다른 특성들을 가질 수 있어서, 종종 일상적인 상황에서 친구들과의 소통이나 활동에 어려움을 겪을 수 있습니다.

이러한 어려움을 극복하고 친구들과의 관계를 발전시키기 위해 몇 가지 전략을 고려할 수 있습니다.

솔직한 대화: 친구들에게 자신의 어려움에 대해 열린 마음으로 이야기해보세요. 이들이 무슨 어려움을 겪고 있는지 알면서 서로를 이해하는 것이 중요합니다.

자신을 받아들이기: 자신의 특성을 받아들이고 자존감을 높이는 것이 중요합니다. 자신이 가진 독특한 특성들은 창의적이고 특별한 것으로 여겨질 수 있습니다.

공통 관심사 찾기: 자신의 특별한 흥미나 행동 중에서도 친구들과 공유할 만한 공통 관심사를 찾아보세요. 함께 즐길 수 있는 활동을 찾는 것이 친밀감을 증진할 수 있습니다.

소극적인 활동 참여: 너무 많은 사람과의 대화나 활동이 힘들다면, 작은 그룹이나 소규모 활동에 참여해보세요. 이렇게 하면 더 편안하게 대화하고 어울릴 수 있을 것입니다.

사회적 기술 향상: 어려움을 겪는 상황에서 어떻게 대처해야 하는지 학습하고 훈련을 통해 사회적 기술을 향상시킬 수 있습니다. 상황에 맞게 적절한 행동을 익히는 것이 도움이 될 수 있습니다.

이러한 노력은 시간이 걸릴 수 있지만, 친구들과 어울림을 개선하는 데 도움이 될 것입니다. 또한, 친구들이 이해하고 지지해준다면 긍정적인 변화가 있을 수 있습니다. 좋은 친구 나쁜 친구 무엇으로 구분하나요? 청소년 사춘기 방황하는 친구들 나쁜 게 아니고 아픈 겁니다. 내 마음을 가장 잘 이해해 주고 이런 나를 아껴주는 친구가 진정한 친구랍니다. 친구가 많고 적음에 포커스를 맞추는게 아니라 진정함에 마음을 둬보세요.

ADHD가 있는 사람이 꿈을 이루기 위해서는 몇 가지 도전에 직면하게 될 수 있지만, 특별한 노력과 전략을 통해 꿈을 달성할 수 있습니다. 아래는 ADHD를 고려한 노력과 전략에 대한 몇 가지 제안입니다.

목표 설정과 계획
큰 목표를 작은 단계로 나누어 계획을 세우세요. 작은 성취를 경험하면서 전체 목표에 한 발자국 더 나아갈 수 있습니다.

시간 관리
시간을 효과적으로 관리하는 방법을 찾아보세요. 타이머를 이용하여 작업을 일정 시간 동안 집중하고 쉬는 시간을 정해두는 것이 도움이 될 수 있습니다.

일상적인 구조
규칙적이고 일정한 일상을 만들어보세요. 일어나는 시간, 잠들기 전 시간, 식사 시간 등을 일정하게 유지하면 일상적인 활동에 더 쉽게 적응할 수 있습니다.

자기 동기 부여

자신에게 적절한 동기 부여 방법을 찾아보세요. 목표를 이루면 자신에게 작은 보상을 주는 것이나 목표 달성을 기록하는 것이 자기 동기 부여에 도움이 됩니다.

지원받기

주변의 지원을 받아보세요. 가족, 친구, 또는 전문가들의 도움을 받으면 꿈을 이루는 데 도움이 될 것입니다.

스트레스 관리

스트레스 관리 기술을 익히세요. 명상, 심호흡, 운동 등은 스트레스를 효과적으로 관리하는 데 도움이 됩니다.

자기 이해와 수용

자신의 ADHD 특성을 이해하고 수용하는 마음가짐이 중요합니다. 어려움이 있을 때 자신을 비난하지 말고, 오히려 자신의 강점과 특징을 긍정적으로 바라봐보세요.

유연성과 적응력

계획이 변경될 때 유연하게 대처하고 적응력을 키우세요. 새로운 상황에서도 빠르게 조처를 하는 능력이 중요합니다.

전문가와 상담

필요하다면 전문가와 상담을 통해 자신의 어려움에 대한 전략을 논의하고 도움을 받을 수 있습니다.

ADHD가 있는 사람이 꿈을 이루기 위해서는 일반적인 도전 이외에도 자신의 특성을 고려하여 적절한 전략을 찾아가는 것이 중요합니다. 계획, 자기 동기 부여, 지원 체계를 구축하여 꾸준한 노력과 기꺼이 도움을 받아 나가는 것이 좋습니다.

웹툰 작가가 되고 싶은 내 딸! 별하에게…

웹툰 작가가 되기 위해서는 몇 가지 단계를 거쳐 전문적인 경력을 쌓고 자신만의 스타일과 이야기를 개발해 나가야 해. 아래는 웹툰 작가가 꿈을 향해 나아가는 데 도움이 될 수 있는 일반적인 단계야.

기초 교육 얻기
웹툰 작가가 되기 위해서는 미술 또는 웹툰 관련 분야에서의 기초 교육이 필요하고. 대학이나 예술 학교에서 관련 전공을 선택하고 학위를 취득해야 해.

필수 기술 습득
웹툰 소프트웨어와 관련된 기술을 습득하렴. 대중적인 웹툰 소프트웨어인 Adobe After Effects, Toon Boom, 또는 Blender 등을 익히는 것도 중요해.

포트폴리오 개발
자기 작품을 담은 포트폴리오를 개발하고. 다양한 스타일과 이야기를 보여주는 것이 중요하며, 이를 통해 자신만의 독특한 특징을 강조해 보렴.

인턴십 또는 경험 쌓기
산업 내에서의 경험이 중요해. 웹툰 스튜디오에서의 인턴십이나 프리랜서로 일해보는 것은 실무 경험을 쌓는 데 도움이 되니 그런 산업 분야에서 일해볼 수 있는 기회를 찾아.

지속적인 학습과 네트워킹
업계의 변화에 대응하기 위해 지속적인 학습이 필요하고 동시에 업계 내에서 다양한 사람들과 네트워킹하고 피드백을 받아 개선해 나가야 해.

스토리텔링 강화

웹툰 작가는 좋은 스토리텔러여야 한단다. 캐릭터 개발과 흥미로운 플롯을 만들기 위해 스토리텔링 기술을 향상하거라.

프로젝트에 참여

작은 프로젝트부터 시작하여 경험을 쌓고 웹 시리즈, 짧은 웹툰, 또는 영화 등 다양한 형식의 프로젝트에 참여해보아야 한단다.

피드백 수용

다양한 사람들로부터의 피드백을 수용하고 개선하는 자세를 갖추거라. 피드백을 통해 성장하고 발전하는 것이 중요하단다.

웹툰 작가가 되기 위해서는 꾸준한 노력과 열정이 필요하며, 어떠한 어려움에도 극복하는 능력이 필요하기에 계속해서 자기 작품을 개발하고 발전시키면서, 업계에서의 기회를 찾아보면 좋을 것 같아.

세상에서 별하를 가장 사랑하는 엄마가…

ADHD에 관하여 묻고 답하기

병원에서는 무슨 치료를 받나요?

ADHD(주의력결핍과 과잉행동 장애)의 치료는 다양한 접근 방법을 포함하며, 개별적인 상황에 따라 다를 수 있습니다. 아래는 일반적으로 사용되는 ADHD 치료 옵션 중 일부입니다:

약물 치료
주로 CNS(중추신경계)에 영향을 주는 약물이 사용됩니다. 주로 스티뮬런트와 비스티뮬런트 두 가지 유형의 약물이 사용됩니다. 이러한 약물은 주의력과 집중력을 향상하고, 과잉행동을 줄이는 데 도움을 줄 수 있습니다.

행동치료 및 상담
행동치료는 원하는 행동을 강화하고, 원하지 않는 행동을 감소시키는 데 중점을 둡니다. 인지행동치료(CBT), 행동 강화, 부모 훈련 등이 흔히 사용되는 방법 중 일부입니다.

교육 및 상담
ADHD가 있는 개인과 그 가족에 대한 교육 및 상담은 증상을 관리하고 일상생활에서 더 효과적으로 대처할 수 있도록 도움을 줄 수 있습니다.

환경조성과 지원
학교나 직장 등에서의 환경을 조성하여 더 효과적으로 학습하고 일할 수 있도록 지원합니다. 개인화된 교육 및 작업 환경을 만드는 것이 중요합니다.

일일 일정 및 계획 수립

개인의 주의력과 계획 수립 능력을 향상하기 위해 구조화된 일일 일정 및 계획이 필요할 수 있습니다.

사회기술 향상

친구, 가족, 동료와의 사회적 상호작용에서 발생할 수 있는 어려움에 대한 사회기술을 향상하는 것이 중요합니다.

치료 방법은 환자의 개별적인 상황과 증상에 따라 조절됩니다. 종합적이고 맞춤화된 치료 계획을 개발하려면 정확한 평가 및 다양한 전문가의 협력이 필요합니다. 의료 전문가와 함께 적절한 치료 방법을 찾는 것이 중요합니다.

~~~ ◆◆◆ ~~~

부모님으로부터 도피하고 싶은 생각이 많은데 제 증상과 관련이 있나요?

부모님으로부터 도피하고 싶은 생각이 드는 것은 다양한 이유와 상황에 기인할 수 있습니다. ADHD가 있는 사람들은 종종 다른 사람들과의 관계에서 일어나는 어려움과 스트레스에 직면할 수 있습니다. 몇 가지 가능한 이유는 다음과 같습니다

인지기능의 어려움

ADHD가 있는 사람들은 주의력결핍과 과잉행동으로 인해 인지 기능에 어려움을 겪을 수 있습니다. 이로 인해 소통과 대화가 어려워져 부모와의 관계에서 긴장이 생길 수 있습니다.

감정 관리 어려움

ADHD는 감정을 적절하게 관리하는 데 어려움을 줄 수 있습니다. 갑작스러운 감정 변화로 인해 충돌이 발생하거나, 자신의 감정을 표현하기 어렵게 느낄 수 있습니다.

자기 관리의 어려움

ADHD는 일상적인 자기 관리와 조직 능력에 영향을 줄 수 있습니다. 이로 인해 공간이 혼잡하게 되거나, 책임을 다하는 데 어려움을 겪을 수 있습니다.

학교나 직장에서의 어려움

학교나 직장에서의 과제를 수행하는 데 어려움이 있을 수 있습니다. 이로 인해 학교나 직장에서의 스트레스가 부모님과의 관계에 영향을 미칠 수 있습니다.

부모님으로부터 도피하고 싶은 생각이 든다면, 이에 대한 원인을 파악하고 상황을 개선하기 위한 방법을 찾는 것이 중요합니다. 가족 내 소통을 높이고, 부모님과의 관계를 이해하며, 필요한 지원을 찾아보는 것이 도움이 될 수 있습니다. 만약 심리적인 어려움이 크다면, 전문가의 도움을 받는 것도 고려해볼 만합니다.

죽고 싶은 생각이 많이 드는데 이 병과 관련이 있나요?

저는 여러 어려움과 감정을 경험하고 계신다는 것을 알게 되어 매우 안타까워합니다. 죽음에 관한 생각이나 자살 충동은 매우 심각한 문제이며, 이에 대한 지원을 받는 것이 중요합니다.

ADHD 자체가 죽음에 관한 생각을 유발하는 원인은 아닙니다. 그러나 ADHD를 앓는 사람들이 일상적인 삶에서 경험하는 어려움과 스트레스는 정신건강에 부정적인 영향을 미칠 수 있습니다. ADHD와 관련된 어려움이 증상을 악화시키거나 자살 생각을 유발할 수 있습니다.

자살 생각이나 우울증, 또는 다른 정신건강 문제에 대한 지원을 받는 것이 매우 중요합니다. 즉각적으로 가까운 신체적 위험이 있는 경우에는 응급 상황 지원을 받아야 합니다. 그렇지 않은 경우에도 전문가의 도움을 받는 것이 중요합니다.

다음은 지원받을 수 있는 몇 가지 방법입니다:

가족이나 친구에게 이야기하기
가족이나 친구에게 믿고 이야기하고 지원을 받는 것은 매우 중요합니다.

전문가 상담
정신건강 전문가와 상담을 받는 것이 도움이 됩니다. 정신과 의사, 정신건강 간호사, 또는 정신건강 전문가에게 도움을 청해보세요.

응급 상황 전화
심각한 위험이 있는 경우, 응급 상황 전화 서비스를 이용해보세요. 각 국가에서는 다양한 위기 상황에 대응하는 응급 상담 서비스를 제공하고 있습니다.

지역의 정신건강 자원 활용
지역에서 제공되는 정신건강 자원을 활용해보세요. 지역 정신건강 기관이나 단체에서 제공하는 서비스를 확인해보세요.

생명이 소중하며, 어려움을 극복할 수 있는 도움과 지원이 존재합니다. 되도록 이른 시일 내에 전문가와 연락하거나 가까운 도움을 받을 수 있는 지원 체계를 찾는 것이 중요합니다.

약물을 복용하면서 정신을 집중하기 어렵고 또 힘이 없고 나른합니다.

약물을 복용하면서 나타나는 부작용은 개인마다 다를 수 있습니다. 특히 ADHD 치료에 사용되는 약물 중에서는 이러한 부작용이 발생할 수 있습니다. 이러한 증상이 지속되거나 심각하다면 즉시 담당 의료 전문가와 상담하는 것이 중요합니다. 그들은 개인의 상태를 평가하고, 필요한 조처를 할 수 있습니다.

여러 이유로 나타날 수 있는 부작용 중 일부는 다음과 같습니다:

집중력 저하
일부 사람들은 약물 복용 시 집중력이 저하될 수 있습니다. 이는 약물의 종류, 용량, 개인의 생리학적 특성 등에 영향을 받을 수 있습니다.

피로감과 나른함
일부 사람들은 약물 복용 후 피로감을 느낄 수 있습니다. 이로 인해 에너지 부족과 나른함이 발생할 수 있습니다.

다른 부작용
약물에는 다양한 부작용이 있을 수 있습니다. 예를 들면, 두통, 식욕 감소, 신경성 부정동 등도 포함될 수 있습니다.

부작용은 개별적인 반응에 따라 다르므로, 어떠한 부작용이든 의료 전문가에게 즉시 알려야 합니다. 그들은 증상을 평가하고, 필요하면 약물 조정이나 대체 약물 고려 등의 조처를 할 수 있습니다.

또한, 약물을 복용하는 동안 자신의 증상을 주시하고, 건강 전문가와 열린 소통을 유지하는 것이 중요합니다. 부작용은 종종 초기에 나타날 수 있으며, 시간이 지남에 따라 적응되거나 감소할 수 있습니다.

시력이 저하되고 부동시 현상도 나타나는데 약물 부작용일까요?

약물 부작용은 다양한 형태로 나타날 수 있습니다. 시력 저하와 부동시 현상이 나타나는 경우, 이는 약물 부작용의 가능성이 있습니다. 그러나 이러한 증상이 반드시 약물과 관련이 있는 것은 아닙니다. 다양한 다른 요인도 시력과 관련된 문제를 유발할 수 있습니다.

ADHD(주의력결핍과 과잉행동 장애)를 치료하기 위해 사용되는 일부 약물은 부작용으로서 시력과 관련된 증상을 유발할 수 있습니다. 이러한 부작용은 특정 약물에 따라 다르며, 개인에 따라 다르게 나타날 수 있습니다.

시력 저하와 부동시 현상이 나타나면, 다음과 같은 조치를 고려해 볼 수 있습니다:

의료 전문가와 상담
증상이 나타나면 즉시 담당하는 의료 전문가와 상담하세요. 부작용이 약물과 관련이 있다면, 의사는 적절한 대응을 할 것입니다.

약물 조정
부작용이 약물과 관련이 있다면, 의료 전문가는 약물의 용량을 조절하거나 다른 약물로 교체하는 등의 조처를 할 수 있습니다.

기타 원인 탐색
시력 저하나 부동시 현상은 다양한 다른 원인에 의해 발생할 수 있습니다. 다른 건강 문제, 스트레스, 눈의 피로 등을 고려할 수 있습니다.

자체적으로 약물을 조정하거나 중단하는 것은 권장되지 않습니다. 이러한 결정은 의료 전문가와 상의한 후에 이루어져야 합니다. 증상이 나타나면 가장 빨리 의료 전문가와 상담하여 정확한 평가와 조치를 받을 수 있도록 하세요.

<div align="center">~~~ ◆◆◆ ~~~</div>

중학교 학생이라서 학교 수업을 중단하고 병원에 입원하고 있어요. 어떻게 해야 하나요?

마주하고 있는 현실이 상당히 어려운 상황임을 알고 있습니다. 학교 수업을 중단하고 병원에 입원하고 있는 것은 정신건강 문제에 대한 진지한 대처의 일환이며, 이는 충분한 지원과 이해가 필요합니다.
여러 이유로 병원에 입원한 경우, 이는 정신건강 전문가들이 치료와 관리를 위해 환자의 상태를 효과적으로 모니터링하고 지원하기 위한 결정입니다. 학교생활에 영향을 미칠 수 있는 정신건강 문제는 중요한 관심사이며, 적절한 치료와 관리가 필요합니다.
이러한 상황에서는 다음과 같은 지원과 조치가 고려될 수 있습니다.

의료 전문가와의 소통
환자와 함께 정신건강 전문가들과 열린 소통을 유지하세요. 치료 계획, 진행 상황, 향후 계획 등에 대해 자세한 정보를 얻을 수 있습니다.

가족 지원
가족은 중요한 지원 체계입니다. 환자의 가족은 치료 및 회복 과정에서 함께 협력할 수 있는 중요한 역할을 합니다.

학교와의 소통
학교 측과의 소통을 유지하여 학교생활과 관련된 지원을 조율하세요. 학교에서는 환자가 복학할 때 필요한 조치를 준비할 수 있습니다.

정신건강 교육

가족과 환자 자신에게 정신건강에 대한 교육을 제공하는 것이 도움이 됩니다. 이는 건강한 삶과 복원에 도움을 줄 수 있습니다.

정기적인 평가와 조치 조정

정신건강 전문가들은 환자의 상태를 정기적으로 평가하고, 필요에 따라 치료 계획을 조정할 수 있습니다.

이러한 상황에서는 전문가의 지도를 받는 것이 중요하며, 앞으로는 학교 복귀와 일상적인 활동으로의 복귀에 대한 계획을 세우는 것이 중요합니다. 학교, 가족, 의료 전문가들 간의 협력은 학생의 정신건강과 학교생활에 긍정적인 영향을 미칠 수 있습니다.

초기 증상의 발견이 쉽지 않은데 어떤 증상이 초기에 나타나나요?

ADHD(주의력결핍과 과잉행동 장애)의 초기 증상은 다양하게 나타날 수 있으며, 각 개인이 경험하는 증상은 다를 수 있습니다. 그러나 주로 다음과 같은 초기 증상이 관찰될 수 있습니다:

주의력결핍, 지속적인 산만함

수업이나 작업 중에 주의를 집중하는 것이 어려워 자주 산만해지는 경향이 있습니다.
효과적인 주의 유지 어려움: 작업이나 임무에 대한 주의를 오래 유지하는 데 어려움을 겪을 수 있습니다.

과잉 활동성 및 임펄시브한 행동

과잉 활동성: 말을 많이 하거나 자리에 가만히 앉지 못하고 활동적인 행동을 보일 수 있습니다.
임펄시브한 행동: 행동하기 전에 생각하거나 계획하는 능력이 부족하

며, 급한 성향을 보일 수 있습니다.

조직 및 계획 능력의 부족
과제나 일의 조직이 어려움: 숙제나 프로젝트를 조직하고 완료하는 데 어려움을 겪을 수 있습니다.
시간 관리 어려움: 시간을 효과적으로 관리하는 데 어려움을 겪을 수 있습니다.

사회적 문제
동료나 가족과의 관계에서 어려움: 사회적 규칙을 이해하고 지키기 어려워 친구나 가족과의 관계에서 문제가 발생할 수 있습니다.
급한 감정 변화: 갑작스러운 감정 변화가 나타날 수 있으며, 스트레스에 민감하게 반응할 수 있습니다.

학교 성적의 변동:
과목에 따른 성적의 불규칙한 변동: 일부 과목에서는 뛰어난 성적을 받을 수 있지만, 다른 과목에서는 낮은 성적을 받을 수 있습니다. 이러한 증상은 어린 시기부터 나타날 수 있으며, 더 정확한 평가를 위해서는 전문가의 도움을 받는 것이 중요합니다. 만약 이러한 증상이 지속되고 일상생활에 지장을 준다면, 정신건강 전문가와 상담하여 적절한 평가와 관리 방안을 모색하는 것이 중요합니다.

여자와 남자의 증상의 차이가 있나요?

ADHD(주의력결핍과 과잉행동 장애)의 증상은 여성과 남성 간에 차이가 있을 수 있지만, 이러한 차이는 종종 감지하기가 어려울 수 있습니다. 오랫동안 ADHD는 주로 남자 아동 또는 청소년에 집중됐고, 여성의 경우 증상이 미비하게 나타날 수 있어서인데, 이로 인해 여성의

ADHD가 자주 감지되지 않는 경우가 있습니다.
여성과 남성의 ADHD 증상의 차이는 다음과 같을 수 있습니다.

여성의 ADHD 증상

내향성 증상: 여성은 자주 내향적인 증상을 나타낼 수 있습니다. 즉, 주의력결핍과 과잉행동이 외부적으로 나타나는 것보다 내면적으로 느껴질 수 있습니다.

감정 조절 어려움: 여성은 감정 조절에 어려움을 겪을 수 있습니다. 과도한 감정표현이나 감정의 변동이 나타날 수 있습니다.

일상생활에서의 조절: 여성은 증상을 극복하기 위해 일상에서 더 큰 노력을 기울일 수 있습니다. 이로 인해 외부에서는 그렇게 보이지 않을 수 있습니다.

조직과 계획의 어려움: 여성은 조직과 계획에 어려움을 겪을 수 있으며, 이로 인해 업무나 일상생활에서의 효율성이 낮아질 수 있습니다.

남성의 ADHD 증상

과잉행동의 외부적 표출: 남성은 주로 과잉행동이나 과잉 활동이 외부에서 더 잘 관찰될 수 있습니다.

일상 활동에서의 문제: 남성은 덜 내향적으로 표현될 수 있으며, 일상생활에서의 문제가 더욱 뚜렷하게 나타날 수 있습니다.

순발력 문제: 남성은 주로 순발력 문제를 경험할 수 있습니다. 즉, 일상생활에서의 실수나 부주의한 행동이 더 자주 발생할 수 있습니다.

이러한 차이점은 개별적인 차이도 있을뿐더러, 여성과 남성이 모두 ADHD를 앓을 수 있고, 중요한 것은 개개인의 특성과 증상에 대해 고려하는 것입니다. ADHD는 성별에 따라 다양한 양상으로 나타날 수 있으며, 증상이 비슷하더라도 각각의 경험이 다를 수 있습니다.

~~~ ◆◆◆ ~~~

10대 여성의 주요 증상에는 어떤 것이 있나요?

10대 여성이 ADHD(주의력결핍과 과잉행동 장애)를 경험하는 경우, 다음과 같은 증상이 나타날 수 있습니다. 그러나 이는 개개인에 따라 다르며, 증상의 정도 및 영향은 다양할 수 있습니다.

주의력결핍
수업이나 업무 중에 주의를 집중하기 어려움.
책을 읽거나 숙제를 하는 동안 쉽게 산만해짐.
실수가 자주 발생하거나 무엇을 하는 동안 쉽게 임무를 잊어버림.

과잉행동 및 임펄시브한 행동
자주 급한 성향을 보임.
어떤 일을 시작하면 완료하기 어려움.
타인과 대화 중에 임펄시브한 응답을 하거나 어려움.

기분 조절 문제
갑작스러운 감정 변화, 특히 공포, 분노, 혼란 등이 나타날 수 있음. 스트레스에 민감하게 반응하거나 쉽게 흥분될 수 있음.

조직 및 계획의 어려움
개인 과제나 프로젝트의 조직이 어려울 수 있음.
일정을 계획하거나 시간을 효과적으로 관리하는 데 어려움을 겪을 수 있음.

사회적 관계 문제
친구나 가족과의 관계에서 어려움을 겪을 수 있음.

사회적 규칙을 이해하고 지키기 어려움.

자기 관리 어려움

일상적인 일을 조직하고 수행하는 데 어려움이 있을 수 있음.
성공적인 자기 관리와 자기 동기 부여가 어려울 수 있음.

학교 성적의 변동

과목에 따라 성적의 불규칙한 변화가 나타날 수 있음.
일부 과목에서는 높은 성적을 받을 수 있지만 다른 과목에서는 낮은
성적을 받을 수 있음.
ADHD 증상은 다양하게 나타날 수 있으며, 여성의 경우 남성과는 다르
게 나타날 수 있습니다.

ADHD 완치가 가능한가요?

ADHD(주의력결핍과 과잉행동 장애)는 만성적인 신경 행동성 질환이
며, 완전한 "치유"는 없지만, 관리와 치료를 통해 증상을 효과적으로
관리하고 개선하는 것이 가능합니다. 다양한 치료 옵션이 있으며, 개별
적인 증상과 개인의 상황에 따라서 최적의 치료 방식이 달라질 수가
있습니다.

일반적으로 ADHD 치료에는 다음과 같은 접근 방법이 사용됩니다.

행동 요법 (Behavioral Therapy)

행동 요법은 적절한 행동 및 기술을 가르치고 강화함으로써 증상을 개
선하는 데 중점을 둡니다. 특히, 양육자나 교사와의 협력을 통해 양성
적인 행동을 강화하고 부정적인 행동을 감소시키는 데 중점을 둡니다.

약물 치료 (Medication)

일부 환자에게는 약물 치료가 효과적일 수 있습니다. 주로 주시력과 주의력에 영향을 미치는 뇌 화학 물질에 작용하는 약물이 사용됩니다.

교육 및 지원
환자와 가족에게 ADHD에 대한 교육을 제공하고, 적절한 지원을 제공하여 학교나 직장에서의 어려움을 극복할 수 있도록 돕습니다.

심리치료 (Psychotherapy)
심리치료는 환자의 감정, 행동, 사고를 탐구하고 이를 통해 대처 방식을 개선하는 데 도움을 줄 수 있습니다.

환경 조절 및 일상적인 관리
ADHD 증상을 완화하기 위해 환경을 조절하고, 일상적인 관리 방법을 통해 생활의 질을 향상시킬 수 있습니다.

치료의 효과는 개인에 따라 다르며, 종종 다양한 치료 방법을 복합적으로 사용하는 것이 가장 효과적일 수 있습니다. 중요한 것은 정확한 진단과 맞춤형 치료를 받는 것이며, 이는 정신건강 전문가와 함께 협의하여 결정하는 것이 중요합니다.

10대 20대 30대 증상에는 어떤 차이가 있나요?

ADHD(주의력결핍과 과잉행동 장애)의 증상은 나이와 개인의 성격, 환경 등에 따라 다양하게 나타날 수 있습니다. 여러 연령대에서는 공통된 특징이 있을 수 있지만, 각 연령대에서는 특정한 증상이나 도전에 더 중점을 둘 수 있습니다.

10대의 특징
학교와 집에서의 어려움: 수업에서 주의를 집중하기 어렵고, 숙제나 과제를 완료하는 데 어려움을 겪을 수 있습니다.

사회적 관계의 어려움: 동료와의 관계에서 어려움을 겪거나, 정서적인 통제에 어려움을 느낄 수 있습니다.

임펄시브한 행동: 성급하거나 대화 중에 막말하는 등의 행동이 두드러질 수 있습니다.

20대의 특징
대학이나 직장에서의 도전: 독립적인 환경에서의 책임 증가로 인해, 조직과 계획의 어려움이 두드러질 수 있습니다.

자기 조절의 어려움: 독립생활에서 자기 관리의 중요성이 더해져, 일상적인 일을 관리하는 데 어려움을 겪을 수 있습니다.

정신건강 문제의 위험: ADHD를 앓는 개인들은 정신건강 문제에 더 취약할 수 있으며, 20대에서는 스트레스에 민감하게 반응할 수 있습니다.

30대의 특징
가족 및 직장에서의 압력: 가정과 직장에서의 책임이 증가하면서, 조직과 계획 능력이 더욱 중요해집니다.

인간관계의 어려움: 가족이나 동료와의 관계에서 어려움을 겪을 수 있습니다. 결혼이나 부모가 되는 등의 생활 변화에 대처하는 데 어려움을 느낄 수 있습니다.

자기 개선의 필요성: 30대에는 자기 계발이나 성공을 이루기 위해 노력하는 데 어려움을 겪을 수 있습니다.

이러한 특징은 일반적인 경향일 뿐이며, 개개인의 경험과 증상은 다를 수 있습니다. 중요한 것은 각 개인이 진단받고, 적절한 치료 및 지원을 받아 증상을 최적화할 수 있도록 하는 것입니다.

~~~ ◆◆◆ ~~~

환자의 가족은 어떻게 행동해야 할까요?

ADHD(주의력결핍과 과잉행동 장애)가 있는 환자의 가족은 상황을 이해하고 지원하는 데 중요한 역할을 합니다. 아래는 ADHD가 있는 가족이 고려해야 할 행동 및 지원 방법에 관한 일반적인 지침입니다.

이해와 교육
ADHD에 대한 기본적인 이해를 높이세요. 증상, 치료 옵션, 예상되는 도전 등에 대한 지식은 가족이 효과적으로 지원하는 데 도움이 됩니다.

열린 소통
가족 구성원 간에 열린 소통을 유지하세요. 서로의 감정과 경험에 관해 이야기하면서, 어려움에 대한 공감과 이해를 나눌 수 있습니다.

일관된 규칙과 구조
환경에서의 일관된 규칙과 구조는 ADHD 증상을 관리하는 데 도움이 됩니다. 예를 들어, 과제, 숙제, 활동에 대한 규칙을 일관되게 적용하세요.

목표 설정과 보상

목표 설정과 보상 시스템을 활용하여 원하는 행동을 강화하고 긍정적인 동기 부여를 제공하세요.

효과적인 의사소통

명확하고 간결한 지시를 통해 의사소통을 최대한 효과적으로 만들어주세요. 간단하고 구체적인 지시는 이해하기 쉽고 따르기 쉽습니다.

정서적 지원

ADHD가 있는 가족 구성원은 종종 자기 통제와 감정 조절에 어려움을 겪습니다. 정서적인 지원을 통해 어려운 순간에 상호 간에 이해와 지지를 나눌 수 있습니다.

전문가와의 협력

ADHD 관리를 위해 전문가와의 협력이 중요합니다. 의사, 심리학자, 교육 전문가 등과의 협력을 통해 최적의 지원을 받을 수 있습니다.

자기 돌봄

ADHD가 있는 환자 가족의 경우, 스트레스와 어려움에 대응하면서 자기 돌봄을 강화하는 것이 중요합니다. 휴식과 휴식 시간, 건강한 습관을 유지하세요.

긍정적인 강조와 지지

가족 구성원의 장점과 성취에 주목하고, 긍정적인 피드백을 제공하세요. 환자에게 자신을 더 잘 이해하고 받아들일 수 있도록 도와주세요. 가족은 함께 협력하고 상호 지원하는 것이 중요합니다. 이는 ADHD가 있는 가족 구성원의 일상을 더 조화롭고 긍정적으로 만들 수 있습니다.

ADHD 증상의 원인은 주로 무엇인가요?

ADHD(주의력결핍과 과잉행동 장애)의 원인은 정확히 알려진 것이 없습니다. ADHD는 복합한 원인에 기인하며, 유전적, 환경적, 신경생물학적인 요소들이 상호작용하여 발생할 수 있습니다.

유전적 요인

가장 강력한 ADHD 발병 요인 중 하나는 유전적인 영향입니다. 가족에서 ADHD가 있는 경우, 후손들이 ADHD를 앓을 확률이 높아집니다. 특정 유전자와의 연관성도 연구 중이지만, 단일한 유전인자로 설명되기보다는 여러 유전적 변인의 상호작용이 관련될 것으로 예상됩니다. 그러나 최근 독일을 중심으로 새로운 학설에는 신경전달 물질의 부족에 기인하는 후천적 요인으로 논문이 발표되고 있습니다. 이 부분에 대해서는 필자도 더 연구하고 공부하여 추후 알려 드리겠습니다.

신경생물학적 요인

뇌의 화학 물질인 뉴로트랜스미터의 불균형이나 작동의 문제가 ADHD와 관련이 있을 수 있습니다. 특히, 주의력과 집중력을 조절하는 데 관련된 뇌 부위와 뇌 화학 물질에 변화가 나타날 수 있습니다.

임신과 태어날 때의 문제

출생 전이나 태어날 때의 문제가 ADHD와 관련될 수 있습니다. 조산, 저체중 출생, 조산, 흡연, 알코올 소비 등이 관련 요인으로 연구되고 있습니다.

환경적 요인

뇌 발달 초기에 발생하는 외부 환경의 영향도 중요합니다. 조기 노출된 중독물질, 성적 학대, 생활 환경의 스트레스 등이 ADHD 발병에 영향을 줄 수 있습니다.

염려 경향과 관련된 요인

개인의 성격과 생물학적 특성에 따라 ADHD 증상이 더 뚜렷해질 수 있습니다. 예를 들어, 염려나 긴장이 높은 경우 ADHD 증상이 더 현저해질 수 있습니다.

이러한 요인들이 상호작용하여 ADHD의 발병과 증상 발현에 기여할 수 있습니다. 그러나 각 개인의 경우에는 이러한 요인들이 다르게 작용하며, 정확한 원인은 개별적이고 다양할 수 있습니다. ADHD는 복잡하고 다원인 적인 특성을 가진 신경 행동성 장애로서, 정확한 원인을 파악하는 데는 아직 많은 연구가 필요합니다.

~~~ ◆◆◆ ~~~

성인이 되면 증상이 완화되나요?

ADHD(주의력결핍과 과잉행동 장애)의 증상이 성인이 되면 완전히 사라지는 것은 일반적으로 기대하기 어렵습니다. 그러나 몇 가지 관찰된 패턴이 있습니다:

일부 증상의 완화
성인이 되면 몇 가지 ADHD 증상이 완화되는 경우가 있을 수 있습니다. 특히 과잉 활동성이나 임펄시브한 행동이 덜 도드라지게 나타날 수 있습니다.

컴플라이언스와 대처 능력 향상
성인이 되면서 책임이 늘어나고, 사회적 기대가 높아지면서, 일부 성인은 더 나은 컴플라이언스와 대처 능력을 발전시킬 수 있습니다.

고려하는 요인
성인이 되면서 증상의 경중이나 형태는 변할 수 있습니다. 그러나 어떤 성인은 여전히 주의력결핍이나 조직력의 어려움과 같은 증상을 계속 경험할 수 있습니다.

다양한 전문가의 지원
성인이 되어도 ADHD는 계속해서 일상생활에 영향을 미칠 수 있습니다. 이를 효과적으로 관리하기 위해 행동 요법, 약물 치료, 심리치료 등 다양한 전문가의 지원이 필요할 수 있습니다.

중요한 것은 성인이 된다고 해서 ADHD가 완전히 사라지는 것은 아니며, 각 개인의 경험이나 증상은 다를 수 있다는 점입니다. 정확한 평가와 적절한 지원을 받는 것이 중요하며, 성인이 되면서도 ADHD의 적절한 관리는 삶의 질을 향상시킬 수 있습니다.

~~~ ◆◆◆ ~~~

ADHD 증상을 가진 청소년들은 어떤 학습 방법으로 공부를 하면 좋을까요?

ADHD(주의력결핍과 과잉행동 장애)가 있는 청소년들이 효과적으로 학습하기 위해서는 적절한 학습 전략과 환경을 활용하는 것이 중요합니다. 아래는 ADHD가 있는 학생들을 위한 학습 방법과 전략 몇 가지입니다:

일정과 계획
일정 및 일일 계획: 정해진 시간에 학습과 과제를 진행할 수 있도록 자세한 일일 계획을 세우세요. 일정을 일관되게 유지하면 효과적으로 공부할 수 있습니다.

시간 관리: 시간을 효과적으로 관리하기 위해 타이머나 알람을 활용하고, 작업을 진행하는 동안 짧은 휴식을 취하는 것이 도움이 될 수 있습니다.

목표와 보상 시스템
작은 목표 설정: 큰 과제를 작은 목표로 나누어 설정하고, 각 목표를 완료할 때마다 작은 보상을 주는 시스템을 활용하세요.

시각적인 목표판: 학습 목표와 진행 상황을 나타내는 시각적인 목표

판을 활용하여 학습 동기 부여를 높일 수 있습니다.

효과적인 공부 환경

조용하고 정돈된 환경: 가능한 조용하고 청결한 학습 환경을 유지하세요. 방해 요소를 최소화하고 집중에 도움이 되는 소품을 사용하세요.

공부 공간 분리: 학습과 휴식을 분리하고, 효과적으로 집중할 수 있는 학습 공간을 마련하세요.

시각적 자료 활용

색상, 그래프, 차트 등 시각적 자료를 활용하여 정보를 이해하고 기억하는 데 도움을 줄 수 있습니다.
동작을 활용한 학습: 음악을 들으면서 공부하거나, 손으로 쓰거나 그림을 그리면서 학습하는 등 다양한 감각을 활용하세요.

실제 체험과 적용

실습과 체험 중심 공부: 학습을 실제로 체험하고 적용하는 것을 중요시하면서, 이론적인 공부와 함께 실제 예시나 문제를 다루는 데 집중하세요.
학습 내용을 가상적으로 시뮬레이션: 학습 내용을 실제로 체험하는 가상 시뮬레이션을 활용하여 학습을 더 흥미롭게 만들 수 있습니다.

학습 방법은 개인에 따라 다를 수 있으며, 학생들은 여러 방법을 시도해보고 어떤 방법이 가장 효과적인지를 찾아가는 것이 중요합니다. 학습 도구나 전략을 조절하며, 지속적인 피드백을 통해 학습 방법을 최적화하는 데 도움을 받을 수 있습니다.

~~~ ◆◆◆ ~~~

ADHD 증상이 있어서 친구 관계를 맺기 어렵습니다. 어떻게 친구를 만들 수 있을까요?

ADHD(주의력결핍과 과잉행동 장애) 증상이 있어서 친구 관계를 맺기 어려울 때 몇 가지 전략을 시도해 볼 수 있습니다. 아래는 ADHD 증상을 고려하여 친구를 만들기 위한 일부 조언입니다:

개인적인 강점을 찾기
자신의 강점을 찾아내고 활용하세요. ADHD가 있는 사람들은 창의적이고 독특한 아이디어를 가질 수 있습니다. 자신의 강점을 인식하고 이를 자신 있게 표현해보세요.

열린 소통
소셜 상황에서 소통하는 데 어려움을 겪는 경우, 솔직하고 열린 소통을 통해 상대방에게 자신의 어려움을 공유할 수 있습니다. 이를 통해 상대방이 이해하고 협력할 수 있는 기회를 마련할 수 있습니다.

공통 관심사 찾기
공통된 관심사를 찾아봅니다. 동호회나 그룹 활동에 참여하여 비슷한 취미나 관심을 가진 사람들을 만날 수 있습니다.

친구 관계를 조금씩 발전시키기
친구 관계를 조금씩 발전시키기 위해 작은 그룹에서 사람들을 만나거나, 일상적인 소통을 유지해보세요. 급한 마음으로 친구를 많이 만들려 하지 말고, 천천히 친밀도를 높여가는 것이 중요합니다.

간편하게 친구 초대하기
친구를 만들기 위해 복잡한 계획을 세우기보다는 간단하게 커피를 마시러 가거나 간단한 약속을 만들어보세요. 간편한 모임에서 시작하면 부담이 적을 수 있습니다. 대화가 어렵다면 공감한다는 리액션에서부터 시작하면 좋습니다.

원활한 소셜 스킬 연습

친구 관계를 위해 원활한 소셜 스킬을 연습하세요. 미소, 안부 인사, 상냥한 제스처 등을 연습하면 상대방과의 상호작용이 더 원활해질 수 있습니다.

친구 관계에서의 유연성 기르기

친구 관계에서는 유연성을 기를 필요가 있습니다. 계획에 유연하게 대처하고 상대방의 의견을 존중하려 노력하세요.

전문가와 상담받기

ADHD로 인한 어려움을 극복하기 위해 전문가나 상담사의 도움을 받는 것도 고려해보세요. 개별적인 도움과 조언을 받으면 더 나은 결과를 얻을 수 있습니다.

중요한 것은 자신을 받아들이고 이해하는 마음가짐을 유지하며, 친구 관계를 적극적으로 발전시켜 나가는 것입니다. 작은 성공과 긍정적인 경험이 친구 관계를 만들어 나가는 데 도움이 될 것입니다.

ADHD 증상을 가지고 성공한 사람들

ADHD(주의력결핍과 과잉행동 장애) 증상이 있더라도 많은 성공한 사람들이 많습니다. ADHD는 어려움과 도전을 가져올 수 있지만, 적절한 지원과 전략을 통해 많은 개인이 성과를 내고 성공적인 삶을 살아갈 수 있습니다. 몇몇 유명한 사람들도 ADHD가 있거나, ADHD 증상에 해당하는 특징을 가지고 있습니다.

※ 개인의 의료 기록과 성공 여부는 개인적이고 민감한 정보일 수 있으며, 이러한 정보는 대개 공개되지 않습니다. 여기에 알려진 정보는 공개된 일부의 정보를 활용한 예시입니다.

이들을 통해 삶을 개척해 나가는 지표로 삼기를 바랍니다,

ADHD 증상을 가진 많은 사람이 현대 사회에서 성공적인 사업가, 창업가, 혹은 전문가로 성장하고 있습니다. 아래는 일부 성공 사례 중 몇 가지를 살펴보겠습니다:

성공적인 사업가, 창업가, 혹은 전문가

빌 게이츠 (Bill Gates): 마이크로소프트의 공동 창업자로서, 전 세계적으로 유명한 기업가 중 한 명입니다. ADHD가 있는 인물 중에는 빌 게이츠처럼 기술 분야에서 성공한 사례가 있습니다.

윌 스미스 (Will Smith): 배우로 시작해 음악가, 프로듀서, 기업가로 다양한 분야에서 성공을 이룬 인물 중 하나입니다. ADHD가 있었다고 알려져 있습니다.

알베르트 아인슈타인 (Albert Einstein): 이론 물리학에서의 업적으로 유명한 물리학자로, ADHD가 있었다는 주장이 있습니다.

스티브 잡스 (Steve Jobs): 애플의 공동 창업자로, 혁신적인 기술 제품을 선보인 비전 어린 기업가로 알려져 있습니다. ADHD 증상을 보인 것으로 알려져 있습니다.

리처드 브랜슨 (Richard Branson): 영국의 비즈니스 매니아로, 버진 그룹의 창업자이자 은행, 항공, 음악 산업 등 다양한 분야에서 사업을 성공적으로 운영하고 있습니다. 브랜슨은 ADHD와 디스렉시아를 가진 사람으로 알려져 있습니다.

잭 잭스 (Jack Jacks): 미국의 전자 상거래 기업인 스퀘어의 공동 창업자이자 트위터의 공동 창업자로, ADHD가 있는 기업가로 알려져 있습니다. 그는 혁신적인 기술 분야에서 두 차례나 성공적인 기업을 설립했습니다.

데이비드 나만 (David Neeleman): 미국의 항공기 기업인 제트블루의 창업자로, ADHD가 있는 기업인으로서 비행 산업에서의 성공 사례 중 하나입니다.

마이클 필립스 (Michael Phelps): 세계적인 수영 선수로, ADHD를 앓고 있습니다. 올림픽에서 23개의 금메달을 획득하며 세계적으로 인정받은 운동선수로서 놀라운 성과를 거둬왔습니다.

존 T. 처치 (John T. Chambers): 시스코 시스템즈의 전 CEO로, ADHD가 있는 기업인으로 성공 사례 중 하나입니다. 처치는 기술 분야에서 세계적으로 인정받는 기업인 중 한 명입니다.

일론 머스크(Elon Musk): 테슬라와 스페이스X를 창업한 기업인 일론 머스크는 ADHD가 있는 인물 중 한 명으로 알려져 있습니다.

문학과 예술 분야

윌 스미스(Will Smith): 배우이자 음악가인 Will Smith는 ADHD가 있는 인물 중 하나입니다.

채드윅 보즈먼 (Chadwick Boseman): 흑인 영화계에서 큰 성과를 남긴 채드윅 보즈먼은 ADHD가 있는 예술가 중 한 명입니다.

잭슨 폴락 (Jackson Pollock): 추상표현주의 화가로 유명한 잭슨 폴락은 그의 특유의 드리블 테크닉과 대형 캔버스에 표현된 독특한 작품으로 유명합니다. 폴락은 ADHD와 같은 정신건강 문제를 가졌을 가능성이 있습니다.

야요이 쿠사마(Yayoi Kusama): 일본의 현대 예술가로, 무한한 패턴과 반복된 도트 패턴이 특징인 작품으로 유명합니다. 쿠사마는 자신의 자서전에서 정신건강 문제와 강박증상에 대한 언급을 했으며, ADHD와 관련된 특징을 보일 수 있습니다.

빈센트 반 고흐(Vincent van Gogh): 19세기 후반의 프랑스 화가로, 고흐는 고통과 고립감을 겪으며 독특하고 감성적인 작품을 창작했습니다. 그의 행동 패턴과 감정적인 불안은 ADHD나 다른 정신건강 문제와 관련될 수 있습니다.

피터 제흐리 (Peter Jefferies): 뉴질랜드 출신의 음악가이자 작곡가로, ADHD가 있었습니다. 그는 자유로운 음악 스타일과 개성적인 작품으로 알려져 있습니다.

잭슨 폴록 (Jackson Pollock): 미국의 추상표현주의 화가로, ADHD를 앓는 예술가 중 하나입니다. 그의 드리블이든 페인팅 기법은 독특하게 평가되었고, 모더니즘 예술의 중요한 형태 중 하나로 인정받았습니다.

존 레넌 (John Lennon): 비틀스의 멤버로 유명한 뮤지션으로, ADHD

가 있었다는 주장이 있습니다. 그는 자기의 음악을 통해 사회적 메시지를 전달하고 혁신적인 예술 작품을 선보였습니다.

이들은 예술 분야에서 자신만의 독특한 시각과 창의성을 발휘하여 성공을 거두었습니다. 하지만, 이는 단순히 예술 분야뿐만 아니라 다양한 분야에서 다양한 경험을 통해 성공을 끌어낸 예시 중 일부일 뿐입니다. 이 예술가들은 자신만의 독특한 스타일과 작품으로 인정받은 예술가 중의 몇 가지 예시일 뿐이며, ADHD 여부는 정확하게 확인되지 않은 경우가 많습니다.

스포츠

마이클 조던 (Michael Jordan): 농구의 전설적인 선수인 마이클 조던은 자신이 ADHD 증상을 가지고 있다고 언급한 적이 있습니다.

마이클 펠립스 (Michael Phelps): 미국의 수영 선수로, 올림픽 역사상 가장 많은 금메달을 획득한 선수 중 하나입니다. ADHD가 있었다는 것을 공개하고 있습니다.

잭 시카 (Jack Sikma): 미국의 전 농구 선수로, NBA에서 활약했습니다. 시카는 농구 역사상 세계적으로 유명한 센터 중 한 명으로, ADHD가 있는 선수 중 하나입니다.

피터 볼트 (Usain Bolt): 자메이카의 유명한 단거리 달리기 선수로, 세계 기록을 여러 차례 경신한 선수 중 하나입니다. ADHD가 있으며, 자신의 에너지를 운동에 집중시켜 성과를 거두었습니다.

셰인 워버턴 (Shayne Warne): 레전더리한 오스트레일리아의 크리켓 선수로, ADHD가 있는 선수 중 하나입니다.

이러한 인물들은 자신의 도전과 어려움에 대처하면서 독특한 재능과 창의성을 발휘하여 성공한 예시입니다. 성공한 사람 중에는 ADHD와 같은 어려움을 극복하고 긍정적인 결과를 얻은 많은 사례가 있습니다. ADHD 증상은 개인마다 다르게 나타나며, 각 개인이 자신의 강점과 약점을 이해하고 적절한 지원을 받는 것이 중요합니다.

대한민국에서 ADHD 증상을 가지고 있지만 성공한 사람

대한민국에서 ADHD 증상을 가진 많은 사람이 다양한 분야에서 성공을 거두고 있습니다. 그중에서도 일부 인물들은 자신의 독특한 시각과 능력을 활용하여 주목받고 있습니다. 아래는 대한민국에서 ADHD 증상을 가지고 있지만 성공한 일부 인물 중 일부입니다:

서프라이즈 (Surprise): 대한민국의 래퍼로, ADHD와 높은 IQ를 가진 예술가로 알려져 있습니다. 그의 가사와 음악은 그의 독특한 시각을 반영하고 있습니다.

김이나 (Kim Ina): 대한민국의 작가로, 소설가로 활동하고 있는 김이나 씨는 ADHD가 있는 작가로 알려져 있습니다. 그녀는 자기 경험을 바탕으로 소설을 통해 많은 독자에게 공감을 얻고 있습니다.

김빛나라 (Kim Bitnara): 대한민국의 예술가로, 일러스트레이터이자 만화가입니다. 그녀는 ADHD와 자폐 스펙트럼 장애를 가지고 있으며, 독특하고 감성적인 작품으로 주목을 받고 있습니다.

한기태 (Han Gi-tae): 대한민국의 전기 기업가로, ADHD가 있는 기업인 중 한 명입니다. 그는 기업가로서 성공적인 경력을 쌓아가고 있습니다.

이들은 자신의 독특한 경험과 능력을 활용하여 각자의 분야에서 성공을 끌어내고 있습니다. ADHD 증상을 가진 사람들도 다양한 분야에서 잠재력을 발휘할 수 있다는 것을 나타내는 사례 중 일부입니다.

감사의 맺음말

혜령이자 쉼표입니다.

별하를 향한 사랑은 때로 집착이었음을 이 글의 맺음이 될 즈음 깨닫게 되었습니다. 혜령이 받지 못한 사랑과 관심과 풍요를 별하에겐 모두 주고 싶었던 마음이 별하를 억누르고 숨을 틀어막고 있었던 것이었음을 느낍니다. 별하의 행복을 바라면서 혜령이 행복하고 싶었던 걸까요?

유년 시절 부모의 부재로 또래 친구들에게 늘 주눅 들어있었던 혜령, 그녀의 잘못이 아님에도 삶에 당당하지 못했던 오랜 아픔들은 누군가 별하를 따돌리고 차별할까 봐 두려웠어요. 그러기 전에 내가 별하 엄마다! 하고 나타나 주었고 유년 시절 배고팠던 기억, 추웠던 기억, 더웠던 기억, 아팠던 기억, 그 어떤 것도 별하에겐 주고 싶지 않았던 혜령입니다.

그러나, 혜령도 치유되지 않은 상처들이 덧나면서 그토록 사랑하는 별하를 아프게 했잖아요. 혜령의 오랜 우울함이 자꾸만 별하에게로 분출되고 있었던 걸 알면서도 습관처럼 힘들게 했어요.

혜령이 그녀 엄마의 고된 삶을 뒤늦게나마 이해해 주기로 한 것은 어쩌면 별하 덕분인지도 모릅니다.

나이만 먹는다고 어른이 되는 건 아니라고들 합니다. 지천명이라는 오십이 넘었어도 여전히 서툽니다. 오십이 넘어서도 이십대때나 어울릴만한 옷을 입고 마음의 허기도 채워봤습니다. 진짜 내면을 숨기기 위해 몸부림 치던 시간들이었습니다. 이제야 조금씩 깨달아 갑니다. 보여지는 겉모습이 중요한 게 아님을 말입니다. 노래가사처럼 저녁이면 모두 벗게되는 가면입니다. 그리고, 아이를 낳고 그 아이를 통해 세상을 보고 함께 처음이라는 허들을 넘으면서 아이는 성장하는 것이고 엄마는 어른이 되어가는 것이 아닐까 조심스레 생각해 봅니다.

오늘 별하는 혜령의 팔베개에서 눈부신 아침을 맞이했습니다.

잠이 덜 깬 게슴츠레한 눈을 보며 "딸 사랑해" 잠은 덜 깼지만 텐션 높게 "나두" 해주며 입술이 삐죽 마중 나옵니다. 마중 나온 입술 버선발로 반갑게 맞았더니 혀를 쏙 집어넣었다 빼곤 벌떡 일어나 도망가네요. 치카도 하지 않은 그 고운 입으로 말입니다.

내면의 갈등으로 너무도 힘들던 시간….
하루에도 몇 번씩 돌아오지 않을 부메랑을 던져봤습니다.

엄마, 나 키울 때 이렇게 예뻤어?
엄마, 나 키울 때 이렇게 사랑스럽던가?
엄마, 나 키울 때 너무 좋아서 울어봤어?
엄마, 나 키울 때 내가 얼마나 소중한지 애기해준 적 있어?
엄마, 나 키울 때 언제나 난 네 편이란다 말해준 적 있어?
엄마, 나 키울 때 '사랑한다.' 속삭여준 적 있어?
엄마, 나 키울 때 '엄만 널 믿어!'라고 애기해준 적은?
엄마, 나 키울 때 내 머리 곱게 빗겨준 적 있어?
엄마, 나 키울 때…, 이렇게 힘들었어?

혜령은 그녀의 엄마에게 받은 사랑이 아닌 그녀의 딸 별하에게서 받은 사랑을 다시 별하에게 돌려주는 중입니다.
혜령은 별하에게 받은 게 정말 많은 세상 가장 행복한 엄마입니다.

열다섯의, 스물다섯의, 마흔의, 오십의 혜령을, 그녀는 자신을 사랑하지 못했습니다. 스물의 그녀에게 왜 그렇게 관대하지 못했는지….
그 젊은 날로 돌아가고 싶진 않지만, 그 젊은 날의 혜령을 꼭 안아주고 싶네요. 살아내느라 참 애썼다고 말입니다.
더 멀리 더 빨리 더 높게 가자 다그치기만 했어요.
이루지 못한 목표치에 절망하기만 했지요.
그래도 이만하길 잘했다…못해줬습니다.
이젠 위로를 해줄겁니다. 토닥토닥

지금도 혜령과 별하는 진행중입니다. 여전히 불안한 것들이 존재하고 흔들립니다. 그렇지만 그동안 두려워 숨고자했던 마음을 이렇듯 드러내고 나니 어쩌면 앞으로 아주 잘 지낼수 있을 것 같은 느낌적? 느낌입니다.

그리고, 다행히도 별하는 열다섯의 별하를 사랑하기로 한 것 같습니다.
별하!
지금 행복하다면 그걸로 충분해.

이제 글을 마치며,
많은 어려움 속에서도 소통을 통해 함께해주신 엄마·아빠들, 전문가분들께 깊은 감사를 드립니다. 2월이 깊어가는 즈음

쉼표 드림